中国社会学
经典文库

组织社会学与决策分析

李友梅 著

生活·讀書·新知 三联书店　生活書店 出版有限公司

图书在版编目（CIP）数据

组织社会学与决策分析 / 李友梅著 . — 北京：
生活书店出版有限公司，2019.5（2024.11 重印）
ISBN 978-7-80768-284-4

Ⅰ . ①组… Ⅱ . ①李… Ⅲ . ①组织社会学—研究
Ⅳ . ① C936

中国版本图书馆 CIP 数据核字 (2019) 第 021879 号

丛书策划 杨震林
责任编辑 何剑楠
装帧设计 罗 洪
责任印制 孙 明
出版发行 生活書店出版有限公司
（北京市东城区美术馆东街 22 号）
邮 编 100010
经 销 新华书店
印 刷 天津睿和印艺科技有限公司
版 次 2019 年 5 月北京第 1 版
2024 年 11 月北京第 4 次印刷
开 本 635 毫米 ×965 毫米 1/16 印张 17.75
字 数 239 千字
印 数 9,001-10,000 册
定 价 42.00 元
（印装查询：010-64052612；邮购查询：010-84010542）

目　录

再版序言

从形式结构的组织到集体行动的政治学

经过几十年的学术积累和传承，组织研究发展出了针对正式组织结构、过程和机制的一系列理论模型、分析概念和研究工具，以及有关各类组织现象的研究课题，[①]以至于多数读者很容易将组织研究视为分析正式组织形式结构的一门学科。实际上，组织研究的学术脉络远比正式组织形式结构的研究复杂得多。如果引入欧洲大陆的相关研究传统，我们会发现，近几十年来组织研究的发展史就是简单、线性的理论概念与解释机制逐步被一些更为复杂的观察视角和更为深入的推论方式所取代的过程。本书试图向大家介绍的法国组织社会学决策分析（L'analyse stratégique de la sociologie des organisations）正是其中的一个具有代表性的推论方式或曰一个学术流派，它创立于20世纪60年代，旨在向研究者提供一种关于组织实际运行的深层动力来源的分析路径。与英美组织理论相比，这种组织社会学的研究取向更注重现实问题导向和深度案例研究，更多地聚焦于人类有组织集体行动的政治逻辑以及具体行动者体系中的协商机制、权力来源等前沿领域的研究。它的问题意识和理论视野远远超出了美国学者在20世纪50年代提出的组织与控制论原初模式以

---

① Scott, W. Richard, *Organizations: Rational, Natural, and Open Systems* (fifth edition), Prentice Hall, 2003.

及之后发展起来的组织与系统理论模式，[①]并形成了对组织现象独有的推论方式及方法论。在脉络复杂的诸多组织研究理论中，我们选择将法国组织社会学决策分析学派引介给国内组织社会学界，是希望能够引导和启发研究者深入认识现代社会中组织现象与权力现象的偶然性、实质性问题，剖析组织中集体行动的生成机制，以及深入探讨组织与环境边界等多重运行空间的复杂问题。

法国组织社会学决策分析学派的创始人米歇尔·克罗齐耶（M. Crozier）有着丰富的学术经历，他不仅受到传统法兰西学术思想的影响，而且曾执教于哈佛大学，访学于斯坦福大学行为科学高等研究中心，并实地研究美国的工会组织。他对20世纪50年代以来的英美组织理论有深刻认识，但当他运用这些理论来解释法国现实时，却遭遇了诸多认识论和方法论上的困难。在他看来，所有问题的根源都在于传统的组织研究均忽略了法国社会文化条件下组织生活中深层权力关系之奥秘，而这些深层权力关系的建构恰恰是现代组织的活力所在。[②]基于此，他系统修正了传统组织理论的研究范式，使其更适合“穿透”正式组织的形式结构来分析行动者（acteur）世界中协商、抗衡以及妥协的策略和机制。这种分析方法或推论方式可以更有效地帮助研究者揭示那些隐藏于正式规则下的行动者间的“政治性”博弈。

20世纪60年代，克罗齐耶在法国国家科学院创立了组织社会学所（CSO，Centre de sociologie des organisations de CNRS），之后他与他的团队运用法国组织社会学决策分析方法，进行了一系列高质量的深度案例研究，由此逐渐呈现出他特有的学术轨迹。通过深入研究法国社会的组织现象和权力现象，尤其是在以法国官僚现象为研

---

① 可参考米歇尔·克罗齐耶、埃哈尔·费埃德伯格，《行动者与系统——集体行动的政治学》，张月等译，上海人民出版社，2007年。此中译本系转译自英译本。

② 可参考米歇尔·克罗齐耶，《科层现象》，刘汉全译，上海人民出版社，2002年。此中译本系转译自英译本。

究对象的博士论文（“Le phénomène bureaucratique”）形成过程中，[①]克罗齐耶进一步反思了美国组织理论在推论逻辑上的局限问题，并促进了法国组织社会学决策分析方法不断走向成熟。

本序言将着重帮助读者更好地理解法国组织社会学决策分析方法在组织研究脉络中的学术传承，以及它对当代中国社会与组织转型研究带来的重要启发。

一

每种理论的出现都有特定的关怀、问题意识和逻辑进路。法国组织社会学决策分析方法成形于20世纪60年代，其基本理论和研究领域的开拓立基于对早前英美组织理论核心主轴所进行的批判性分析。

在克罗齐耶及其合作者埃哈尔·费埃德伯格（E. Friedberg）看来，20世纪60年代的英美组织理论在解释机制的精致化程度上，较古典组织理论而言已有极大的飞跃。根据他们的观点，英美组织理论无论是理性系统理论还是早期开放系统理论，大都建立在三个显而易见的基本假设之上，即组织的客观理性、高度凝聚力以及组织与环境之间的清晰边界。但他们都认为，这些基本假设还有进一步推敲的空间。

首先，来看组织理性的客观化命题。大多数组织理论都倾向于把组织看作一部设计精良的机器，即为围绕单一目的而组合起来的一系列相互关联手段。[②]这种理论预设了组织理性是依据一定原则而形成的客观之物，即使这种理性因受到某些约束而变得有限和不完

---

① 克罗齐耶主要以对巴黎会计师事务所、联合工业垄断企业的经验观察和深度访谈，揭示了组织中权力关系的现实存在及其对组织的实质影响。

② W. 理查德·斯科特、杰拉尔德·F. 戴维斯，《组织理论：理性、自然与开放系统的视角》，高俊山译，中国人民大学出版社，2011年，第32页。

整，但其仍然是高度客观的规则与程序的体现。[①]这种根深蒂固的理论取向最早受到人际关系学派的挑战。人际关系学派所关注的是正式组织中的非正式行为，而这种非正式行为中暗含着带有复杂主观意图的个体情感世界。该学派虽然对正式组织的刚性约束提出了许多富有见地的反思，但在一般化理论建构和知识积累上却没有更多的贡献。克罗齐耶及其研究团队通过深刻剖析法国社会文化背景下企业组织和行政组织的实际运行方式，对组织中情感理性的过度抽象化做出了批判性思考。也就是说，他们的研究探寻没有停留于心理学的研究范畴。[②]他们并不认同“人的行为从一开始就是依据固有的偏好和计算好的目标，而且总是深思熟虑的结果”的设想，他们认为这种设想或假设既是一种谬误，也是一种错觉，其实组织中的理性更主要体现为不同主体在行动过程中，在诸多制约下所做出的战略抉择。[③]他们提出的这种新的理性观，更强调组织理性的非线性、复杂性且难以还原为单一理性等特征。由此，组织研究开始从形式结构向充满活力的行动者体系转变，这一转变为现代组织研究打开了一扇新的视窗。

其次，来看组织具有高度凝聚力这一习以为常的命题。几乎所有的理性系统理论和早期开放系统理论都关注组织之于个体之上的结构性意义。在这些理论视野里，即使在某些条件下，个体目标与组织目标不尽相同（甚至冲突），现代组织也可以通过调整激励结构、构建新规则等方法来重塑组织凝聚力，使个体统一于组织目标之下。[④]然而，克罗齐耶等研究者在对官僚现象和工人运动开展的“深描”研究中，发现了组织凝聚力“脆弱”的一面，并揭示了看似

---

① 相关研究参见詹姆斯·G. 马奇、赫伯特·A. 西蒙,《组织》, 邵冲译, 机械工业出版社, 2013年。

② 即所谓刺激—反应逻辑的组织研究。

③ 埃哈尔·费埃德伯格,《权力与规则——组织行动的动力》, 张月等译, 上海人民出版社, 2005年, 第38—41页。

④ 此类观点的早期研究可见于泰罗关于计件工资制的讨论, 西蒙、马奇等关于“动机限制”的研究进一步拓展了此类观点。

铁板一块的组织现象背后所隐藏的复杂个体动机和大量行为策略。与同时代的那些忽略行动者之间复杂互动过程的英美组织理论不同，他们认为所谓组织的整体性恰恰是在这些互动中形成的社会建构。基于此，克罗齐耶和费埃德伯格提出：与其把组织看成是一种具有一致理性的整体，毋宁将其看成一种集合体，“在此集合体中，大量类型各异的理性彼此发生碰撞，互相对峙”，“从这一观察视角上看，组织恰恰变成了一种政治竞技场，人们在其间就行为方式进行协商，就个体权力策略竞相追逐……”。[①]这种新理论观点的提出标示着法国决策分析理论开启了聚焦组织内部集体行动政治学的新研究传统。

此外，传统组织理论中关于组织与环境间的清晰边界的假设，在克罗齐耶等研究者看来，同样经不起严肃的反思。早期开放系统中的权变理论开始关注组织与环境间的对应关系，[②]这个理论有两个基本的预设，即：一方面将组织（结构）与环境都看作“客观之物”；另一方面强调组织与环境之间存在因果制约关系。这两个基本预设表明，组织与环境间存在着清晰、客观、稳定的边界。但克罗齐耶等研究者在法国的经验研究中却发现，来自环境的制约力量经常是变动不居的，甚至是模糊和矛盾的。他们在借鉴了R. 西尔特和J. 马奇（Cyert and March，1963）的研究后指出，组织通过建立联盟和达成协议，常常有选择地对自己与环境间的边界进行“选择性位移”，并建构一种“协商性环境”。[③]他们进而看到，组织对环境特质的理解也远非一种客观的映射，而是由行动者来传递环境信号、解读环境特征，这一过程具有高度的不确定性。法国组织社会学决策分析引入这些反思，意在使研究者意识到组织边界的模糊性，以及

---

① 埃哈尔·费埃德伯格，《权力与规则——组织行动的动力》，第47—49页。

② 这方面的经典研究可见：伯恩斯与斯托克（1961）在英国开展的公司结构与组织环境间的因果机制研究；劳伦斯和洛奇（1967）关于变动中社会经济环境与公司组织结构、组织程序间关系的研究；以及菲佛与萨兰基克（1977）关于“组织的外部控制”的研究。

③ 埃哈尔·费埃德伯格，《权力与规则——组织行动的动力》，第80页。

组织活动在深层次上所具有的“政治性”特征。

通过上述认识的不断深入，法国组织决策分析学派奠定了自己独特的认识论与方法论基石。其研究者们试图将个体层面的理性行动者行为与来自有组织的系统（système）约束、制约相联系，并从这个联系体的运作问题出发，进而理解组织中理性决策、政治性均衡和组织变革的复杂勾连。在法国组织决策分析学派看来，作为系统结构约束的组织与行动者的策略行为之间存在着延绵不绝的循环因果，且组织领域中普遍存在着不确定性问题，人们一味寻求一般化的理论建构就变得不切实际。因此，法国组织决策分析学派转而试图在方法论上探求一种能够揭示有组织集体行动的动力学研究视角，最终形成自己的推论方式。

二

法国组织决策分析所展现的新的问题意识和推论方式建立在这样一种基础的组织哲学观念之上，即：组织并非“自然的”原生之物，它们是“人类的建构”，其主要目的在于解决集体行动中的合作问题。[①]而要认识和理解这个“人类的建构”过程以及其中复杂的组织机制，首先要解决如何深入行动者世界的问题。

法国组织决策分析学派的一系列重要研究成果告诉人们，个体的自由、理性并不完全受到组织的决定和限制；相反，即使在极端的境遇中，组织中的行动者也拥有一种最低限度的自由。这些行动者会为了追逐自身目标，避免多种约束，而生产出诸多策略行为。这样的策略行为具有双重特征：一方面，受到现有结构的约束；另一方面，又呈现出行动者工具主义的能动性。当组织中的诸多行动者围绕利益相关的具体问题而相互影响、相互制衡、竞相角逐时，

---

① 米歇尔·克罗齐耶、埃哈尔·费埃德伯格，《行动者与系统——集体行动的政治学》，英文版序，第4页。

就呈现出一幅集体行动的政治学图景。在法国决策分析学派看来，此类过程就像一种基于权力关系的“游戏”（jeu），参与其中的行动者们都或多或少拥有某些可以调节、配置组织中关键资源的能力并有影响组织实际决策产生的意图。[①]

这种“游戏”通常表现为围绕某种资源交换的不明言协商，它涉及诸多行动者，并具有一定的结构特征，因此是超个体的。由于它的维持机制受到行动者集体行动的偶然性影响，其稳定性比组织的正式结构要弱得多。尽管其折射出的秩序是一种“局部秩序”，但比一般意义上的抽象组织秩序更接近实际问题。由此，法国组织决策分析学派将“游戏”视为基本的分析单位，体现其问题导向和提问理路。正是在这个基础上，法国组织决策分析学派又在大量深入的经验研究中逐步形成和完善了“自由代理人”（agent autonome）、“自由余地”（marge de liberté）、“具体行动体系”（système d’action concret）、“不确定性领域”（zone d’incertitude）等一系列紧密关联的专用分析概念，这些分析概念大多一头联结组织的结构性要素，一头联结行动者策略。本书的第三、四章将详细介绍这些分析概念及其运用方法。

法国组织决策分析学派以“游戏”为分析的基本单元，但其对现实组织运行的观察并没有停留于单个“游戏”。对于大多数复杂组织而言，其运行中总是存在着多个“游戏”，这些“游戏”围绕不同的关键问题而相互纠缠，形成了组织中看不见却发挥着具体作用的激励与约束体系。由此，法国组织决策分析学派将发轫于个体行动者层次的集体行动政治学上升到行动“系统”。这种行动系统由行动者建立，虽然是暗在的，但在组织资源配置的规则形成、决策生产中发挥着至关重要的影响作用。通过有效地揭示行动者—游戏—系统的内在联结，法国组织决策分析学派为组织研究在推论方式上提

---

① 参阅米歇尔·克罗齐耶、埃哈尔·费埃德伯格，《行动者与系统——集体行动的政治学》，第27—30页。

供了一整套相互联系的分析要素与环节。

在这种分析视角下，法国组织决策分析所关注的，就不仅仅是一种关于特定组织的理论，其中更加深刻地隐含了社会变革的意涵。法国组织决策分析暗示：人类要优化组织绩效、推动组织变革，就需要一种全新的政治性干预思路。[①]区别于一般所说的基于成本—收益分析的思路、基于理性计算的组织诊断，这一思路有着根本的不同，其核心意图是修正、调整组织中“游戏”的既有维持机制，进而从根本上改变行动系统中集体行动的政治结构。这种分析要求组织的研究者改变那种“头疼医头”的线性分析思维与方式，从更复杂的整体上来理解组织正式规则背后的行动体系及其权力关系，从而找到改革与制度变迁面临的深层机制问题。比如，在《被封闭的社会》中，克罗齐耶强调了法国式科层模式对社会变革的阻碍，[②]并在其《法令不能改变社会》中充分运用这种思路，集中分析了“法兰西病症”之所以不能被计划主义法令所改变的深层原因，提出了变革社会的政治主张。[③]

三

法国组织社会学决策分析学派产生于20世纪60年代末，其理论思路和推论方式在严谨扎实的案例研究中不断成熟，直至今天，它们对于认识和破解组织实际运行的真正动力与挑战来源，依然是一种有效路径与手段。近几十年来，克罗齐耶所创立的组织社会学所中的一些研究者聚焦于行动者与其自身实践之间的互动，获得了一

---

① 米歇尔·克罗齐耶、埃哈尔·费埃德伯格，《行动者与系统——集体行动的政治学》，第392—395页。

② 米歇尔·克罗齐耶，《被封闭的社会》，狄玉明、刘培龙译，商务印书馆，1989年。

③ 米歇尔·克罗齐耶，《法令不能改变社会》，张月译，上海人民出版社，2008年。

些新进展，比如：以组织的观念将国家和市场逐步分解，[①]作为一种组织，国家被认为具有多元性，广泛联系于地方的关系体系中，其管理模式的运作往往与其他有组织的利益代表相适应；[②]在经济活动可能采取的形式中，组织与市场的关系经常被认为是相对的，但关于市场运作机制的组织决策分析发现，市场使产品和服务成为交易的过程就是一种有组织的过程。[③]此外，决策分析学派发展出了三个组织性维度的分析框架：（1）它定义了组织的价值、使命以及哲学；（2）它明确了组织的“实体性”（materiality），也就是角色、目标和协作程序的官方成文部分，以及与问题解决和合法性诉求相联系的技术部分；（3）组织决策是行动者之间和其他维度之间双向互动的结果，它植根于多样化的实践、互动以及那些为了建构和维护协商空间而展开的、非官方的、隐秘的日常行为中。[④]

在我们看来，首先，法国组织社会学决策分析的重要之处在于，它可以帮助研究者更快、更有效地深入那些有可能集聚相关行动者的不确定性领域，比如不同社会利益群体间的某些博弈所围绕的核心资源，以及影响这些核心资源的“游戏规则”的产生机制。如果研究者不清楚这些博弈背后“游戏规则”的维持机制，就只能在组织现象的“应然”而非“实然”的层次上提出问题和讨论问题，也就无法看到这种维持机制背后的关键约束条件，更无法形成解决实质问题的有效方案。

其次，法国组织决策分析方法的贴切使用，对于社会学家理解大变革时代如何推动社会改革，以及社会学家自身认识到更新思维方式的必要性，都具有重要的启发意义。克罗齐耶及其合作者所在

---

① 参阅埃哈尔·费埃德伯格，《权力与规则——组织行动的动力》。

② P. Grémion, *Le Pouvoir périphérique*, Le Seuil, 1976; Jean-Pierre Worms, “Le Préfet et ses Notables”, *Sociologie du travail*, 1966, 8(3): 249–275.

③ Guilhem Anzalone, La Viande comme merchandise, *Terrains & travaux*, 2005, 9(2): 125–142.

④ Cf. E. Friedberg, “La Sociologie et le Management des organisations”, seminar presentation in Liège, March 23, 2012.

的研究团队为创建新的分析方法和推论逻辑而启动的实践努力，正逢法国战后的激越变革时代，他们的研究成果深刻回应了当时这一变革何以可能的重要问题，并形成了基于集体行动政治学的革新思路。这一革新思路重在强调对社会整体发展进步的关注，不仅要了解组织中的刻板僵化领域、文化观念表征，更要揭示组织外表下面存在着的行动者多向度的相互依赖关系、权力结合问题，而且还要对这些不同方面的相互联系进行深刻的系统分析，并从战略上对社会变革的压力条件进行有效调整。基于这一思路而形成的公共政策方面的理论与实践建议曾引起了法国社会和学界的极大关注。

本书试图以框架概要的表述方式，通过归纳法国组织决策分析学派的基本理论思路和推论方式，将其整体面貌呈现于读者面前，希望读者可以从中看到组织社会学的一个学术领域得以深入开垦的重要方法。

引　言

科学最初是与整个社会结构和文化传统结合在一起的。它们彼此相互支持——只有在某些类型的社会中，科学才能兴旺发达，反之，科学就没有持续和旺盛的发展和应用，这样的社会也不能正常运行。[①]科学是在求解问题的过程中发展出来的一种答案，它依赖于它所隶属的社会总体的发展状态。这种关联在社会学领域尤为突出，因为社会学提出的问题往往是各种社会群体在社会演变中碰到的不明确和难以解决的问题。[②]社会学研究者从自己的实践经验里得知，社会现实的本质构造比我们在日常社会生活中的想象要复杂得多。其实，社会学作为认识和理解社会现实的方法，与其他科学学科相比，更容易受到既定社会的技术、经济和社会演变的影响。组织社会学也不例外，它在近八十年中不断取得重大进展。这个发展进程表明，组织社会学家试图解释清楚的是人类社会生活中的集体行动而非简单的个体行为；同时组织社会学在认识和理解社会现实中还发现了与自己同步成长的身影：现代复杂社会中日益增长的组织现象。

组织现象始于一种合作的行为方式：个体为了实现某个既定的共同目标，必须使自己的努力与他人的努力得以达成合力的机制。基于这种合作的群体必须以分工形式确立任务，不同的任务之间的

---

① T. 帕森斯，《社会科学：一种基本的国家资源》，未发表的手稿，1949年（转引自巴伯，《科学与社会秩序》，顾昕等译，生活·读书·新知三联书店，1991年，第71—72页）。

② E. Friedberg, *L'Analyse sociologique des organisations*, Pour, N°28, 1972, p.11.

协调，需要建立相应的措施和执行这些措施的保证制度。这样的组织模式为解决有组织的集体行动的诸种问题而构建，因而不是自然而然的组织现象。从初级的层面看，现实社会生活中的人们在着手办理某事时，或多或少会有资源配备和人员安排的必要性。于是，组织就成为人们进行集体活动的不可缺少的手段，但从行动策略角度看，这种手段的使用趋向于使相关参与者的行为与某种秩序相适应。实际上，每一个与社会打交道的个体，不管其愿意与否，都会不同程度地与一些组织有联系，比如某个个体既是企业工程师，同时又是其职业工会会员、某体育协会会员、某政党的成员以及网络社群的参与者等，处于这些组织联系中的个体有时还会被牵扯到其他一些关系中。人们会感觉到组织无所不在，因为组织已经以各种方式的运作触及了日常生活的广泛领域。有鉴于此，组织社会学家有必要仔细观察有组织的集体行动的实现机制，并细致分析组织的运行策略如何影响社会生活的作用机制。

组织概念得到广泛讨论是在19世纪与20世纪交替之际。这些讨论在很大程度上涉及了大工业企业对经济增长的作用和公共官僚机构对政策变化的影响。当时，出现了大企业组织在形式上的理性化需求和工程师的唯科学主义愿望，这些需求和愿望为人们扩展和深入组织研究带来了机遇。20世纪初的30年中形成了众多关于企业劳动组织、企业行政职能以及公共行政机构的权力等方面的重要管理思想。从组织社会学的视角看，其中最有影响力的有F. 泰罗（F. W. Taylor）的劳动科学组织、H. 法约尔（H. Fayol）的企业行政职能和M. 韦伯（M. Weber）的理想型科层制行政领导。他们的研究虽然针对企业组织不同层面或不同维度的问题，但基于他们的研究而形成的组织管理理论都十分重视通过非人格主义的明文制度在组织中进行整顿，并通过不断加强的规章约束来提升企业管理的效率。

20世纪30年代以后，作为一个新思潮，以组织中的人际关系为研究领域的学派开始兴起。这个学派是基于二十多年的调查研究和实验发现而逐步形成的，其理论成果在50年代相继出版，其中最引人注目的是G. 梅奥（G. E. Mayo）关于非正式群体行为在正式组织中作用的实证分析。同时出现的重要思想，还有D. 麦格雷戈（D. McGregor）有关在组织目标与不同行动者目标之间寻求更好调解的观点和A. 马斯洛（A. Maslow）的“需要层次论”。由此引发了组织研究对人类动机复杂性的极大兴趣和倾向于心理学的方法论。带有这些兴趣和倾向的研究虽然在60年代和70年代初达到了鼎盛时期，但都没有超越性发展甚至又回到了马斯洛的“需要层次论”。[①]由K. 勒温（K. Lewin）等社会学家基于30年代末期开始的研究涉及社会影响、权威和领导类型，他们提出了一个结论：就群体的效力而言，民主型胜过于放任自由型或自治型。这个研究成果引导人们试图理解：为什么一些领导方式在这些情境里产生效力，而在另一些情境里却不产生效力。[②]也就是说，人们开始将注意力集中到组织结构之间的联系以及组织与其环境的关系上。随之，组织研究领域出现了围绕组织的偶然性和不确定性来源而开展的一系列研究。这一时期的重要研究成果还导致了对韦伯科层理论的深刻反思。[③]

在20世纪60年代中期的法国，组织现象的研究得到了巨大的推进，取得了显著的研究成果。其中，法国国家科学研究中心组织社会学所创始人克罗齐耶及其领导的科研小组，通过他们在法国本土的个案调查研究，形成了一种新的研究范式，或曰组织社会学的决策分析方法。这个研究范式的学术轨迹，起步于美国20世纪50年代的组织理论，10年后，克罗齐耶及其科研小组意识到，他们所获得的研究成果以及在此基础上形成的推论方式，已经能够与美国人所主导的组织分析模型相媲美。就学术传承来看，较早的组织研究有

---

① 参阅米歇尔·克罗齐耶、埃哈尔·费埃德伯格，《行动者与系统——集体行动的政治学》，第29页。

② Jean-Claude Ruano-Borbalan, “Un siècle de réflexion sur les organisations”, *Sciences Humaines*, Hors-série, No. 20, 1998, pp.6–8.

③ 韦伯关于科层制的重要研究在“二战”以后被引进美国社会学中，得到了美国社会学尤其是组织研究领域的高度关注。20世纪60—70年代，韦伯的科层组织理论面临了挑战。

两种模式：一是R. 默顿（R. K. Merton）、A. 古尔德纳（A. Gouldner）、P. 塞尔兹尼克（P. Selznick）的类型社会学模式，二是密歇根学派的社会心理学模式。[①]而60年代中期在法国兴起的组织社会学决策分析学派，与美国组织社会学制度学派一样，在50年代中期都共享了H. 西蒙（H. Simon）、马奇（J. G. March）和奥尔森（J. P. Olson）早期的研究成果。但隔了10年，这两个学派出现了不同的研究兴趣。相比较而言，美国组织社会学制度学派更倾向于关注广为接受的观念和制度对行动者行为的约束，而法国组织社会学决策分析学派更趋于关注行动者的行动策略，即超越或利用组织约束的策略，以及制定行动策略时所基于的思想方式和实施行动策略所使用的手段。

克罗齐耶所著的《官僚主义现象》[②]以及他与费埃德伯格合著的《行动者与体系》[③]是法国组织社会学的早期重要成果。这些成果向人们展示了行动者和体系之间关系的推论方式：当行动者游离于系统之外时，这个行动者实际上是不存在的，因为行动者的自由范围及其行动的合法性正是由系统设计的。而系统只有通过行动者才可能存在，因为行动者是唯一能成为系统的支撑者，也是唯一能赋予系统生命，并且能让系统发生变化的因素。概言之，行动者建构了系统，而系统又约束着行动者。由此，克罗齐耶和费埃德伯格进一步阐明了一种自由余地，此种自由余地由行动者所支配，并且是在既定情境里发展起来的一种理性或一种权力。每个行动者都有必要制定其作为一种自由代理人的决策，这种决策行为的目的在于增加他的影响力，其思想方式取决于他的价值标准、他对形势的领悟和他掌握的势力手段。克罗齐耶和费埃德伯格还指出，在人类关系和

① 参阅米歇尔·克罗齐耶、埃哈尔·费埃德伯格，《行动者与系统——集体行动的政治学》，英文版序，第1页。

② M. Crozier, *Le Phénomène bureaucratique*, Editions du Seuil, 1962. 书名由作者据法语文献译出。

③ M. Crozier, E. Friedberg, *L'Acteur et le Système*, Editions du Seuil, 1977. 书名由作者据法语文献译出。

社会行动中发挥关键作用的是不同属性权力之间的关系。人类行动领域始终存在一种建构（即当集体行动的结果与行动者所希望的结果之间发生了人为不一致），而由这种建构促成的正是组织抑或系统特征的体现。[①]费埃德伯格在其《权力与规则》[②]中特别强调，组织这个术语既表示一种状态又是一种动力。

人们不难看出，组织社会学家对于组织问题的认识和理解经历了长期深入研究才逐渐形成。随着工业化在西方国家的发展，组织的特征不断被再造，变得越来越复杂化。这种变化在早期还反映了现代社会的一个基本特征：越来越多的问题或活动离开私人领域而变成“社会化的”，或者说，解决问题或组织活动的责任越来越由专门机构以集体的方式承担。由于这种转移，组织的模式发生了很大变化，而组织随着其自身的变化更加复杂化了。实际上，组织为了适应社会对其要求的增加而变得越来越多样化，或者说，为了满足社会对它们的要求，组织必须使自己发生相应的变化。比如教育机构要想在人们的活动快速社会化的情况下追求自身发展和实现自身目标，就不能再依赖传统的单一教学大纲。教育机构不仅要更新教育内容，而且要使教育内容更多样化，只有这样才能保证教育机构的不同公众（青年人或成年人，执行者或领导者，农民或市民等）从它们那里得到满足。

正如我们都有这样的体验，集体活动发起之时，就提出如何组织的问题。回顾组织社会学的研究发展过程，人们最早发现的组织是有一定结构和规定的角色，其成员的行动自由是被限制的。随后，研究者发现组织不是中立的，组织如同一种过滤器，有可能以某种机制放过某些创新行为，也就是说，组织成员在组织中的行动自由实际上是有可能不被完全限制的。而这些发现主要通过心理分析的

---

① 米歇尔·克罗齐耶、埃哈尔·费埃德伯格，《行动者与系统——集体行动的政治学》，第28页。

② E. Friedberg, *Le Pouvoir et la Règle*, Editions du Seuil, 1997.

一些实验获得，比如研究者使用的个性、情感等概念均属于心理学的基本术语，而且还以社会来源和社会分层结构这样的阶级划分条件作为分析概念。但他们当时并没有认识到这些概念工具对于认识组织生活中个体行为的局限性。对于这种不足的反思性研究促使研究者进而提出：如果研究能够深入到某个中介层，那么就有可能再掌握一种组织，这种组织也是限制组织成员行动自由的重要因素。根据克罗齐耶和费埃德伯格的分析，一方面，组织倾向于尽可能精确地规定每个成员的任务、职位、特权和应该做出的贡献，通过这些规定使个体很难扩展自己的行动范围，结果却是克制了组织成员的创造性；另一方面，组织以其特有的调节方式和非中立的评判标准，来支配着能迫使其不同等级层的成员接受一种富有灵活性的逻辑，结果促成了能够影响其成员关系、决策和行动方向的社会体系。

尽管组织具有如上的制约特征，依然坚信大企业的快速发展如同一种不可抗拒运动的那些思想家们，在看到这些大企业中存在的因循守旧、例行公事、步调统一、无个性等问题时还是感到了震惊。对此，出现了一种极端悲观主义的思潮，提出了“组织的人”“灰色的人”“大众社会”等看法。人们之所以有这些悲观看法，是因为他们更担心大企业的权力会越来越集中到少数精英手里，即“管理学家”和大组织上层的“高级专家”将不断替代每个成员对国家事务的民主参与。一些社会学家以夸张的语言对这种看法做出概括，最终结果是个体及其自由意志会在无个性的规则世界里迅速消失，社会将在官僚主义模子里构建而趋于均质。

费埃德伯格在其《权力与规则》的导论中指出，现实中的人类关系和社会交互作用是一个复杂的整体，始终存在潜在的不稳定性。这个复杂且不稳定的整体被组织的程度取决于一系列的经验机制。正是借助这些经验机制，世界得以获得稳定性。而且，作为一种创新力量，这些经验机制允许各方参与者为其行动和行为建构必要的协作关系。这种协作关系的建构方式因组织和环境而异，造成了每个组织、每个集体行动必须予以解决的关键性问题。从这个意义上说，组织的原动力往往来自行动领域的构造和再构造，组织现象的发生可以被看作在这些构造和再构造过程中的一种偶然结果。由此而论，组织既是一种载体，又是载体中的容物；既是结构，又是过程；既是对人类行为的制约，又是人类行为的产物。组织是人类集体行动不可缺少的手段，其存在无论在思想上还是在行动上都具有深刻的含义。①

组织社会学决策分析的研究发现，个体从来不只属于一个组织，他在社会生活中有多方面的责任、多种从属或多个效忠。他的行为因此不会只受限于一个组织的制约。个体可以在多处承担角色（比如企业的工程师、工会干部、体育协会的会员等身份），并可以根据具体需要来变化其身份。总之，个体能够根据他在一定时期内希望达到的和可能实现的目标，在这些角色中分配自己的资源投入。也就是说，个体能够试图为自己确定某些活动领域，以便既能够在其中行使他角色的职权，又能够使他的角色以某种方式与组织一起运行。正是由此，一些“游戏”被建立起来，围绕这些游戏的一种平衡也会随之而形成，而“游戏”建立者的意图在于限定组织整体的结构和运行。

组织构成了制约，个体在组织内的行为只要具有组织的特征，就无法单独地展开。换言之，具有组织特征的个体行为必然是集体性的。从这个意义上说，变化是组织成员行为的真正困难所在。在发达的工业社会中，经常会出现这样的事：一些个体经过学校培训后返回到企业或机构，他们很快就恢复了——或更确切地说又回到了他们过去的行为方式。有研究发现，这里的问题往往并非出自学校的培训教育，而是由于这些企业或机构缺乏结构性的变化，它们固有的运行逻辑或曰“游戏规则”阻碍了其成员个体对新知识的运用。这种阻碍的机制及其如何被维持的问题，引起了一些组织社会学家的关注。本书有部分章节将试图论述这些组织社会学家对这个

① E. Friedberg, *Le Pouvoir et la Règle*.

问题的认识路径。在本书作者看来，这也是正在发展中的我国组织社会学研究者有必要去了解的。

我们在本书中将首先介绍组织社会学成长的经济社会背景，随后聚焦欧洲大陆的相关研究，阐述组织社会学逐步发展和成熟的过程，重点凸显法国组织社会学决策分析的基本概念工具。虽然前面已经摆出了“组织现象”，但接下来我们还将对“组织现象”的初始形态以决策分析的方式再做简单勾勒，以方便读者更快地适应我们的语境。

从日常工作的经验出发，我们或许都知道组织是什么。不过，我们首先会想到的可能是那些根据明确目标（物质生产、信息传递、利润实现等）而组建的团体，这些团体既有一系列可以保证自身目标实现的手段（包括人的手段），同时又受约于强制性的控制程序。这样的团体大多是指工业企业或行政机构。它们对每个成员的工作任务进行具体分工并有专业性分配，对每个成员的职权等级有明确的限定，并要求不同工作岗位之间因必须的交往而形成关系体系，这个关系体系与已定的规章制度相吻合。实际上，在这个拥有许多正式制约的“被组织”的领域里，组织成员总是会碰到一些不明言的制约，而这些不明言的制约来自于另一领域，即组织成员在其中可以行使自由活动的领域。但决策分析指出，就具体问题的解决而言，这两种领域之间没有可以连续使用的办法。从这个意义上说，组织现象不仅仅产生于组织自身内部，而且存在着更广泛、更普遍的联系。

组织现象的产生需要诸多条件。为了更清楚地阐明这些条件，组织社会学家或许会以一个伙伴群体决定一次活动为例子。一个伙伴群体刚做出活动决定时，其成员因为彼此比较了解而往往不需要提出过多的问题，他们之间情投意合，对将要进行的活动内容和意义有很默契的赞同。因此，在活动开始时，群体中的互相协调不需要通过解释就能形成，每个成员知晓自己擅长做的事情，也熟悉别人的角色期待。此时，该群体还不能被认为已经是严格意义上的组织，最多只能说是一个由友谊关系和共同目标结合在一起的“非正式小组”。但人们可以认为这个“非正式小组”已经有了组织的雏形。其实，为了实现共同的目标，这个群体的成员共同分担了任务，每个成员拥有的知识、资源和可以促使成功的手段必然使他们各自的贡献逐渐趋于专业化。他们的角色不是严格等同的，而一定的威信等级从一开始就有了：一个人或一些人基于领导能力的权威被大家所接受，而且不明言地承担着指挥和协调小组活动的职责。因此，已经和正在进行的活动，对于小组成员而言，或多或少有了一些约束，并对小组成员的互相行为产生着不同程度的影响。由此而论，一个正式组织所具有的轮廓基本出来了。

只要这个伙伴群体的活动还在继续，人们便可以认为其成员的行为是协调的，共同目标内在化于每个成员个体，而且或多或少自发地使自己的行为与共同的目标相适应。不过，从组织的特征来看，其轮廓是暗含的，其规则是非形式化的。这种局面一般不会延续很长时间，因为只要这个伙伴群体的目的和行动之间统一性稍微有些紧张或冲突（比如群体的人数有所增加或减少），那么群体要维持其原来的协调一致就会碰到困难。它的运行就不能再基于原来的暗含结构，它的目的和达到目的的手段就有可能变得复杂起来。这时，这个伙伴群体就会自问：怎么办？为什么要这样做而不那样做？怎么做更好？因此，群体的成员就需要解释了。在解释的过程中还会出现两种局面：或者是解散小组，结束活动；或者将小组维持下去。但维持下去的这个小组必须拿出一些办法，以便于解决将来可能出现的类似危机。也就是说，这个伙伴群体的协调要建立在理性和自觉的基础上，而协调者必须有能力并尽力实现由此达成的组织目标，因而是被新接受的权威。

上述例子显示了一个形式组织所具有的基本特征，这些基本特征可以概括为：明确的角色和任务分配；保证每个成员的行为与组织目标相符合的职权等级体系；体现不同成员之间互相从属关系的交往体系；用于评估和检查组织成果以及在组织中竞争的个体所获得成果的目标准则。以某种方式说，这个伙伴群体经历了一场危机，由这场危机引发了一个理性化的过程：首先，这个理性化要求小组成员的行为和小组总体的前途具有可预见性；其次，小组运行的调节建立在已期待和已规定的成果可以检查和评估的基础之上；最后，建立明确构成的组织并制定一系列内部制度，以规定每个成员的任务和执行任务的办法。由此开始，这个伙伴群体成员的任务和完成任务的办法便得到不断加强的形式化规定，在这种情况下，他们才可以自称是组织成员了。理性化过程的组织分析，首先需要摸清人类集体行动自身所需要的条件，而且要试图认清我们中的每个人为了达到自己追求的目标而必须使自己的努力与他人的努力达成合作时所碰到的那些制约。[①]

可以说，法国组织社会学的决策分析注重个案式的定性研究，并使用归纳式的推论方式。其理论思考的出发点是组织生活中的具体问题。决策分析所基于的实地调查，在一定程度上如同E. 巴比（E. Babbie）所说，是展开归纳逻辑推理的用武之地，是在自然情境下直接观察社会现象的一种社会研究方法。[②]本书想给读者提供一种学术“田野”，而要深入这块学术“田野”，必须掌握一套能够揭示组织的实际运行机制和活力来源的研究工具。读者由此可以发现，决策分析试图研究的组织不是一种稳定的结构，而是复杂社会条件下人类合作的过程。这个过程中充斥着不平衡的交换关系与协商关系，以及为约束、重构或影响这些关系规则争得优先权的行动策略。简言之，组织社会学的决策分析致力于发现集体行动的制约机制，而这种制约机制的不断更新正是组织运行的动力来源。

最后，我要在引言中加以说明的是，组织现象是人类社会中受到普遍关注的一种重要现象。正因如此，许多学科，比如社会学、管理学、政治学、经济学甚至人类学，在漫长的学术研究和积累过程中，都不乏从自己的角度对组织现象进行的分析。这些分析是多维度的，但各有侧重，因此形成了不同的学术传统和学术流派。各

---

① E. Friedberg, *L'Analyse sociologique des organisations,* pp.15–17.

② 艾尔·巴比，《社会研究方法》，邱泽奇译，华夏出版社，2000年，第11章。

个学科对组织现象的分析与反思往往反映出各自不同的思维方式和理念，从这个意义上说，组织理论是一个汇聚了众多视角的学术“田野”。本书主要介绍法国组织社会学决策分析学派的理论脉络，向读者展现这个学术“田野”中的一种研究思路。

第一章
组织的复杂化与组织研究的演进

组织发展与工业化进程之间有着紧密关联，这种关联加强了人类社会活动对组织的依赖。从某种角度看，组织是个体实施发展战略的首要条件，也是个体改变处境可借助的重要力量。组织及其作用的这种存在，为组织研究提供了新的问题域，从而不断推动组织研究的进程。越来越多的组织研究显示，个体有组织的行动表现出的特征既非消极被动，也不是完全中立，而是有计算、有倾向的。对于这样的组织现象，克罗齐耶形象地说，个体不仅有一只“手”，还有一颗“心”和一个“头”。[①]组织研究的这些发现至少在某种程度上表明了深化组织研究的必要性。本章将通过阐述组织复杂化的缘由与组织研究演进的历程，向读者展示组织社会学诞生的经济及社会背景。

一、大工业组织的发展

什么原因导致了工业革命？什么力量掀起了波及全球的第二次工业浪潮？提出这些问题后，A. 托夫勒（A. Toffler）在其《第三次浪潮》（*The Third Wave*）一书中这样解释道：“工业革命的动力并非来自某个‘独立的可变因素’，追求一个简单或主要原因来探索工业

---

① M. Crozier, *Le Phénomène bureaucratique*, 1963 et 1971, p.202; M. Crozier, E. Friedberg, *L'Acteur et le Système*, pp.44–45.

革命的动力是徒劳的，或者说，不能单从技术、意识形态、价值观念或经济因素本身来说明工业化的动力，因为这里只有相互联结的十分复杂的可变因素。”[①] K. 波兰尼（K. Polanyi）在研究了19世纪前后资本主义强国发生的一些重大转变之后，这样引导我们对工业革命的认识：“工业革命是一种人为的现象，本质上是一场社会和智力的革命。工业化引起的变化涉及了全社会，它是政治、经济、宗教、司法、文化和社会等方面混合在一起的现象。如果人们将这些方面分割开来分析，就无法理解它们各自的运行方式。”[②]对于如何解开工业革命复杂成因的谜团，托夫勒的观点是：“我们充其量只能把注意力集中于我们最能揭示的那些企图，集中于对歪曲隐晦的事物进行分辨和鉴定。”[③]那么，什么样的视角和方法能够使人们深刻揭示工业革命的复杂成因？借用法国组织社会学决策分析学派的思考方式，人们可能首先会这样提问：工业革命要解决的主要问题是什么？其推动者在制订他们的行动方案时基于怎样的考虑？他们在实施其行动方案时又采用了怎样的手段？这种提问法有助于引导人们从战略上思考、分析工业现代化如何引发组织机制更新和社会制度如何适应社会变化等深层问题。本书将详细介绍法国组织社会学决策分析学派的推论方式，由此进入与这类问题相关的研究领域。为了使读者更快地进入本书的语境，我们将简要勾勒工业化与组织发展的社会学背景，并在社会历史过程中逐步认识“组织现象”。

1. 引导或影响变化趋势

始于18世纪后半叶的现代工业，其显著特点在于蒸汽机和其他

---

① 阿尔温·托夫勒，《第三次浪潮》，朱志焱、潘琪、张焱译，生活·读书·新知三联书店，1983年，第170页。

② 参阅K. Polanyi, *La Grande Transformation, aux origines politiques et économiques de notre temps*, Editions Gallimard, 1983；博（波）兰尼，《巨变：当代政治、经济的起源》，黄树民等译，台北远流出版事业股份有限公司，1990年。

③ 阿尔温·托夫勒，《第三次浪潮》，第171页。

各种大机器的发明创造。机械工业的发展，引起了相关产业链的蓬勃兴起，全社会的生产技术、生产程序和生产组织形式都发生了前所未有的变化。由此带来的转型不只是机器取代人力，更重要的是以机器技术为基础的工厂生产制度取代了以手工技术为基础的家庭生产制度。可以说，工厂制度在当时是机械工业化所依赖的关键保障，通过工厂制度的实际运作，财富的大规模集中变成了现实。因此，这些大转变不仅使人类进入了现代工业时代，而且标志着西方资本主义对封建主义的战胜，使资本主义的生产方式最终得以确立。

一方面，在工业革命中，富有特色的技术，各种社会组织机构，以及情报信息手段紧密结合在一起，它们创建了一个惊人的一体化社会制度。但是另一方面，工业革命又把一个社会整体无形地撕裂，把人类生活劈成两半：生产和消费。这种改变实际上替代了传统社会自给自足的生产方式，创建了一个新文明。几乎人人都依赖别人生产的粮食、商品和服务，生产是为了交换。处于社会边缘的市场第一次成为人类生活的巨大中心。经济变成了“市场化”，而市场具有自我扩张、自我强化的制度性特点。正如最初的劳动分工鼓励了商业一样，现在市场的存在，更进一步鼓励了劳动分工。[①]随之而来的是交换机制和组织模式变得越来越复杂。

“我们所熟悉的组织形式在19世纪的欧洲和美国初露端倪，即工业革命引发下的经济扩张时期，组织不仅在数量方面和应用范围上飞速增长，而且经历了结构上的转变：从先前的基础血缘纽带和私人关系的‘公社’（communal）形式变为契约性的‘合作’（associative）形式，这其中，个体除了追求共同的利益或目标之外，没有其他任何联系。”（Starr，1982：148）[②]由此看来，工业化引起了

① 参阅阿尔温·托夫勒，《第三次浪潮》，第85—87页。

② 转引自W. 理查德·斯格特，《组织理论：理性、自然和开放系统》，黄洋等译，华夏出版社，2002年，第4页。

社会性质的变化。著名社会学家R. 阿隆（R. Aron）从以下四个方面概括了这个变化：（1）企业与家庭分开，公私分明的结果使企业的账目清楚，增加了可计算性；（2）技术分工开始，分工使个人有专门职务，从而决定了其行为；（3）资本投入增加，这体现在社会上每个工人的资本设备增加；（4）“理性计算”出现，理性态度使个人行为更符合逻辑性和系统性，使个人更倾向于选择有效的方法。[①]从阿隆的这些概括中可以发现，在工业化影响下，社会分化不可避免。社会分化的趋势使人们进入社区生活的过程，进而出现了一种新的团结。E. 涂尔干（E. Durkheim）关于社会分工催生有机团结的理论也由此产生。[②]

那时，在社会生活各个领域，组织的存在日益普遍化。而组织在凸显其重要性的同时，也被视为困扰社会各种弊病的根源。这种质疑表明，公共官僚体系在社会各方面的普及以及用公司来替代家族生意的变化，在社会结构上“形成了革命”。但这一革命的研究直到20世纪50年代才开始受到重视。比如，C. 米尔斯（C. W. Mills）1956年揭示了“权力精英”的出现，他们在国家、军队和大公司三重组织等级中占据高位；1959年R. 达伦多夫（R. Dahrendorf）指出了阶级结构之基础出现的变化，并认为这个基础已不再是生产资料的所有制，而是对能够行使组织权威的职务控制。有学者感叹道：“没有受到什么鼓动，甚至也未受到多少抵抗，更没有高举什么旗帜，但这一革命却在短短的几十年时间里改变了我们的生活。而在同一时期，美国人与欧洲人都未注意到正在发生着什么，而是在那儿进行着关于社会主义、民粹主义、铸造银币、教权主义、宪章运动和殖民主义的争论。然而，这一革命却成了人类所构想的与实际建立的世界之间矛盾的标石。”（Lindblonm，1977 : 95）[③]

---

① R. Aron, *The Industrial Society: Three Essays on Ideology and Develepment*, Praeger, 1967, p. 73.（转引自刘创楚，《工业社会学》，巨流图书公司，1988年，第45页。）

② 参阅E. Durkheim, *The Division of Labor in Society*, Free Press, 1949。

③ 转引自W. 理查德·斯格特，《组织理论：理性、自然和开放系统》，第4—5页。

工业化是世界性的历程。19世纪60至70年代，发电机和电动机投入了生产，使电力在西欧国家得到广泛运用，世界因此从工业机械化时代开始走向工业电气化时代。这一变革在一些研究者看来是工业技术领域内直接应用了科学，以及工业电气化跟追求组织经营方式的理性和创新性的结果。随着原子能、电子、化学和航天技术等方面在20世纪40年代以来的重大突破，一批新兴的工业部门（新能源、信息、生物、海洋和管理等技术群）以较快的速度发展起来。这个发展使新兴工业取代了传统制造业在国民经济中占据的主导地位，同时也促使经济结构、就业结构、社会结构、消费结构发生了重大变化。

新兴工业以信息技术为核心，需要高起点上的技术与管理的创新。因此，人类自身潜能的开发再度受到重视。信息生产的一个显著特征是社会的广泛参与，这种社会化生产程度的日益提高使得企业管理越来越不能依赖于单一模式。可以说，这个转变对于企业管理提出的挑战更具有爆炸性。J. 奈斯比特（J. Naisbitt）在其《大趋势：改变我们生活的十个新趋向》（*Megatrands: Ten New Directions Transforming Our Lives*）一书中描述了一个由工业社会向信息社会过渡的美国新社会。很多研究认为，信息社会始于1956年和1957年，正是美国工业的鼎盛年代，生产力旺盛、工业大幅度增长。1956年W. 怀特（W. H. Whyte）出版了《组织的人》（*The Organization Man*）。在这本书里，他精确地描述了美国工业社会的企业管理方式。虽然美国人仍然认为自己生活在工业社会里，但事实上他们已经进入一个以创造和分配信息为基础的经济社会，正如奈斯比特所说："从表面上看，美国似乎是一个繁荣的工业经济社会，然而，一个很少为人注意的、带有象征性的里程碑却宣告了一个时代的结束：1956年，从事技术、管理和服务工作的白领工人数量超过了蓝领工人，这在美国历史上是第一次。美国工业社会让路给一个新社会，在这个新社会里，有史以来第一次，我们大多数人要处理信息，而不是生产产品。”①

从20世纪70年代开始，发达工业国家的经济学家和社会学家就预言，知识经济在21世纪将逐渐成为全球性的经济形态，高智力将越来越成为计算机软件产品开发和生产所依靠的主要资本。20世纪80年代，在美国、德国等国首先出现了传统制造业向一种以智力为基础的服务业的演变。事实上，随着高新科技的广泛运用，处理信息成为越来越多人的需要。这种发展趋势正如奈斯比特描绘经济全球化背景时所预示的那样：联系全球的电子计算机网络和“信息高速公路”的建立，使电视、电话、电脑连为一体，将使整个世界变成地球村。②

20世纪90年代初，一些敏锐的未来学家就指出，美国社会出现了数字化信息革命，这将使美国形成一个全新的经济增长点。美国政府率先提出了兴建“信息高速公路”，而且还通过不增加网络贸易的新税种，来促使美国真正掌握率先步入知识经济时代的优先权。这种优先权的掌握在战略上意味着什么呢？根据1996年世界经济合作与发展组织的《以知识为基础的经济》报告，知识经济是基于知识和信息的生产、分配和使用之上的经济形态。作为这个时代的知识经济形态，是指信息科技中软件产业、生命科技产业、新能源和可再生能源材料科技产业、新材料科技产业、海洋科技产业和有益于环境的高新科技产业的产值，有可能在世界上全面超过汽车、建筑、石油、钢铁、运输和纺织传统产业的发展阶段。③

人类的经济活动正在从物质生产转向知识生产。对于企业组织来说，知识体系已经成为一个重要的环境因素，而且是比银行体系、政治体系或能源体系更普遍的环境因素。由此可以想象，知识经济

① J. 奈斯比特，《大趋势：改变我们生活的十个新趋向》，梅艳译，中国社会科学出版社，1984年，第10—11页。

② 参阅李越，《经济全球化：企业如何应对》，中国社会出版社，1999年。

③ 转引自李建军，《关于“知识经济时代”的哲学思考》，《新华文摘》1999年第3期，第45页。

时代的社会政治、组织模式、财富增长方式、人际关系风格、思维逻辑以及价值观念都会比先前的经济时代有很大的差异。不过，人们在选择更丰富的生活方式和更有效的交流方式的同时，也多少意识到文化更新大于文化承继，而在这种情况下，如果没有足够的反应能力、学习能力和变化能力，就会处于从属的地位，甚至会被发展的社会所淘汰。

经济发展手段的更新，使人们对财富来源、生产界定、职业划分以及对人类社会不同发展阶段的特征识别有更新的思考。D. 诺思（D. C. North）提出，自A. 斯密（A. Smith）以来，受益于来自贸易的思想几乎是所有经济学家建立他们理论模型的主要基石，而斯密《富国论》中的思考关注于专业化和分工，论证资本主义财富增长的条件和途径，以及资本主义经济运行的机制。这说明近现代经济学对于古典经济学提出的专业化和分工所需要的成本是忽略不计的。诺思认为，工业革命实际上是从扩大市场规模开始的，是创新节奏的一种加速。由于这种加速，交易成本提高了，而这些交易成本对决定政治经济体制结构的那些制度是有支撑作用的。因此，要降低交易费用，就有必要对组织进行变革，而变革带来了创新成本大幅度减少和市场规模继续扩大的结果。在诺思看来，正是这一系列的发展为19世纪后半期的第二次经济变革铺平了道路，这次变革使新需要的提出具有了可能性，也使新知识的弹性供给曲线得以产生。[①] 诺思这一分析启发人们在进一步思索组织变革与技术变革之间的内在联系时，要看到持续的工业化可能导致组织逻辑的新变化。

社会生产力的空前发展，通常会使人们首先看到社会经济结构方面的快速变化。D. 贝尔（D. Bell）在对不同社会类型的就业结构的分析中指出，随着农业社会向工业社会转变，农业劳动力不断流向制造业；在工业社会趋于成熟的过程中，制造业劳动力不断增加

---

① 道格拉斯·C. 诺思，《经济史上的结构和变革》，厉以平译，商务印书馆，1992年，第156—157页。

直至超过农业劳动力；最后不仅农业劳动力继续减少，制造业劳动力也不断被服务业雇佣劳动力所取代。面对这种变化，敏锐的研究者提出了一个问题：是什么样的配置机制使社会资源（包括人力资本、经济资本、社会资本、文化资本）被如此重新安排？

在美国，1870—1910年这41年中，农业劳动力人口由53%下降到31.6%。之后，大量劳动力和资本又陆续从农业和工业流入公共行政事业和公共服务业。到20世纪60年代末，白领员工在总劳动力中的比例已占到46.7%，这个比例于80年代初上升到50.8%，白领员工成为增长最快的社会职业集团。随着越来越多的工作实现了自动化，工人不断离开装配线去从事专业人员、管理人员、办事员和推销员的工作，制造业内白领成分的比例因此得到了快速增长。由于科学技术革命迅猛发展，具备现代科学技术知识的人才队伍（如教师、工程师和科技人员）也发生了大规模的变化。①

同样，在英国，白领人员总数从20世纪40年代初的400万人上升到70年代末的1160万人，在从事经济活动的人员中，白领人员所占的比例从30年代的23%上升到70年代的约51%。②在法国，1954—1964年这11年间，从事农业劳动的人数减少了40%，而从事第二产业和第三产业的人数上升了大约15%；公共行政部门的人员由1845年的13.5万人增加到1900年的50万人；1906—1931年间，500人规模的机构从12%增加到22%。③从70年代初到80年代中期的15年中，差不多所有西方国家的工业企业每年都要减少10万雇员。④

西方国家中社会职业出现这样的流动趋势，从经济学意义上说，这是因为后现代化的产业更具有效益；而从社会学的角度看，其主

① 丹尼尔·贝尔，《后工业社会的来临——对社会预测的一项探索》，高铦等译，新华出版社，1997年，第144—147页。

② 引自周琪，《当代西方社会结构——理论与现状》，中国社会科学出版社，1995年，第242—243页。

③ 引自C. Ballé, *Sociologie des organisations*, Presses Universitaires de France, 1990, p.10。

④ M. Crozier, *L'Entreprise à l'écoute: Apprendre le maqnagement post-industriel*, Inter Éditions, 1989, p.22.

要缘由在于高新技术产业和新兴服务业在经济领域有可能成为重要的革新源，并能够为革新者实施其变化战略提供更多的机会。有研究发现，在这些新产业的社会背景下，革新能力和改造能力要比合理化的能力更具决定性作用。因此，人们投入竞争的主要目的首先不是获得持续的盈利，而是谋取足够的革新能力和改造能力。于是，基于大众生产与大众消费的工业社会主要特征，以及基于社会需求稳定之上的所谓西方工业文明的主要特征，都在发生着深刻变化。由此可以看到，规模与整体的优势也在失去其重要性，或者说，一种新的运作逻辑正在形成。

根据克罗齐耶的分析，这种新逻辑的形成意味着后工业社会的来临，它的出现主要有四个促成因素：第一，对人文资源管理的重视，合理化的取得对人的学习能力和创新能力的依赖；第二，市场的供应不再以规定和计划的需要为根据，而是依据对客户适应能力的最佳理解和通过与客户的最好共处来创立的需求；第三，数量和质量的关系颠倒了，革新的准备首先从质量开始，数量要在服务基础上产生，而服务概念的本质在于制造差异；第四，人的有用对策成了稀有资源，但这种资源完全不再以互换的形式出现。克罗齐耶认为，技术革新的效率不仅需要发明者的才华，也需要扩大交往的开放环境；只有当客户的学习能力得到开发和利用时，为客户服务的效果才可能出现；反映现实矛盾的能力和变化自己的能力成为选择经理人员的重要条件，因而最重要的不再是文凭和测试。①可见，这种新逻辑下的经济社会是围绕可用知识和借助智力而组织起来的，在这个经济社会里，革新的源泉越来越多地来自研究与发展，社会力量越来越多地出自知识领域。因此，没有真正的观念革命，人们就不可能适应这个经济社会，如果适应总是被动的，那么就会有失去自主性的可能。换言之，人们需要重新组织自己的知识以扩大自

① M. Crozier, *L'Entreprise à l'écoute: Apprendre le maqnagement post-industriel*, pp.21–32.

己的视野。

现代工业的发展不仅为人类开创了新的活动领域，而且也为人类建立新的合作机制或竞争机制创造了条件。因此，完善企业组织的管理制度变得越来越重要，这就是说，经济社会中的活动规则将日益繁多起来。人们应付这种环境的对策（作为人类在复杂组织背景下的智力劳动的产品），对其针对性的识别以及对其演变趋势的把握在经济社会中也变得越来越重要了。其实，在当今市场竞争中，有用信息的真正获得在很大程度上就取决于参与者对相关对策资源进行选择和利用的有效性。步入信息时代的人们或许已经感受到，新机遇的掌握要求一种新的集体努力，更确切地说，是以个体在行为对策层面上合作为前提的。可是，获得这种合作不是轻而易举的。今天，有越来越多的人对互联网产生了兴趣，因为在互联网的世界里，人们可以通过技术手段冲破旧的关系格局，享受开放和平等的合作机制。如果人们能够深入到这一现象的背后，或许可以发现互联网消费群体的形成不仅与该群体自身的作用相关，而且还与新经济的组织者实施这方面的变化战略有着密切的联系。

组织方式的发展如同科学技术的发展那样离不开革新精神和发明创造，而革新精神和发明创造本质上都在于变化。于是，对于变化的管理，尤其是对于变化对策的管理，成为企业运行中的重要环节。1978年的诺贝尔经济学奖获得者西蒙在其《管理行为》和《管理决策新科学》等论著中，对此做了精辟的概述：决策是管理的心脏，决策的过程就是全部管理的过程；管理也是决策，组织和控制离不开决策，不仅最高管理阶层要决策，各级管理人员也都是“决策者”。可见，管理技能随着科学技术在企业组织中的广泛运用不仅越来越受到重视，而且由此引起的人际关系也将变得更为复杂。

关于上述“技术革命”的实际意义，社会学家们从不同的视角进行了分析，而这些分析均离不开工业社会的背景，因此理解工业社会的变化走向就显得十分重要。根据贝尔的看法，社会是由许多社会关系织成的网，这些关系不能只靠观察来认识。工业社会这个概念是十几个国家的经济社会发展的经历；后工业社会这个概念是对西方社会结构变化的一种社会预测。未来这个词是表示关系的术语，人们只能讨论某件事的未来；历史是事件的变迁，要鉴别历史的“关键”是非常困难的。如果我们承认事实问题与关系问题的区别，那么，作为两者结合体的认识，就有赖于事实顺序和逻辑顺序之间的正确序列。对经验来说，事实顺序是第一位的；对意义来说，逻辑顺序是第一位的。[①]看来，要深刻认识工业化的动因，就必须深刻认识工业社会的深层结构。

2. 保留或重建自主空间

当新的组织模式、新的工作条件使人们与其习惯的生存环境不断疏远时，当新的生活方式、新的行为规范和新的价值标准被社会广泛认可并被遵循时，社会性质便会发生变化。在工业社会的结构逐步形成的过程中，人们不仅看到了工业社会是伴随新技术的持续开发和新财富的不断创建而成长的，而且还发现了资本积累、工业资产阶级的诞生、神权政治思想被社会契约思想所替代、个体主义以及理性主义的唯科学主义等运动。从社会学的角度看，关于这些运动的最具有代表性的理论家和思想家莫过于马克思、涂尔干和韦伯。[②]他们从社会分工、财产所有权、生产和市场出发观察了工业社会的运行方式，提出了许多直到今天依然在启发和影响社会学家思考的经典理论。阿隆对马克思就做了这样的评述：“他首先是一位社会学家和资本主义制度的经济学家。他对这一制度、对人类的命运和所感到的变化都有一套理论。他是他称之为资本主义的社会学—经济学家。”[③]因此，了解这些思想家对工业社会的剖析方法，将有助

① 参阅丹尼尔·贝尔，《后工业社会的来临——对社会预测的一项探索》，第7—8页。

② Henri Mendras, Jean Étienne, *Les grands auteurs de la sociologie: Tocqueville, Marx, Durkheim, Weber*, Hatier, 1996.

③ 雷蒙·阿隆，《社会学主要思潮》，葛秉宁译，上海译文出版社，2015年，第121页。

于我们深刻认识工业化的深层动因和工业社会的组织方式。

资本积累

亲眼目睹西欧工业革命的韦伯，对工业社会形成和发展的文化条件做过比较全面的思考。[①] 20世纪初，德国正处在经济蓬勃发展的时期，韦伯在那里惊讶地发现，经营工商业的社会群体、处在领袖地位的闻名人物和企业家们有一个共同的特征，这个共同特征既不涉及财富，又不与社会地位相联系，也就是说，它在本质上不是经济上的，而是宗教上的。那时，德国的天主教徒和新教徒的人数差不多相等，而韦伯的调查资料显示："在工商界领导人、资本占有者、近代企业中的高级技术工人，尤其是受过高等技术和商业培训的管理人员中，绝大多数都是新教徒。"宗教与职业分布的这种相关性在当时不仅成为各大报刊讨论的话题，而且在大学和沙龙中也引起了广泛的讨论。韦伯以与众不同的方式对这种状况做了认真分析，即从历史和文化的角度，研究了天主教和新教之间存在的不同。这个分析使他看到了资本主义精神与新教伦理的联系。他的《新教伦理与资本主义精神》论著向人们阐述了他在这个分析过程中的主要思考。从韦伯的这些思考中可以发现，他抱着接受历史事实与社会事实的态度，对宗教的起源及其发展与现实生活中的种种复杂关系以及对宗教在工业社会中扮演的新角色，进行了比较系统的剖析；与此同时，他还阐明了天主教与新教之间的互动关系，并且论述了宗教派别与社会分层之间的一种关联。简言之，他以解剖资本主义起源的形式为人们提供了一个关于工业社会诞生的社会学解释。

韦伯指出，宗教派别在历史上并非是导致经济状况的原因，它在某种程度上倒似乎是经济状况引起的后果。参与工商界领导、企

---

① 如果读者想更多地了解韦伯关于这方面的思考和分析，请参阅：马克斯·韦伯，《新教伦理与资本主义精神》，于晓、陈维纲等译，生活·读书·新知三联书店，1987年；马克斯·韦伯，《经济与社会》，林荣远译，商务印书馆，1998年；以及P. Bernoux, *La Sociologie des organisations*, Editions du Seuil, 1985, pp.40–47。

业家、高级技术员及管理者等经济职能的人，一般都要先拥有一定的资本，通常还需要许多钱接受教育，而这两者又常常是同时需要的。这多半是要依靠遗产，至少也要有一定程度的物质保障。在16世纪古老帝国中的一些经济最发达、自然资源最丰富、自然条件最优越的地区，特别是这些地区的大部分富庶的城镇，许多所有权和管理权都转到了新教那里，这使新教徒在追求经济生存的斗争中处于有利的位置。这样就出现了一个历史性的问题：为什么经济最发达的地区同时也都特别赞成教会中的革命？这个问题的答案远非人们通常所想象的那样简单。①事实上，宗教改革者所抱怨的不是教会对经济生活方面的监督过多，而是过少。当时经济最发达的国家和这些国家中正在蒸蒸日上的资产者——中产阶级，不仅没有阻挡严厉的新教专制，反而为保卫这种专制发展出了一种英雄主义精神。

韦伯的研究发现，新教徒在近代经济生活中拥有较多的所有权和管理权，这或许可以（至少可以部分地）理解为只是由于他们继承了较多的物质财富。然而，有许多现象却不能这样来解释。比如天主教的毕业生中，从技术人才和工商业人才的特别训练学校毕业的人数比例，以及从培养中产阶级从业人员的一般学校毕业的人数比例，都比新教徒所占的人数比例要低得多。天主教徒乐于选择文科学校所提供的人文教育，这是他们很少有人从事资本主义企业活动的一个原因。另外，在手工业者中，天主教徒更趋于一直待在他们的行业中，即更多地成为本行业的师傅；而新教徒却更多地被吸引到工厂里以填充熟练技工和管理人员的位置。韦伯认为，对于这些情况无疑只能这样解释：由环境中获得的心理和精神特征，即家族共同体和父母家庭的宗教气氛所首肯的那种教育类型，决定了对职业的选择，从而也决定了一生的职业生涯。

资本主义独特的近代西方形态，初看上去，一直受到各种技术发展的重要影响，而其理性从根本上依赖于最为重要的技术因素的

① 马克斯·韦伯，《新教伦理与资本主义精神》，第23—24页。

可靠性。韦伯在强调这一思想的同时又指出，可靠的技术最终要依赖于现代科学，特别是以数学和精确的理性实验为基础的自然科学。另一方面，这些科学以及以此为基础的技术发展又在其实际经济应用中，从资本主义利益那里获得了重要刺激。不过，西方科学的起源不能归结于这些利益。但是，对人民大众生活条件至关重要的科学知识的技术应用，确实曾经受到经济因素的影响，而这一影响是从西方社会结构的特征中衍生出来的。社会结构中最重要的是法律和行政机关的理性结构。其实，近代的理性资本主义不仅需要生产的技术手段，而且也需要可靠的法律制度和按照形式规章办事的行政机关。置身于西方社会的人们可能会深切地体会到，国家生活的全部存在及其政治、技术和经济的状况绝对地、完全地依赖于一个经过特殊训练的组织系统。社会日常生活的那些最重要的功能已经逐渐掌握在那些在技术上、商业上，以及更重要的——在法律上受过训练的政府行政人员手中。[①]这样的法律制度以及与其有密切联系的行政机关在西方一直是有利于经济活动的。但这样的法律从何而来？如同在其他情况下一样，资本主义的利益无疑也曾反过来有助于为一个在理性的法律方面受过专门训练的司法阶级在法律和行政机关中取得统治地位铺平道路。但是，资本主义的利益绝非独自地促成了这一点，甚至在其中也没有起主要作用，因为这些利益本身并没有创造出那种法律。[②]

以上涉及的问题实际上是一个关于西方文化特有的理性主义问题。如韦伯所说："理性主义是一个历史的概念，它包含着各式各样东西构成的一个完整的世界。我们的任务就是要找出理性思想的这一特殊具体的形式到底是谁的精神产品，因为关于一种职业以及在这种职业中献身于劳动的观念都是从这里生发出来的，而如我们已经看到的，这一观念从纯粹幸福论所强调的个人利益这一角度来看

① 马克斯·韦伯，《新教伦理与资本主义精神》，第7页。
② 马克斯·韦伯，《新教伦理与资本主义精神》，第14页。

完全是非理性的，但它却一直是，并且至今仍然是我们资本主义文化的最有特征的因素之一。这里我们感兴趣的恰恰就是存在于这一观念之中以及存在于每一种关于职业的观念之中的那种非理性因素的起源问题。”[①] 韦伯甚至认为，在一部世界文化史中，即便是从纯经济的角度看，中心问题，归根到底，也不是资本主义活动发展本身，而是以其自由劳动的理性组织方式为特征的这种有节制的资产阶级的资本主义的起源问题。或从文化史的角度看，西方资产阶级的起源及其特征的问题与资本主义劳动组织方式的起源问题肯定有着密切的关系，但又不完全相同，因为资产阶级作为一个阶级在资本主义独特的近代形态发展以前就已经存在了，虽然它确实只不过是在西半球存在着。

资产阶级价值观的诞生

马克思几乎是在他从哲学转向政治经济学的同时，就发现了18世纪中叶相对于政治性革命的另一个戏剧性变革，即工业革命或曰社会性的革命。[②] 其实，马克思真正感兴趣的并不是工业社会诞生问题，而是资产阶级对无产阶级的剥削而导致的财富积累的极度不平衡使冲突加剧的问题。马克思之所以对这个问题感兴趣，一方面是由于在马克思所处的历史时代，大工业已经使潜伏在资本主义生产方式中的矛盾发展成为明显的对立——无产阶级与资产阶级之间的对立，而这种对立已遍及一切文明国家并且日益剧烈；另一方面，是由于马克思和恩格斯所掌握的思想材料在很大程度上是法国历史学家和英国经济学家关于社会结构的阶级划分，以及关于各阶级之间的利益冲突的历史分析和经济分析的资料。他们把资本主义“全部现代社会体系所围绕旋转的轴心”——资本与劳动的关系作为《资

① 马克斯·韦伯，《新教伦理与资本主义精神》，第57页。

② 拉尔夫·达仁道夫，《现代社会冲突》，林荣远译，中国社会科学出版社，2000年，第13—14页。

本论》研究的主要矛盾。[1]

《共产党宣言》提出了资本主义社会特有的两种矛盾形式。一种是生产力和生产关系的矛盾形式。资产阶级不断创造着更加强有力的生产手段。但是原有的生产关系，主要包含所有制的关系和收入分配形式等，并没有以同样的速度发生改变，因而会与新的生产力发生矛盾。另一种是财富的增长和大部分人日益贫困的矛盾形式。总有一天这个矛盾会导致一场革命危机。现在占据并将继续占据人口大多数的无产者将形成一个阶级，即一个希望夺取政权、改造社会关系的集团，并可能形成无产阶级革命。[2]而这场革命的造成者是资本家，因为他们处在无法缓和的竞争之中，他们不得不打乱社会组织，不得不增加自己的生产手段，不得不同时增加无产者的人数和加剧他们的贫困。

在阿隆看来，19世纪初工业有六个特点：（1）工业是建筑在科学的劳动组织的基础上的，生产不是按照习俗进行组织，而是以获得最大效益为目的而组织的；（2）由于科学组织劳动，人们得以大量开发资源；（3）工业生产要求在工厂和城镇集结工人，因而就出现了一种新的社会现象——工人的大量存在；（4）工人在劳动场所大量集结决定了职工与雇主、无产者与企业主或资本家之间潜在的或公开的对立；（5）随着劳动的科学性的提高，财富不断增加，生产过剩的危机也日益增多；（6）与劳动组织工业化和科学化相联系的经济制度，其特点体现在自由贸易、企业主和商人追逐利润并希望国家更少干预经济事务。[3]

在某种程度上，资本主义生产方式因工厂制度的成功而确立。而工厂制度的不断完善使社会关系发生了深刻的变化，并引出了一些重要社会结果：工厂制度排挤了小资产阶级和一切中间等级，把

---

① 黄顺基，《科技革命影响论》，中国人民大学出版社，1997年，第348—349页。
② 雷蒙·阿隆，《社会学主要思潮》，第128页。
③ 雷蒙·阿隆，《社会学主要思潮》，第64—65页。

居民间的一切差别归入到资产阶级和无产阶级之间的对立。由此，马克思看到，资本主义向广度和深度的发展必须要以摆脱先前的一切规则和价值的运动为条件。[①]

产业革命为建立起以近代无产阶级和资产阶级为主体的社会提供了条件，也为资产阶级打乱旧有封建秩序创造了条件，因为这个封建秩序不能再满足新的需求和新的市场。马克思在《共产党宣言》中指出，那时蒸汽和机器正引起工业生产技术的革命，手工制造业不得不为现代大工业让出位置，不计其数的小工业被大工业所取代，产业后备军的首脑成了现代有产者。接着，马克思对这种现象的发展做出了预测性判断：发展起来的资产阶级将不可避免地去经受由它自己引起的矛盾，无产阶级也将以资产阶级夺得政权的那种方法去推翻资产阶级。马克思的这个判断预示着一种演变将不可避免。[②]但西方一些经济社会学和政治经济学研究者则认为，一旦马克思发现资本积累的需求使资产阶级成为一个革命阶级，即成为动摇社会一切领域的阶级时，他基于这个判断的看法就可能发生变化。

资产阶级的诞生是生产和交换方式的一系列连续革命的结果。历史经验已经表明，只要在资产阶级统治的地方，一切封建的、家长制的、田园诗般宁静和安谧的条件就会被摧毁，封建主义的各种束缚就会被砸碎。从某种角度看，资产阶级把公开的和直接的剥削置于了它的那种冷酷无情之中，从而代替了被宗教和政治假象掩盖的剥削。资产阶级在实践上使一切活动失去神圣的光环，比如把医生、法学家、神甫、诗人和科学家纳入被雇佣的范围，使他们成为领工资者。资产阶级甚至把家庭内的关系纳入了简单的金钱关系。这就是说，资本主义发展得愈充分，资产阶级的这种不合理性也就暴露得愈明显。然而，当资产阶级为疯狂地积累财富而对劳动者横

---

① 樊亢主编，《资本主义兴衰史》，北京出版社，1984年，第80页。

② 《马克思恩格斯选集》第一卷，人民出版社，1995年。

征暴敛的时候，恰恰是在破坏着它自己存在和发展所依赖的基础。[①]这里要提醒人们注意的是，马克思在《资本论》第一卷中所强调的那些使工业社会得以创建起来的重要因素，指的是精神面貌和价值体系，以及作为资本主义的来临所必需的条件：社会结构和政治结构的改变。

对发达资本主义演进规律做过认真研究的贝尔认为，工业社会为社会生活的各个领域引进了新的秩序，现代资本主义的实际发展已经超越了马克思关于封建主义、资本主义到社会主义依次更迭的“理论图式”。根据贝尔的分析，在《资本论》(特别是第一卷论及“资本主义积累的历史趋势”)中，马克思勾画了关于社会发展的基本图式。他说，新社会的结构，即生产的社会化组织，在旧社会的母胎中已经得到充分发育；这种新结构反映了生产的社会化性质同“资本的垄断”所产生的“生产方式的桎梏”之间有越来越大的矛盾；社会分化为两个阶级——一个数量日益缩小的资本大王以及稳步增长的工人阶级；新社会的性质同旧社会的资本主义形式到了不能相容的地步，最后“外壳就炸毁了”，社会主义世界来临了。贝尔指出，马克思的这个比喻，其方式是生物学的，注重过程的内在性和单向发展轨道。马克思在《资本论》第三卷中，对先进资本主义社会的社会结构运行方式的概述，与他在《资本论》第一卷的概述中所想象的情况大不一样，而马克思的两种不同图式之间的一系列不同，正是他分析西方资本主义和先进工业社会的社会发展的真正出发点。[②]

马克思关于社会发展的第一个图式是从他的“纯粹资本主义”模式中得来的，也就是说，这不是一种经验性的描述。然而，“纯粹资本主义”本身是一种理论上的简化，当马克思开始写《资本

① P. Bernoux, *La Sociologie des organisations*, pp.40–41.

② 丹尼尔·贝尔，《后工业社会的来临——对社会预测的一项探索》，第59—60页。

论》第三卷的时候，大规模的投资银行体系的发展和股份公司的出现已经使资本主义社会的社会结构发生了变化。如果在资本主义社会的第一阶段曾经有农场主、手工业者和独立自由职业者等这样一个“旧”中产阶级的话，那么人们对于正在出现的经理、技术专家、白领员工等这些“新”中产阶级又要说些什么呢？贝尔认为，这就是马克思第二种图式的基础。在这个发展的社会里发生了三大重要的结构变化。第一，随着一个新的银行制度的出现，资本积累不再依靠企业家个人的节俭和储蓄来自我筹集资金了，而是依靠全社会的储蓄。第二，股份公司造成的革命，其结果就是所有权同管理权分离并产生了一个新类型的职业，马克思把它称为社会的“指挥劳动”。马克思在《资本论》第三卷中写道：“尤尔先生早已指出，‘我们的工业制度的灵魂’不是产业资本家，而是产业经理。……资本主义生产本身已经使那种完全同资本所有权分离的指挥劳动比比皆是。”第三，银行制度和信用制度的扩大以及股份公司的发展必然意味着办公室和白领工作的扩大。[①]总而言之，经典马克思主义的主导思想是阶级分化的理论，而这里出现的三大重要的结构变化似乎在很大程度上修正了这一理论。

20世纪30年代初，美国经济学家首次指出了管理权与所有权相分离的问题，40年代初他们提出了“管理革命”的概念。他们的分析让人们了解到，在资本主义社会早期，资本家控制着生产资料，因为他们拥有所有权，同时又是自己企业的管理人员。随着所有权与管理权的分离，资本家本身不再对生产做任何贡献，他们变为由管理人员挣来的利润所喂养的人。管理人员尽管在法律上并不拥有生产资料，但掌握着对生产资料的实际控制权。这种局面不仅意味着一个新的阶级——管理阶级正在兴起，而且意味着社会正在从资本主义社会转向一种“管理社会”。[②] J. 伯纳姆（J. Burnham）根据

① 丹尼尔·贝尔，《后工业社会的来临——对社会预测的一项探索》，第65页。
② 周琪，《当代西方社会结构——理论与现状》，第94—95页。

他数年的研究结果推断说："事实上，管理人员将获得对社会的统治，将成为社会中的统治阶级。"[①] J. K. 加尔布雷斯在其1967年出版的《新工业国家》一书中提出，当代资本主义孕育了一个新的受过高等教育的和有技术的人员组成的阶级，他们之中有许多人处于经理的地位。这些人将形成统治阶级，因为正是他们控制了当代社会稀缺的资源，即技术能力、企业管理和行政技巧，所有这些资源都以知识为基础。[②]托夫勒从另一个角度指出，工业化把原来的社会砸碎，必须由一部分人把社会重新组织起来，因而出现了许多新的专家，其使命就是组织。这些人是第二次浪潮的"组织者"。在资本主义和社会主义国家里，跃居权力之巅的，既不是企业主也不是工人，而是"组织者"。权力不是来自于"生产资料"的占有，而是来自于"组织手段"的控制。[③]

个体和理性的成功

人们常以"个体和理性的成功"来描述以社会契约类型来组织的社会。社会契约类型中的成员所担任的有祈祷、防御、商业、手工业以及土地耕种等方面的职能。而每个职能是一种被预定的秩序，要服从于上帝意愿，其承担者在原则上要以很高教化的公共生活为条件：应根据自己的状况领取其工资的"正确"价值，富人应该拿出其利益的一部分作为对穷人救济的贡献；无论信教者还是非信教者，每个诉讼须在神授的裁判范围内进行，人们因此处在一个严厉的、刻板的和被教化的社会秩序里。但在生产秩序里，人们的行为可以有某种自由：所有同行业的人，行会等均能够以一种较灵活的态度和工作方式来影响劳动组织。但现实里，生产领域的真正变化只有在得到最高层的特别准许时，才有可能发生。[④]

---

① James Burnham, *The Managerial Revolution*, John Day Co., 1941, p.59.

② 转引自周琪，《当代西方社会结构——理论与现状》，第97页。

③ 阿尔温·托夫勒，《第三次浪潮》，第109—117页。

④ P. Bernoux, *La Sociologie des organisations*, p.43.

根据J. 卢梭（J.-J. Rousseau）的观点，社会契约所要解决的根本问题是要找到一种结合的形式，使这种结合形式能整合全部共同的力量来维护和保障每个结合者的人身安全和财富权益，并且由于这一结合而使每一个与整体相结合的个人又只不过是在服从自己本人，还仍然像以往一样自由。[①]可见，社会契约是对一些原则负责，而这些原则是规定以契约的形式来和谐地解决国民之间关系的。工业经济时代开拓者中的自由主义只能通过逐渐地反对这些原则，使他们的个体主义要求得以提出。

18世纪以来，自由主义者对经济活动方式和对政府应该以何种方式介入经济活动等问题进行了思考和研究。自由主义是理性主义的一种，作为其基础的个体主义在19世纪中叶的西方社会发展之快，甚至使A.托克维尔都感到震惊。随之产生了经济自由主义。经济自由主义作为一套系统的理论在英国得到了进一步发展并转变为经济政策，它强调自由企业制度，而且坚持个体应该有生产与消费的权利，有缔结契约关系的权利，有以自己的方式满足自己愿望的权利和有支配自己的财产与劳动的权利等。因此，它的基石是私有财产、市场经济和国家对经济的较少干预与控制。到19世纪中后期，经济自由主义开始关注社会问题，并成为西方发达国家自由主义政治派别的主要诉求之一。[②] 20世纪30年代的西方世界出现了各种尖锐的社会冲突、社会动荡不安的无序状态，个体自由受到了来自政治上左的和右的冲击，因此理性也成为被冲击的对象。正如T. 帕森斯（T. Parsons）所描述的那样，各种个体主义日益受到严重的抨击，理性的作用和科学知识的地位……一而再，再而三地受到攻击。[③]

在社会学的视野里，个体主义指的是法律、道德和社会控制给

---

① 卢梭，《社会契约论》，何兆武译，商务印书馆，1996年，第8、23页。

② 李强，《自由主义》，中国社会科学出版社，1998年，第16—18页。

③ 杰弗里·亚历山大，《社会学二十讲：二战以来的理论发展》，贾春增、董天民译，华夏出版社，2000年，第18页。

予个人以相当大的自由。这个自由是一系列规范的产物，是一种理性的自由。[①]为了避免这个概念在使用时被混淆，涂尔干提出要对“个体主义”与“利己主义”进行区分。在他看来，这两个概念虽然意思接近，但它们被用于识别社会类型时，却有完全不同的含义。个体主义在方法论意义上的原则是：为了解释一种社会现象，不论这种社会现象是属于社会科学中的哪一门学科范围，人们都必须使那些与这种社会现象有关的各种个人动机重新构建，并且把这种社会现象看作由这些动机支配的个人行为总和的结果。[②]

涂尔干认为，从理论上重新确立个体与社会之间的关系，对于认识新兴城市工业的社会秩序及其稳定性很重要。基于这样的思考，他提出了社会团结的概念，并以机械团结和有机团结区分了两种不同类型的社会：在以机械团结为特征的社会中，个性不突出，个体之间缺乏职业分化，社会的整合基于信仰、情感和意识的高度同质性之上；而在以有机团结为特征的社会中，个性突出，个体之间的分工细化，社会的协调一致基于高度的相互依赖性。涂尔干虽然把造成分工细化的原因归结为人口的增加，但他认为，促进社会保持整合的根本力量是生产技术分工的继续专业化，而不是个人利益的自由竞争；发达社会的团结不是以经济利己主义为基础，也不是依靠公民对集权统治的顺从，而是取决于道德信仰的约束力和相互依赖度的增长。[③]涂尔干关于个体与社会关系的这些思考在于体现人们是通过什么方式组合成了社会，并由此表明他解释社会现象的方法论。

伴随19世纪工业发展而形成的另一个思想主流则是对科学的颂

---

① 埃米尔·涂尔干，《社会分工论》，渠东译，生活·读书·新知三联书店，2000年，第15页。

② 胡伟、H. 孟德拉斯、M. 威莱特主编，《当代法国社会学》（*Sociologie française contemporaine*），胡伟译，生活·读书·新知三联书店，1988年，第238—239页。

③ 参阅E. Durkheim, *De la division du travail social*, Presses Universitaires de France, 1960（或《社会分工论》，2000年）; R. Boudon, F. Bourricaud, *Dictionnaire critique de la sociologie*, Presses Universitaires de France, 1990, pp.302–503.

扬。人们普遍认为科学是由于理性化而获得成功的，工业机械化是科学知识的进步带来的一个物质性的重要结果。正如M. 贝特洛（M. Berthelot）这样的思想家所指出的那样：那些到处可见的机器对人类本身的影响作用，并没有引出任何担忧。人民让自己通过继续丰富和充实的理论与实践知识被引向舒适和安逸，人民展望着由科学家勾画的未来蓝图。在这个蓝图中，有伟大的化学家预先引入的电的奇妙前途，有由于食品材料的合成制作而超越自己本来水平的农业和牧业，有由于航空技术的进步而造成私人关系和国际关系的震荡或重组。而这种想象使圣西门的“梦想建立一个由科学家和牧师携手合作，物理学家担任教皇的科学宗教”，以及“设想在不远的将来按照教育体系和教育方法改组科学，从而保证科学能够‘完善工业技术’和有利于劳动者”的赞歌得到了回响。①不过，工业机械化这个时代的任何一种伟大精神，都认真地思考过机器是怎样对利用机器生产的人们的感觉和意识发生作用的这类问题。②

从新兴企业家阶级的角度看，工业是通过理性计算和理性管理而发展起来的。他们认为，理性的基本特征表现为工业生产依靠严格的规章制度和严密的组织机构，理性的基本方法是强调对人、财、物的数量分析。然而，这种理性是有利于一种事实产生的，即促使革新方面获得“决定权”成为可能。20世纪初，美国出现了科技治国论。持该论者主张，技术专家必须建立一个统一的共同体，技术知识阶层只有作为一个统一的力量，才有可能把实业家从制订生产计划和产品监督这些领域中排挤出去。这在实践上意味着技术专家及其中央管理部门掌握政权，也就是说，资本主义社会变成了技术

① I. 伯纳德·科恩，《科学革命史》，杨爱华、李成智等译，军事科学出版社，1992年，第328页。

② G. Friedmann, *Problèmes humains du machinisme industriel*, Gallimard, 1968, pp.17–18.

统治的社会。[1]由此可见，科技治国论的思想观点不只涉及单纯的工业技术问题。

法国在第二次世界大战后实现了从经济恢复到经济腾飞的变化，理性主义随之在思想界开始活跃，人们的研究更趋于对“规则”“符号”“系统”和“结构”的探讨。其实，法国的一些社会科学研究较早地认识到行政部门和经济部门中的技术官僚对相关政策的制定具有决定性的影响，并且发现这些技术官僚行使的权力是以技术能力为基础的。20世纪50年代，阿隆在法国的大学讲台上首次系统地阐述了“工业社会”这个概念，他试图通过这个阐述使人们看到一个处在动荡状态中的社会所需要的平衡和这个平衡建立的条件，使人们注意到技术、工业和大众消费是构成工业社会的主要制约因素。阿隆认为，计算理性是工业社会的一个重要特征。这一观点在于引导人们以制度和组织的创新为出发点，去反思工业革命的主要社会发明，去认识职业结构作为现代社会阶层系统的基础是如何演变的，以及这种演变的深刻意义。[2]现实中，面对这种演变的人们对政府的作用已有了新的认识，并提出了政府不能以它对社会发展做出好的选择为满足，同时还要让社会自身也能够进行选择，认真对待技术统治论所基于的新知识，从而使社会能够去面对新知识所固有的改革风险。[3]

根据帕森斯的观点，在现代高度分化的社会中，个性和理性已成为人们日常生活的常识，它们与日益成长起来的中产阶级的自我利益和西方人在意识形态方面的希望，在较大程度上是合拍的。个人主义和理性主义的核心是功利主义，它在西方社会的广泛流传是

① 参阅苏联科学院社会学研究所编，《社会学和现时代》第二卷，李振锡等译，中国人民大学出版社，1980年，第126—127页。

② R. Aron, *Dix-huit leçons sur la société industrielle,* Gallimard, 1962, pp.97–102.

③ 米歇尔·克罗齐埃（耶），《论法国变革之路：法令改变不了社会》，程小林、沈雁南等译，上海译文出版社，1986年，第127页。

有其社会根源的。[①]

二、组织作用的发现

工业社会学家普遍认为，现代工业社会中的人类生活不是以个人或人口为单位，而是以组织为基本单位。作为组织参与者的个体或群体，他们总能体验到组织存在的必要性：通过“组织”来解决他们在日常社会生活中碰到的各种关系问题；利用“组织”实施自己的发展战略；借助“组织”改变自己的处境。总之，“组织”是工业社会可动员的基本单位。

1. 组织：个体实施其发展战略的必要条件

在工业社会中，是什么因素使一些群体比较容易重新组织起来？ A. 史汀次康（A. Stinchcombe）认为可以从四个方面回答这个问题：（1）社会任务的实现需要新组织的技术；（2）新组织的技术在成本效益上必须具有吸引力；（3）新组织的建立必须要有足够的资源——财富、权利、认识力、人力等；（4）新组织必须争取足够的权力去击败那些极力维持旧秩序的人。根据这个观点，工业社会中的一些群体之所以能够比较容易地再组织起来，是由于人们对传统组织的生产效率产生了怀疑，因而有改变现状和追求更大产出的愿望和企图，比如人们提出要开发更多的新领域、降低社会经济的成本、获得新的发展空间等。由此看来，建立新的组织对于参与者来说，恰恰也是可以实现他们自己目标的一个重要途径。

史汀次康观点中所涉及的这些群体，其自身应该具有高水平的教育和组织能力，同时，他们所在的环境要有相应的条件，比如：城市人口的素质和货币经济要有助于社会组织水平的提高；政治变

---

① 杰弗里·亚历山大，《社会学二十讲：二战以来的理论发展》，第18页。

迁能够促成组织手段的改变；组织愈多，新组织愈易建立。[1]其实，史汀次康想由此突出一种新的社会秩序和由这种新的秩序形成的条件，进而使人们认识到，一个发展中的社会必须在许多方面进行组织手段的有效变革，才可能建立起这种新的社会秩序。用诺思的话说，人类组织的成功和失败可以表明社会进步和倒退的原因。[2]

工业化的发展不仅使组织的数量和规模迅速扩大，使组织技术更趋于理性化，而且对社会的原有关系原则和生产的管理程序产生了重要影响。W. 摩尔（W. E. Moore）把工业化对社会的影响分为两大层次：第一层次的影响从生产组织开始遍及经济结构和人文生态结构；第二层次的影响是在社会系统内的变迁，这个变迁最先波及的是家庭、社区、宗教，然后又波及教育、科学、传播流行文化和政党等方面。[3]阿隆根据自己对社会制度的研究提出，这些影响主要反映在四个方面的变化：（1）企业与家庭分开，随着在组织上的这个分开，公、私趋于分明，而且增强了生产成本的计算性，结果使企业的账目变得清晰了；（2）生产技术分工越来越明确，由于这个分工，个体职务趋于专门化，从而规定了个体的行为；（3）社会上的资本不断得到增加，即每个工人的生产设备投资逐渐增多；（4）理性选择受到重视，也就是说，企业制定决策时更加讲究逻辑性和系统性，个体在实现其目标时更注重对结果的预测和对代价的计算。[4]

从上述这些分析中，人们可以发现，传统社会正在适应工业文明所建构的一种新秩序，这种新秩序如同涂尔干关于精细分析的那种新团结，即社会在工业化影响下兴起的“有机团结”。“有机团结”

---

① A. Stinchcombe, “Social Structure and Organizations”, in J. G. March, *Handbook of Organizations*, Rand McNally, 1965, pp.142–193.（转引自刘创楚，《工业社会学》，第38—39页。）

② 道格拉斯·C. 诺思，《经济史上的结构和变革》，第60页。

③ W. E. Moore, *The Impact of Industry*, Prentice Hall, 1965, pp.45–109.（转引自刘创楚，《工业社会学》，第47页。）

④ R. Aron, *The Industrial Society: Three Essays on Ideology and Development*, p.73.

不同于“机械团结”，它是随着生产技术的分工而引起的专业化发展的结果，其主要特点是依赖于高度的相互从属，而且这种高度的相互从属具有较强的互补性。在“有机团结”的世界里，工作场所与家庭相分离是主导原则。在社会从“机械团结”转向“有机团结”的过程中，人们不断使自己服从于新的组织原则并适应新的文明规范，从而改变了自己对社会生活的态度，甚至还改变了个性。事实上，人们越是参与现代工业的活动，他们的交往关系和他们对现实社会的认识就越加复杂和深入，从而离他们原先生活的社团及其特有的文化模式就会越远。

由此带来的一种结果是：人们彼此间依附的危险变小，对对方的决策行为进行有效预测的难度变大了。在这种情况下，寻求自我防护或为自己维持某种自由的企图也就成为了必需。再则，在一个由众多互相交往的不同集团所构成的工业社会中，同一个人不可避免地会成为多个关系网络（比如血缘性的关系网络、非血缘性的关系网络等）和多个系统（如经济系统、文化系统、社会系统等）的参与者。这个参与者所承担的职责往往是互相矛盾的，即使他的职责比较单纯，也总是会介于一些或多或少相对立的观点和有差异的文化之间。生活在如此环境中的人们在选择自己所需的资源和自由时，必须对自己的选择决定及其实行可能引起的反应进行预测，也就是说，要对自己的选择决定可能带来的后果进行成本计算。总之，人们要衡量一下自己要为此所做的投入是否合算。正因为这样，组织中的对策会越来越多，也会越来越复杂，以至于使社会中对变换或更新相关控制手段的追求越来越强烈。于是，参与组织、进行组织和利用组织的能力就会变成个体或群体实施发展战略的一个首要的和必要的条件。

人类社会成为一个“过于人类化”的复杂体系，如同一块“社会织物”，上面纵横交错着相互依存的各种关系，这些关系不是可以根据个人的主观决定来左右的，因为它们是由一些社会机制控制、调节和维持的。但是，这并不意味着这些关系以及整个体系都不是固定不变的，人们可以通过一种集体行动促使它们发生变化。以某种方式说，人类本身就代表一种手段，其实，人类社会成为“过于人类化”的整体是人类历史发展的产物，是人类自身建设的成果，因而也是可以治理、改造和完善的。[①]组织社会学家的经验研究曾得出这样的结论：人们在社会生活的日常实践中拥有的能力，比他们想象的要大得多。

2. 组织：工业社会可动员的基本单位

虽然在农业社会初期，人类在生产中就有了劳动分工，但直到18世纪之前这种分工还处在自发或半自发的状态。人类自觉地对生产过程进行科学分类，并在技术上达到一定程度的专业化和相互依赖，是从18世纪末工厂制度产生以后才开始的。研究工业社会的理论家几乎都认为，工业社会的初级机构是工业企业，其轴心是社会阶层，这些社会阶层是因为按机器生产来组织劳动力而产生的。

圣西门最先提出的工业社会就是建立在机器生产基础之上的。这个工业社会的基本社会对立有两极：一极为生产组织者、工人、科学家、艺术家、工厂主和企业家等；另一极是贵族、主教、法官以及资产阶级中不从事生产而专靠获取利息为生的那部分人。这是一种新型的人类关系组织，其成员是同僚，而不是臣民，实业家在其中的重要性日益明显。这个工业社会的特征因素是知识和组织，它重视生产、秩序和规定；它的主角是工程师、实业家、计划家。因此，它也是一种理性的制度。[②]在涂尔干看来，这样的工业化使传统的“集体心理”破裂了，由于这个破裂，核心信念要围绕职业的法规来建立，而且要考虑职业道德。韦伯则认为，工业社会的主要

---

① 米歇尔·克罗齐埃（耶），《论法国变革之路：法令改变不了社会》，第13、17页。

② 于海，《西方社会思想史》，复旦大学出版社，1993年，第180—183页。

特点是普遍地要求非人格的指标和追求最低成本的效率，以及在所有的行政领域推行理性计算。

工业化与科学技术发展有着密切的联系，而且相互影响。18世纪末科学技术的新成果大多用于制造业，制造业对科学的兴趣因此也越来越大。科学技术与工业生产相结合为欧洲国家工业的进一步发展开创了新的领域。为了能够适应由此产生的新环境，人们需要改变原有的社会结构、原有的组织程序和原有的关系方式。随着这些改变，企业的规模不断扩大，继而出现了资本与生产向少数大企业集中，到20世纪初，主要资本主义国家的生产和资本集中都达到了很高的程度。从某种角度看，这种变化的企图是重建他们的控制领域，而实现这种变化的主要途径是组织调整和制度创新。

德国自1857年成立第一个卡特尔（cartel），到20世纪初已发展到了近600个（其中著名的有德国铁业联盟，西门子公司等）。卡特尔是指生产同类商品的企业为垄断商品销售市场获取高额垄断利润而制定的协定。根据这些协定，企业划分销售市场，确定商品产量或规定商品价格，它们是垄断组织的主要形式之一。1882年，雇佣工人数在50人以上的德国企业占企业总数的比率只有0.3%，1907年已增加到0.9%，而这些企业的工人是工人总数的近40%，不到百分之一的企业占有总数四分之三以上的汽力和电力。这正如列宁所惊叹的那样："几万个最大企业拥有一切，数百万个小企业无足轻重。"①

在美国，1879年出现了洛克菲勒组织的美孚石油托拉斯②，美孚石油公司在1870年成立时资本只有100万美元，组成托拉斯时（即仅仅经过了9年），其名义资本已经多达7000万美元。当时，它兼并了其他14家大石油公司，并控制了另外26家石油公司的多数股票，从而把美国石油生产的90%集中到了自己的手中。它还掌握了产油

① 《列宁选集》第二卷，人民出版社，1975年，第379页。

② 托拉斯（英文"trust"的译音）是垄断组织的高级形式之一。

区的各大铁路，建立了拥有上百艘轮船的海上运输船队。随后，托拉斯在美国蜂拥而出，使美国成了托拉斯王国。1901年，又一个重要的垄断组织，即由摩根家族独占领地的美国钢铁公司诞生了。该公司那时控制了美国铁矿的60%，钢铁生产的66%，拥有1600千米（1000英里）以上的铁路以及庞大的内河和海洋运输船队。从美孚石油托拉斯产生到美国钢铁公司诞生，仅20多年的时间里，美国工业部门的托拉斯已发展到300多个，一共兼并了5300个企业，占有着制造业资本总额的40%，成了各个部门和整个国民经济的主宰。[①]

除了盛行于德国和美国的卡特尔和托拉斯这两种垄断组织形式外，重要的垄断组织形式还有辛迪加和康采恩，[②]前者指西方工业发达国家的企业之间关于共同销售和采购原料的协定，后者指工业企业、贸易公司、银行、运输公司和保险公司这些不同部门的许多企业之间，特别是银行资本与工业资本之间为垄断销售市场、争夺原料产地和投资场所而进行的联合。辛迪加当时在法国最为流行。在英国和俄国，虽然垄断组织发展较晚，但到了19世纪末和20世纪初，也都成了垄断资本的天下。

上述资料表明，工业企业在扩展规模的同时，它们的结构形式和经营方式，以及它们之间的合作规则也发生了重大变化。它们通过组织调整和制度创新加快了技术进步并提高市场竞争力，从而实现了经济增长。20世纪初美国汽车制造业发展的例子也许能更清楚地说明这个问题。美国汽车工业诞生时，汽车造价昂贵，没有显示出作为大众消费品的前景。福特汽车公司经过企业生产的组织调整：引进标准化和专业化的新装配线，扩大了生产规模（仅一条新装配线上就有7000多名工人），还采取了垂直一体化的统一管理（以控制原材料的成本和生产流程），结果在12年中，使T型车每辆造价

---

① 这里的数量资料均出自樊亢主编，《资本主义兴衰史》，第157—158页。

② 辛迪加（法文“syndicat”的译音）和康采恩（德文“Konzern”的译音）。

从780美元降低到360美元，从而大大增加了产品的出售量。[①]可见，生产的组织调整和管理的制度创新对于这个大工业企业的经济增长起到了决定性的作用。

庞大的企业组织需要理性的管理结构是韦伯关注的重点，管理结构的理性化在韦伯看来就是科层化的过程。[②]由此而论，企业的管理制度将会随着科层化的发展而发生变化。资本主义国家初期的铁路事业为此提供了一个鲜明的例证。19世纪中叶的纽约中央铁路公司是一个相当大规模的企业，其资本比当时美国全部工厂拥有的资本还要多出近9倍。该公司的经营者们像我们这个时代的航空计划的组织者一样，非常需要发明创造出新的经营工艺。他们把技术、票价、运行时刻标准化了，并在铁路（几百英里）线上贯彻了作业同步化。他们创立了专业化的工种和部门，集中了资金、能源和人力，扩大了铁路网络。他们以统一情报和统一指挥为基础构建了新的组织。他们把雇员分配在“线路”上和“指挥”系统中，根据车辆运行、运货量、赔损、机车修理、引擎使用等数据，制成每日报表。所有这些情报资料的使用决定由总监做出，由中央指挥部门发出并向线路下达命令。企业史学家A. 小钱德勒（A. D. Chandler）介绍道：这条铁路的中央集权式的管理方法很快成为其他大企业的模范，之后，又成了第二次浪潮时席卷各国的先进而精致的企业管理方法。[③]有关研究还发现，政治上的中央集权很快在美国也盛行起来。华盛顿的联邦政府承担了日益增长的大量权力，越来越多的决策在中央独断地做出，因而使权力逐渐从国会和法院转移到中央行政机构。这个例证证明了制度与组织有着密切的联系，制度的变迁是以组织重建为条件的。

欧美国家随着工业化的发展，不仅出现了新的结合体、管理的

---

① 参阅杨宏儒，《工业组织与经济增长的理论研究》，生活·读书·新知三联书店，1994年，第50—51页。

② 参阅马克斯·韦伯，《经济与社会》第二卷第十一章。

③ 阿尔温·托夫勒，《第三次浪潮》，第104—105页。

科层化和经营的集权化，而且还出现了许多新的社会过程，其中比较明显的社会过程有：人口从农村向城市迁移；职业队伍内的白领与蓝领、技术人员与生产工人的分化；家庭成员对家庭的经济贡献越来越求助于社会提供的工作；学校教育的内容和方法多样化；社会单位的迅速增加等。

在这些新的社会过程中发生了一系列相互关联的变化。法国在进入工业社会之前，教育的负担均由家庭或个人方面来解决。随着科学技术和理性管理被企业大量接受和采用，教育的承担逐渐转移给了社会。因此，社会开始要求学校传授适应经济发展的新知识，比如工人、公务员、秘书以及技术员等，他们为了使自己能够通过竞争机制获得更满意的职位，希望扩大知识面或更新知识结构。面对社会上提出的这些新要求，学校的教育必须有针对性地及时进行调整或改革。教育的调整或改革是学校对新的社会经济环境做出的反应，这种反应其实也是学校自身继续发展的需要：如果学校再依赖过去那种单调的教学大纲，只注重以培养学者型的人才为目标，那么学校自身的生存就会碰到难题。法国教育系统和学校组织方式所发生的这些变化，实际上当时在许多西方国家中都不同程度地出现了。

不断接受新技术训练的人们，同时也在适应新的生活方式和新的社会关系，因而他们的价值观念多少也会发生变化。价值观念的变化在社会系统内的分工上有比较明显的反映，比如政府职能从经济决策的操纵转向了对经济活动的管理。但这个转向导致了公共行政机构的迅速膨胀。从某种角度看，这是一种中央集权化的表现。由此带来的社会后果是：一方面决策体系变得越来越复杂；另一方面劳动者越来越觉得只有依靠政府的力量才能解决社会生活中的主要问题。由于这种依赖思想的发展，劳动者自身解决问题的能力越来越弱了。

第二次世界大战后出现的第三次科学技术革命，使世界进入了以高技术产业群为标志的信息时代，也使生产的社会化和国际化达到了空前的规模和水平。在美国，1970年时，专家们还认为小企业在就业、生产率以及革新方面具有决定性作用。而到了1985年，全世界共有10个国际头号工业集团，其中美国就占了8个，而这8个头号工业集团的劳动力均是过去受雇于小企业的劳动力，它们雇佣成千上万个职工，生产着大部分人需要的商品，而且使大部分人依赖于它们提供的服务。

大企业集团对市场的扩张引起了服务业的发展，使服务业的雇佣劳动力不断超过制造业的工人。这种增长在美国的贸易、金融、教育、健康和政府部门特别显著，20世纪60年代末，就已展示出一幅白领社会的“图画”。[①]随着生活的组织化和社会化程度的提高，家庭的物质生产功能快速外移，儿童从家庭劳动力资源变成了家庭的某种负担，妇女纷纷走出家庭去学校进修或寻求别的职业工作，这使得人们与企业和社区联系的重要性不断取代与家族联系的重要性。在企业内部，尤其在大的工业企业集团内部，也发生了一些较大的变化。比如，随着技术专业化程度的不断提高，部分工艺越来越精练，等级分化越来越明确，管理制度越来越完善，加上追求低成本的生产，导致劳资矛盾日趋突出，工人的反抗持续不断。其结果导致了非正式的社会团体和新的联合体，比如妇女会、各种工会以及各种行业协会等涌现出来。总而言之，组织的扩增体现了社会总体的演变，表明了人们可以通过组织来解决问题。

大组织之所以能获得主导地位，不仅是因为它们与大众生产、机构集中及其管理的复杂化相联系，而且还因为它们赞同技术、经济和行政的理性原则，重视财政资源，依赖严密的规章制度。从工业社会的理论观点看，大组织是以职能和能力为要素组织起来的社会，这个社会的发展特别强调的是职能作用和手段作用。正如持这种观点的理论家所指出的，现代化的工业公司已经发展起一套上层建筑，或者说，它们已经形成了一套机制：它们的基本组成部分必须是技术员；人们可以对车间里的所有可能的智慧和日常工作进行

① 阿尔温·托夫勒,《第三次浪潮》，第144页。

取舍，也就是说，一切都以计划和部署部门为中心。按照这样的机制运行，现代化的工业公司的问题就变成了技术性的问题。至于社会问题，人们并没有把它们看成故意作恶的后果，而把它们看成非故意的复杂和无知的副产品。解决这些社会问题的办法不是出自一时冲动的简单化处理，而是要使用人们积累起来的社会知识和科学知识。[①] 以某种方式说，这种理论观点其实是要主张让科技治国论者来统治工业社会。

直到20世纪初，社会学家对工业组织和工业社会的具体问题才开始发生兴趣。那时的社会学研究者往往以“错”或“对”这样的评判来定论组织碰到的困难，以坚定的口气评价组织提供的机会和提出的问题，有时以改良的观点对组织的干预进行理想主义的推论。但不管怎么说，人们对组织有了更多的了解，而且也提出了值得思考的问题，比如一些研究指出，大组织机构是一种压力，压得组织成员喘不过气来；另一些研究则强调，人们在社会生活的日常实践中所拥有的能力比他们自己能够想象的要大得多，不过，他们对此并没有了解得很清楚，或者就是不想知道，因为这样，可以怨这怨那和想入非非。总而言之，这些研究的发现其实反映了个体和群体正寓于其中的社会和组织，以及与他们相关的人际关系和各种体系都变得越来越复杂了。

3. 组织：调整关系可借助的重要力量

19世纪的最后二三十年，世界走进了工业电子技术时期，从而为组织活动开创了一种新的文化环境。在这一时期，科学事业生根的地方是利兹、曼彻斯特、伯明翰、格拉斯哥等地，而不是牛津、剑桥和伦敦。从事科学的人不是乡下的小绅士和教士，而是持有不同见解的牧师和长老会会员。他们的赞助人也不是贵族和商人兼银行家，而是制造商。不仅工业领导人需要科学，主要技工也变得越

---

① 参阅阿尔温·托夫勒，《第三次浪潮》，第83—85页。

来越需要起码掌握一些科学原理。

因此，科学需要列入教育计划，至少在新的制造业地区有这种要求。但那时，欧洲的大学已经陷入空前严重的无知和顽固的深渊。为了满足这种要求，人们在新制造业地区中心设立了机械师研究院和图书馆。不过，工业需要科学并不等于说科学的工业基础会自然而然地产生。事实上，整个19世纪，尽管人们不断要求发展科学，但不论是科学研究还是科学教育工作，都很难得到充分的财政支援。这种情况直到19世纪中叶才开始受到官方的关注，政府采取了一系列重要措施，其中首要的就是将科学活动纳入正规的组织范围。不久，一批名副其实的科学机构就建立起来了，从而出现了一个由大学教授、工业实验室工作人员和业余爱好者组成的科学界。①这正如恩格斯在1894年1月致瓦尔特·博尔吉乌斯的信中所分析的那样："社会一旦有技术上的需要，则这种需要就会比十所大学更能把科学推向前进。"②

从此，科技进步对生产的发展和经济的增长有了决定性作用，科学与技术和科技与生产之间的相互依存使科学成了第一生产力，这是当时最先进的资本主义国家中出现的一种引人注目的发展趋势。20世纪初始，特别是第二次世界大战以后，西方社会不再是古典的、具有破坏性的自由竞争的资本主义社会，而是进入了由"国家管理的晚期资本主义阶段"。③在这个阶段，政治对个体创业的干预越来越少；企业经营对利润的追求不受限制；企业有权决定从事哪些行业，也有转业的自由；企业按既定税率缴税后，积累的资产能够受到政府的保护。换言之，企业变成了决策中心，可以自主地进行技术创新。但同时企业也成了双重责任的承担者：企业自身的决策一旦发生错误，那么企业必须承担由此带来的失败后果；如果企业面

① J. D. 贝尔纳，《科学的社会功能》，陈体芳译，商务印书馆，1995年，第67—71页。

② 《马克思恩格斯选集》第四卷，人民出版社，2012年，第648页。

③ J. 哈贝马斯，《认识与兴趣》，郭官义等译，学林出版社，1999年，第7页。

对的竞争者勇于创新，并获得了成绩，而自己却停滞不前或错失良机，那么企业就会使自己丢掉在市场上立足的余地。因此，社会在使企业有更多的自主决定权的同时，也让企业承受其自主决定的后果。①迫于这种双重责任，企业在求生存时必须不断调整和完善自己的组织决策，不断追求经营管理的合理化。这表明技术创新只能解决企业求生存的一方面问题，而其他方面的问题则需要另一些手段的创新来解决。

企业组织的管理越来越需要提高手段创新的科学性，使直接在企业中工作的科研小组数量增加。这些科研小组实际上成了生产本身不可分割的一部分，因而生产本身成为科研小组的实验领域。科学与生产的相互渗透还表现在生产中的研究员、工程师、技术员和实验员的增加，以及企业组织的复杂程度的上升。在这个变化过程中，人们除了使用“科学”这个术语之外，越来越多地使用“科学活动”这个术语。这不仅证明了科学作为一种有自身发展和自身调节的社会系统，其自身活动变得复杂起来，而且证明了科学同其他社会体系的相互作用加强了。

人们往往以改变相互关系的方式来谋取对新形势的适应，比如政府为了控制日益膨胀的经济而增加了人员编制；教育为了满足工业的新需求而增加了技术培训；家庭为了将其成员培养成新型的人才而增加了预期性社会化的投入；宗教为了阐释“工业人”（Industrial Man），变革了生命意义而加强了灵性服务；至于无法适应大规模变化的人，他们的教化则由新发展的社会福利制度负责。②由此可以看出，科学活动的发展引起了社会劳动的新分工，为组织创新提供了机会，进而使社会体系中的变化内容不断得到更新。总之，技术创新不只是发现新知识，而且还是技术与组织同时创新的社会实验，这个社会实验向组织活动及其管理提出了新的要求。

---

① 刘创楚，《工业社会学》，第4—11页。

② 刘创楚，《工业社会学》，第43页。

当科学技术随着大规模的工业研究结合成为一个体系时，科学家们却强调他们的职能是了解和分析客观事实，而不是参加和影响实际的生产活动；他们只关心纯粹的认识和研究，而不参与国家或企业的大事。这就是说，机器时代的发展最需要科学投入时，却产生了纯科学的观念：科学家的职责仅限于进行本身的工作，工作成果则应交给一个能使各种经济力量自由发挥作用的经济体系。这些观念的出现并非毫无道理，其实，工业化的发展已经向科学自身的进步提出了更高的要求。科学作为一种系统的知识体，它要使自己的进展具有价值，就需要创立更充分更全面的理论来为新发现奠定扎实的基础。技术也不例外，因为它们的形成是以基础科学的成果为理论前提的。但是，无论在工厂企业，还是在科研机构，人们多少会感觉到，科学技术越是发展，组织中各个等级的工作性质发生变化的可能性就越多：简单的、程序化的工作不断被复杂的、非程序化的工作所取代。

19世纪中期的工厂被视为象征新财富和新技术产出的地方。然而，工厂生产从来都不是一帆风顺的。它们的具体运行离不开特殊纪律的保证，它们的竞争力要求助于劳工技术的提高，它们的经营效率总是取决于对市场变化的适应，它们的资本积累必须以新的价值标准为前提，它们的组织管理要依赖科层原则，它们对人际关系的处理要采用更理性的方式。总而言之，工业随着一套相关制度的完善而得到发展，而且要靠社会技术——专门目标的组织与管理。从整体社会的范围来看，资本主义的世界经济体系的形成和发展，在根本上与生产集中的战略和剥削殖民地的战略有着密切联系。这些战略的实施过程在很大程度上是一些关系重组的过程：大银行吞食小银行，少数大银行垄断各国的银行业，过去为工业企业进行会计和出纳——为社会各行各业收支各种货币——的中介人发展成为与国民经济各方面都有联系的人。银行资本与工业资本混合生长的这种组织的发展，最终使一种金融资本出现了，并以“参与制”的组织方式在经济领域里取得了统治地位。“参与制”是金融寡头通过收买和持有一定数量股票的办法来参与企业管理，对企业实行多层次的控制。当金融资本掌握了垄断组织中占统治地位的大企业之后，便使大企业成为“母公司”，再利用“母公司”的资本去购买其他公司的股票，以形成受“母公司”控制的“子公司”。“子公司”又可以用同样的办法去控制“孙公司”。[①]然而，这其中隐藏着的某些机制还很模糊，极少数金融寡头居于垄断统治的宝塔顶端，他们的权力具有怎样的性质也不清晰，因为人们既有的认识与这种现实之间的距离还很远。因此，人们的研究还需不断深入。

根据J. 康芒斯（J. R. Commons）的分析，资本主义的主要力量是银行制度。在美国，大公司把它们的总部迁往纽约，或者使它们的董事会必须满足于银行家，或者它们必须自己控制银行。这种关系的发生完全是出于一种使投资家保持好感的必要性。其实，银行在发行公司证券和安排商业信用的过程中发现，如果要保持银行本身在投资家当中的商誉，就不能听任那些公司由幕内人操纵。因此，它们必须控制那些由它们供给资金的公司。[②]可以看出，这里充满了战略和对策，而这些战略和对策的目的在于把对方限定在一定处境中。

为确立垄断地位而建立新的企业组织形式的这种做法，在J. 熊彼特（J. A. Schumpeter）看来，如同引进新产品，采用新技术，使用新的原材料和开辟新的市场那样，属于“创新”行动，即引起产业上的突变，从而再造新结构的行动。熊彼特认为这种创新不是一个技术概念，而是一个经济概念，即指企业家把新的生产要素的新组合引入企业的生产体系。[③]克罗齐耶关于大组织系统中的革新问题的研究使人们从另一个角度认识到，现代组织背景下的任何革新行动

---

① 樊亢主编，《资本主义兴衰史》，第159—162页。

② 参阅J. 康芒斯，《制度经济学》，商务印书馆，1997年，第574页。

③ 参阅J. 熊彼特，《经济发展理论》，哈佛大学出版社，1934年，第66页。（转引自胡代光、厉以宁编著，《当代资产阶级经济学主要流派》，商务印书馆，1982年，第254页。）

都可能是一种企图。因此，革新的概念与权力的概念一样，是一个难以弄清楚的概念。克罗齐耶指出，革新不仅仅是一种取决于严格的经济理性的个别现象，也是一种取决于复杂体系的集体现象。这就是说，革新的成功需依赖整个组织内部的权力活动的深刻变化。[1]维护和发展个体的创造自由是集体革新的首要的和基本的条件，接受革新在战略上可能是为了使另一些变化成为可能。[2]

革新是一种严肃的战略行动，这在工业社会的深入研究中不断得到论证。波兰尼的这一论证使我们看到：经济自由主义如同一种使社会从属于经济的企图。主要资本主义国家中以跨国公司形式出面的国际经济组织，其战略意图就在于扩大自己的自由空间，形成一种特别的权势，从而能够重建国际经济的秩序。[3]根据康芒斯的分析，全世界的银行制度成为现代国家和国际经济管理制度的头脑，不仅是因为这些银行本身要扩大势力，而且是因为要代替旧的竞争的个体主义。再以垄断组织的辛迪加为例，根据辛迪加的办法，整个产业被纳入一个组织，所有的制造商，不管效率高低，都包罗在内；由辛迪加研究市场情况和决定它所希望维持的价格，而且，它可以任意地规定整个产业下一年的总产量。总产量规定以后，辛迪加就根据各生产单位的能力将生产任务派给这些生产单位。在这种情况下，作为辛迪加参加者的工业企业便丧失了商业上的独立性，变成了只经营生产的单位。它们被引入了一种新的经济结构，并从属于这种新经济社会的运行机制。为了生存，这些工业企业只能更加苛求理性化的内部生产管理。由于这些管理注重依靠更多更具体的规章制度，结果为官僚主义的发展创造了条件，使工业企业中各种关系问题日益严重。

---

① Cf. M. Crozier, *La Société bloquée*, Editions du Seuil, 1970, pp.49–58.

② Cf. M. Crozier, *On ne change pas la société par décret,* Editions Grasset & Fasquelle, 1979, pp.69–72.

③ 如果想更多地了解这方面的分析，请参阅博（波）兰尼,《巨变：当代政治、经济的起源》。

工业企业遭受着外部和内部环境的双重压力，迫使人们对社会的控制手段有了更多的追求，而作为回报，人们所处的社会及其运行的规则变得越来越复杂。C. 斯诺（C. P. Snow）是英国近代的科学家、小说家，他以揭示社会权力机构的决策过程、剖析一系列重大社会问题引起的后果而著名。他于1959年在剑桥大学所做的演讲“两种文化及再谈两种文化”中，深刻阐述了工业组织中人际关系的微妙性：“在美国也许有更多的人会对工业略知一二，但是现在我想任何水平上的一个美国小说家都不能事先假定他的读者懂得工业。他可以设想，并且也经常这样设想，他的读者对于一个伪封建社会有所了解，就像旧南方的渣滓那样——但是他不能设想读者对工业社会有所了解。……还有，在一个生产组织中人与人的关系也是一个极为敏感，很有趣味的问题。这种人与人的关系常常是很难琢磨的。看上去这好像是这样一种人与人之间的关系，一个人在任何一种等级制度中都会受到的一系列控制，就像在军队里的一个师中或在行政机构中的一个部门中那样。但事实上，工业组织的人际关系比这些机构的要复杂得多，任何一个习惯于按命令行事的人，当他一旦进入工业组织之后，立刻就会茫然不知所措。”①

上述介绍表明，企业组织成了一个变化且不易理解的复杂体系，所以，任何基于盲目经验主义推论的干预和改进，都难以有效回应这个复杂体系在运行过程中提出的深刻问题。实际上，体系的变革问题远不像科学术语提出的问题那么简单。人们不能只根据纯经济的逻辑来推论工业社会的组织逻辑，更不能简单地用它来解释总体社会的内在联系。但是，人们所寓于其中的社会和组织到底是以什么方式运行的？深刻认识这个问题十分重要，因为对这个问题的回答直接关系到社会科学本身的发展。

---

①　查·帕·斯诺，《对科学的傲慢与偏见》，刘兵等译，四川人民出版社，1987年，第38—39页。

三、组织研究的演进

组织研究随着现代工业组织的产生开始起步，它与生产流水线这个劳动领域有着更密切的联系，或者说，组织研究是与劳动的科学组织和生产活动的合理化同时出现的。

现代大企业组织是组织研究最初的研究对象。而组织研究随后的发展，离不开研究者对现代大企业组织的新需求做出的有效反映，也离不开研究者对大企业组织在变化其运行方式时碰到的问题做出的深刻认识。组织研究早期借助的主要概念工具多数用于分析组织内的人类行为的可解释因素，这些概念工具自20世纪60年代以来得到了不断的改造和完善。组织研究的早期发展史，可以说，是研究者的分析越来越贴近组织内人类行为的可解释因素的历史，也是组织社会学这门学科史的组成部分。组织研究的进步过程，其实是为人们更好地理解、辨别个体和群体行为的不同形式提供帮助的过程。也就是说，学习组织研究的发展史将有助于人们认识现代社会的组织现象。因此，有必要介绍组织研究发展过程中出现的主要理论和方法，即劳动科学组织的原则、人际关系学说和决策分析，它们又被称为“组织研究的三次运动”。这些介绍将使读者看到“经济人”的假设向“社会人”“决策人”假设的演变过程，可以了解到组织社会学的形成及其对现实社会复杂性的认识所产生的影响。

1.“手”的超越与劳动科学组织原理

自从英国人R. 阿克莱特（R. Arkwright）于1771年建立了世界上第一个工厂，工厂生产制度就诞生了。工厂生产制度的发展，使家庭生产制度不断失去重要性，这个替代引起了生产力和生产方式的重大变化，也使当时的生产组织管理碰到了一系列前所未有的新问题。然而，关于工业企业的研究是在100年之后才出现的。

机械化初期的工业企业，是传统和经验主义的世界，也是众多手工操作者的天下。那里，除了场所和噪声的束缚外，机器陈旧且受损严重，没有任何能够支配机器的精确技术。更确切地说，工厂经营者很少考虑机器的使用所必需的技术条件。企业的组织基本上是由企业主自己负责，管理权限高度集中在企业主手里，企业主雇佣的管理者或监工通常是从工人队伍中挑选出来的。这些管理者或监工往往按照自己的想法来决定生产指挥，他们缺乏管理技术，也没有接受过专门的技术训练。至于工人，他们中识字的人寥寥无几，技术素质和纪律性也很差。在这种情况下，操作工人和机器维修工人的资历和实践能力的重要性就显得更为突出：年轻工人纷纷求助于老资格的工人，希望老资格的工人在车间将手工操作的技巧传递给他们。所以，工厂在任务和生产上的规范化和标准化程度很低。这时，虽然资本主义管理思想已经出现，比如英国重商主义的主要代表詹姆斯·斯图亚特提出的实行刺激工资的思想，古典政治经济学的奠基者亚当·斯密提出的分工理论和"经济人"观点，但是，这些思想和观点在当时还没有直接对企业管理产生影响。

19世纪70年代，美国企业资本家为了重振经济，大规模地更新机器设备，他们在采用新生产技术的同时，还采取了降低生产成本的措施。19世纪末20世纪初，西方国家的科学技术达到了空前的发展水平。资本主义也开始步入垄断阶段，各种大型企业集团的组织不断涌现，社会生产力水平得到了很快的提高。但由于企业管理方式的更新严重滞后于技术革新的发展，企业过去掌握并仍在使用的管理方式已无法对新形势下提出的要求做出有效的反应，以至于许多生产潜力得不到充分的发挥，工人消极怠工的现象甚至比以前更加严重。因此，如何提高企业劳动生产率的问题备受关注，关注者首先是企业中的一些具有科学知识和管理经验的人员。为了找到解决问题的方案，他们展开了大量的实验探索，并在此基础上提出了一系列关于改变经验管理办法和创建科学管理的设想。这些探索和设想为促使古典管理理论的产生起到了重要的作用。

美国工程师F. 泰罗在盎格鲁-撒克逊人的世界里，被认为是对古典管理理论的形成有突出贡献的代表人物。他的初期研究主要涉及了企业内部的生产过程，特别是企业劳动组织在演变中提出的问题。他在1895年和1903年向美国机械工程学院提交的“计件工资制”和“车间管理”两篇论文里对这些研究成果做了介绍，表明他重视企业管理方法。西方组织研究将其称为泰罗方法，并认为泰罗方法的基本精神是基督教伦理、社会达尔文主义和信仰科学技术的混合物。这样的方法被美国的管理层广泛接受，并在20世纪初得到了进步运动的支持。[①]

泰罗首先提出的原则是：工人工资率的制订不能再根据传统的依据或凭经验的想象，而一定要基于充分的科学研究之上。他认为，只有这样才能发现问题的根源。比如为了弄清楚工人磨洋工的原因，他做了详细的调查和严格的实验。在对所获资料进行分析后，泰罗发现工人之所以磨洋工，是因为工人知道，如果他们加快工作速度，就会给他们自己带来一些不利的后果。其中最使工人担心的后果是：大量劳动力（包括他们自己在内）就可能失去工作、找不到活儿干。与此同时，泰罗还发现，由于管理制度有缺陷，工人有可能通过放慢工作节奏来维护自身的利益。但从根本上看，这是因为人们不愿意工厂对工作方法进行改革。因此，泰罗主张制定劳动组织的管理原则和建立职能制的组织结构，以使生产组织方面进行改革。然而，这个改革并不是一帆风顺的。就职能制的组织结构而言，泰罗提出的改革包括两个方面内容：一是把计划职能与执行职能分开，即把一切可能通过脑力的劳动都从车间、工人那里转移出去，并使脑力劳动集中到计划和设计的管理部门，让工人只从事体力操作的劳动；二是实行职能工长制，这个工长制是泰罗针对车间复杂的日常管理工作而提出来的一种特殊的组织形式。由于这一组织形式致使工人

---

① W.理查德·斯格特，《组织理论：理性、自然和开放系统》，第37页。

接受多头领导，并且容易引起混乱，最终没有被推广开来。[①]

泰罗系统地研究了劳动组织的科学管理，从而提出了一套科学管理的方法和制度，在此基础上，他于1911年发表了《科学管理原理》的论著。[②]他在这本论著中指出，造成企业发生问题的真正因素不是人类行为，而是脱离现实的劳动组织；个体在工作中的消极行为并非是由其非理性的因素引起的，而是组织管理原则的问题所致。泰罗的这些发现和论断不仅促成了人们对当时依据生产经验和个人意志的传统管理方法进行革新，而且对古典管理理论的发展起到了重要的推进作用，人们因此称誉他为科学管理的创始人。

泰罗认为，“最好的管理是真正的科学，依靠的是明确定义的法规和原则”。泰罗本人在一次国会委员会上曾为“科学”的使用而做出如下解释：

“有人就‘科学’一词在这里的使用提出了严厉的反对意见。这种反对意见主要来自这个国家中的教授们，对此我颇感惊异。他们憎恨将科学一词用于日常生活中的琐事。我想对这种批评的正确回答是引用一位教授最近所下的定义……即‘科学是任一类型的、经过分类或组织的知识’。收集那些已经存在于工人的头脑之中但没有归类的知识并将他们简化为规律和公式……当然就是在对知识进行组织和分类，即使有些人不同意称此为科学。”[③]

泰罗关于劳动科学组织的基本思想是：劳动组织可以成为科学研究和科学管理的对象；以科学理性来组织劳动能使企业获得最好的成效。这些基本思想说明泰罗提倡通过改变传统的经验管理来达到科学管理，进而解决提高生产效率的问题。泰罗的基本思想

---

① 参见徐文俊编著，《西方文化与管理》，中山大学出版社，1992年，第81页、第86—87页；孙平，《现代企业组织论》，西南财经大学出版社，1997年，第20页。

② Frederick W. Taylor, *The Principles of Scientific Management*, Harper & Brothers, 1911.

③ 转引自罗伯特·丹哈特，《公共组织理论教程》，项龙、刘俊生译，华夏出版社，2002年。

有两方面的来源：其一是泰罗在不同生产领域（即从铁砂模的搬运到自行车轴承弹子检查）进行的经验研究基础上提出的最初推论——机械化初期的工业企业使用的劳动方法太凭借经验是造成大量浪费的原因；其二是泰罗试图为劳动组织的管理寻求一种"最佳方案"的具体探索——通过对车间的劳动动作、完成任务的技术因素和时间的进一步研究，找到一些能使操作过程中的每个动作达到最佳状态的途径。

泰罗的上述研究之所以取得了较好的成果，是因为他在研究过程中，首先制订并运用了相关的培训计划，并选择一些能够接受专门训练和具有操作新方法能力的人作为实验的对象，而且挑选了一些掌握相关科学知识的专家，让他们参与了整个调查研究的过程。由于泰罗研究的目的是为工作中的个体找到解决问题的最佳方案，他要求参与研究的专家们对企业组织的所有任务（包括领导者的任务）进行了全面的分析。具体地说，他的要求是：（1）说明理性组织里的不同劳动岗位，并且要使这些不同岗位之间的互相联系明显化；（2）理出等级层次和金字塔式的组织结构，而且要发现领导者与执行者之间、脑力劳动者与体力劳动者之间的区别；（3）弄清上下级的交往渠道。其实，泰罗想通过他引导的这个研究达到以下目标：使企业组织的工作任务可以重新组合，进而建立科学的劳动过程和理性的权威体系；使不同岗位之间的相互从属关系得以限定，以明确职责范围；使企业必须用科学知识来取代个人的经验和见解，以提高组织运行的效益。①

泰罗关于劳动组织的科学管理步骤可以概括为：分析企业中的不同任务，理清岗位职责→重建严密的组织机构程序，制定理性的管理原则→使企业在实现其目标时，能够最佳地利用所有的资源和手段。这个步骤是以最小投入（在劳动、原料及资金上）为手段，

---

① F. W. 泰罗，《科学管理原理》，胡隆昶等译，中国社会科学出版社，1984年，第383页。

以追求最大效率为目标。

泰罗的这套解决问题的方案在当时引起了广泛的关注。接受并使用这套方案的人相信：既然岗位任务已被较好地分析了，在这些岗位上就职的人可以充分地发挥自己的技能，其经济报酬的需求也能得到相应的回报，那么，每个人就会因为自己处于适当的位置和获得相应的收入而感到满意；既然个体的社会角色与其岗位和任务相吻合，冲突就不会出现；既然一切都已在一定结构的组织之中，不服从的理由就不会存在；既然一切是通过规章制度和以非人格的方式被确定的，强制性的权威关系也就不再需要了。概括起来说，组织的经济手段和技术手段不仅能使企业增加效率，而且还能为企业提供解决社会问题的办法。用圣西门（S. -Simon）惯用的方式来表达，就是物的行政管理逐渐代替了人的治理。

生产活动的理性化运动使现代工业和大众生产的发展成为可能，现代工业和大众生产为西方国家的经济增长与繁荣打下了基础。大企业组织的内部管理深深地打上了泰罗制的烙印，它们的发展有时甚至使泰罗制达到了顶点。有关这类大企业组织内部运行方式的一些研究使人们发现，泰罗制实际上以暗含的方式依靠着下述两个基本公设。

第一个公设是"唯一最好的方案"。根据这个公设，组织进行的所有活动只遵循一种最佳方案。这是一种可以看得见的组织，由一系列能够被确定和被阐明的，而且能够以机械的方式"组装"的职位所构成。与这些职位相应的已定任务能够以科学的方法加以研究，其不正常实施因而是能够避免的。在泰罗看来，对完成这些任务所需的能力做出详细说明是可能的，而想要获得这方面的保证，只需创立合适的选择程序就足够了。按照这种观点，"组织技术的工程师"只要运用他的科学方法，就可以认识企业技术、经济、财政以及贸易上的约束，并能以此为依据来确定企业实现目标的方法。泰罗认为：有了这个唯一最好的方法，工业工程师就可以解决领导企业的问题；在科学管理之下，企业领导者和工人一样，是由规章和法律约束的，这些法规是通过无数具体的工作实验得来的，由此发展出来的标准是公平的。[①]

第二个公设是“经济人”。这个公设是对第一个公设的补充。在第二个公设里，工作中的个体被视为只重视经济因素，只有经济动机，而且屈从于经济刺激的人。从这个意义上说，这个个体是一个完全可以被另一个像他那样具有相同技术资格的人所替换，因而是一个消极被动的人。按照这个公设，劳动个体的唯一追求就是使自己的经济收益达到理想的程度。因此，要使这个个体更好更快地完成任务，只需在一定限度里更多地支付他为之付出劳动的工资就足够了，也就是说，促使生产效率上升的因素是劳动的物质条件。由此推论，个体仅仅是一只“手”，而这只手好比个体在劳动过程中用于利益生产的一只齿轮。所以，个体本身成了一部机器，这部机器的动力就是获利的欲望。

泰罗的上述两个假设在之后的研究者看来，是过于简单化和唯机械论的，而且是基于一种经济人的抽象价值观之上的。不过，在评论泰罗的思想时，我们不应忽视泰罗所处的时代以及这个时代对他的思考方式所产生的影响。泰罗所处的时代是美国经济危机后企业资本家为了振兴经济，大幅度更新机器设备和技术、采取各种措施降低生产成本的一个多变的时代，这个时代的人们以不同的出发点纷纷组织起来，各个阶级和各种集团都为自己争取到更多的利益而展开斗争。此时，西方的哲学家对人性的看法已形成了一套比较完备的理论，他们认为人是有理性的，但人首先是自然的产物，因而人也在自然规律的约束之中；自然赋予人在肉体上的感受性，这种感受性是人性的一个本质方面，是人产生思想和计划行动的终极动因，它决定了人都是趋乐避苦和追求私利的。这种认为人是有理

① Frederick W. Taylor, *Scientific Management*, Harper & Brothers, 1947, p.189.（转引自W. 理查德·斯格特，《组织理论：理性、自然和开放系统》，第36页。）

性的和受经济动机驱使的观点，其实就是自爱的原则。[①]这些思想可以追溯到启蒙时代的哲学思考，比如卢梭就曾强调指出："人之所以不伤害同类，并不是因为他是一个有理性的生物，而是因为他是一个有感觉的生物。"可见，西方哲学家的这些思想在泰罗那里得到了一定程度的体现，尤其是"经济人"的假设，契合了理性人的界定，但泰罗对人的感受性方面却有所忽视。

事实上，在现实中，泰罗的推论所基于的那种抽象也不断被劳动领域中的日常经验所推翻。有工业社会生活经历的人多少会有这样的体会：一个企业如果不考虑非经济因素的影响作用，仅仅以支付更多的工资来刺激劳动者更多更好地投入工作是不够的。泰罗为企业实现最大效益而提出的那套解决问题的办法，对于建立劳动的科学组织和提高组织管理的理性化程度来说，曾经是必要的。但是，泰罗把企业组织中人的行为简单地归于自然属性，把劳动者的动机简单地归入到经济范围，使人们无法看到企业成员之间在工作中的配合是怎么进行的，以及企业成员的各种决定是怎么做出来的。特别是当人们面对运行困难的体系、不断出现的意外事件和功能不良的[②]后果时，就不能不对泰罗的最佳解决办法，以及对机器支配人（即物支配人）的理论产生疑问。实际上，20世纪20年代前后，资本主义经济危机不断发生，劳资矛盾开始日益激化。面对这种社会现实，企业家们越来越感到，泰罗提倡的科学管理的基本原则无法再有效地帮助他们解决在工业化过程中碰到的具体问题。同时，相关的科学研究也进入了反思阶段。20世纪30至40年代，一个以新理论假设为依据的管理学派——人际关系学说在美国出现，该学说为

---

① 徐文俊编著,《西方文化与管理》, 第96页。

② "功能不良的"（dysfonctionnelle），这个词的意思可以简单地理解为：当某行动的结果与它所期望和认定的目标相违背，甚至使这些目标难以实现时，就成为一种功能不良的或曰反功能的。比如，为了阻止孩子吸烟，常常要惩罚孩子。但过分的惩罚会带来"功能不良的"后果：孩子们再也不说什么了，并且小心谨慎地做人们严禁他们做的事。（转引自E. Friedberg, *L'Analyse sociologique des organisations*, p.22。）这个概念将在本书的后面章节中做进一步的讨论。

后来的行为科学理论的形成和发展做出了较大贡献。

2.“心”与人际关系学说

始于20世纪30年代的人际关系学说，在以后的20年中，通过大量关于小群体和个体动机的研究得到了拓展，进而发展成为组织行为学。这个学说的浪潮，不仅引导了人们去思考和评判泰罗等人提出的“机械人”“经济人”概念，而且启发了人们对组织中的个体和群体的一些行为动机进行更详细和更复杂的分析。[①]随着这些思考和分析的不断深入，人们提出了“社会人”概念，并以此代替了“经济人”概念。

人际关系学说浪潮的发起源头是著名的“霍桑实验”。霍桑实验是20世纪20年代起在美国大型工业企业——西方电气公司——的霍桑工厂进行的著名调查。[②]该实验共历经近二十年，是分四个阶段完成的探索研究。这些探索研究在不同阶段相互关联，它们的推进步骤为人们发现和认识企业组织生活中的人文社会问题提供了一种新的途径，而且从中我们也可了解人际关系学说本身形成的过程。因此，了解这些推进步骤将有助于理解人际关系学说所涉及的领域和分析方法。[③]

霍桑实验首先进行的是照明实验。从被研究的工厂方面看，实验的目的在于探索车间照明等工作条件的改善对生产率的影响。从研究者方面看，实验的企图是以经验的方法（主要是通过面对面的访谈收集到的第一手资料）来验证泰罗的假设：执行者的生产效率

---

① 比如：个体行为理论的代表马斯洛等人提出了人的需要层次理论，麦格雷戈等人提出了关于人性的“X理论”和“Y理论”；在团体行为理论中，勒温提出了团体力学理论；组织行为理论家布莱克和穆顿发表了《新管理方格》。（参阅李兴山主编，《现代管理学》，中共中央党校出版社，1994年，第26—27页。）

② 这个探索的报告和完整分析由Fritz J. Roethlisberger和William J. Dickson完成，载于《管理与工作者》（*Management and the Worker*, Wiley, 1964）。

③ 关于这部分介绍的人际关系学说，可参阅E. Friedberg, *L'Analyse sociologique des organisations* p.22; M. Crozier, E. Friedberg, *L'Acteur et le Système*.

与劳动物质条件作用的相关性。

照明实验的研究者在所涉及的工厂里挑选了两组工人：一组为实验组，该组工作场所的照明条件不断变化；另一组为控制组，该组工作场所的照明条件始终不变。研究者通过该实验获得的结果显示，虽然这两个组的照明条件不同，但它们的产量增加几乎相等。研究者由此认为，照明条件只是影响产量的因素之一。不过，这个实验结果是完全出乎研究者预料的。研究者惊讶地提出：为什么照明条件不变的一组也增加了产量？对这个问题的回答促使研究者把如何理解工人组群内的个体行为作为思考的出发点。研究者认识到，要真正找到这个问题的答案，仅仅限于物质范围内的探索是不够的，还应该从物质因素以外去寻求一些解释。因此，照明实验的一个重要成果，就是把人们的注意力引向了工人的主观因素。

为了找到影响产量的其他因素，霍桑工厂请来了社会学家梅奥领导的美国哈佛大学的一个研究小组。从此，霍桑实验进入第二阶段，开始了著名的继电器装配实验研究。该实验研究是在两个由女工参与的小组内进行的，研究者向实验的其中一组（A组）提供了较好的操作技术和物质环境，向实验的另一组（B组）提供了较好的人文环境。

A组的女工被安排在新设的车间里工作，除了更新她们的操作技术外，还改变了她们工资的支付办法，并为她们增加了一些福利条件，如缩短每星期的工作日，延长工间休息，调节车间温度，免费供应点心等。当实验进行到一定阶段时，研究者突然停止了为该组新增的福利条件。但是，这一举动不但没有使女工的产量受到不好的影响，反而还有所上升。该组的实验使研究者看到，物质条件与产量之间并不是简单的相关关系。

B组女工被安排在单独分开的工作室，研究者一开始就向她们解释了这样安排的研究意图，以减少她们因这样的安排而产生的嫉妒心理。研究者还通过改善管理者对女工的态度，使女工与管理者之间建立起友好的配合关系。除此之外，研究者在车间的监视方面采用了一些重要的变化，比如让以往进行强硬监视的工头改变他们的工作方式。在常规的车间里，女工们是坐在排列整齐的桌子前进行单调和重复的劳动，她们的劳动受到那些透过车间上层的办公室玻璃进行监视的工头或曰管理者的监控，这些管理者与工人之间几乎没有直接的关系。而在实验中，研究者采用了更人格化、更开放的监督方法，比如让管理者与工人面对面地对话，并以同情的态度听取女工的意见。结果管理者获得了女工的信任。不过，研究者同时也发现：管理人角色的这种变化，无论是对女工的监查或控制方面，还是对女工的帮助、支持或建议方面，都留出了更大的自由度。换句话说，工头过去的那种使人感到压抑的、与女工隔离的、位于等级制层次上监视女工的传统方法被一种更宽容的指挥风格所代替。

继电器装配的这个实验使研究者认识到，工作中的人文环境和精神状态，相比于操作技术和物质条件来说，对提高劳动生产效率具有更重要的影响。研究者由此得出两个结论：（1）女工的生产效率一直不断地提高，而这个提高在很大程度上不是由于休息时间、支付方式或每星期工作日的这些福利条件的改善带来的，而是因为女工们感到了自己所具有的能力，即她们的生产效率能达到比一般车间的生产效率更高的水平；（2）女工们在工作中的精神状态和对工作岗位的满意度有了一定的改善，而这两方面的改善与她们生产效率的提高之间似乎存在着相互依赖的关系，然而，研究者当时还不清楚促使这些改善的最初因素是什么。于是，对这个问题的解答便成了研究者进一步研究的缘由。

根据社会学家费埃德伯格的看法，如果研究者能对所提出的人文环境本身进行更详细的分析，那么就有可能看到"人"的因素对实验小组的运行所具有的重要影响。因为事实上，实验小组里的人文环境与正常车间相比有很大的不同，而这个不同会引发出什么结果，这是研究者在实验开始时没有予以关注的的问题，如同他们最初的研究结果完全出乎他们的预料那样。另一方面，实验小组是由挑选出来的女工组建起来的群体，这个构成本身使人与人之间的原有关系发生了变化。女工们在人际关系的结构有了变化的小组里形成了一个相对同质的群体，她们可以相互认识、互相交谈和互帮互助，而且研究者进行了大量面对面的访谈，这使她们还可以比较自由地发泄心中的不悦。总之，实验小组是由挑选出来的女工组建的群体，这个事实使该群体的成员意识到，相比于过去，她们受到了重视，她们的声誉因而提高了，她们的信心也因此加强了。正是因为这样，她们对自己的工作有了一个新的价值评判，结果才出现了缺勤率的大大减少，产量的大幅度上升。[①]费埃德伯格的这些看法使人们注意到，研究者要想更好地了解促使女工精神状态改善和提高她们对工作岗位满意度的最初因素，就必须使自己的分析超越泰罗的推论。

霍桑实验第三阶段的研究思考以工人对工作的态度和工人的内在感情为主要出发点，这正说明研究者已经有了从传统推论中走出来的意图。这一阶段的研究采用了访问方法，所获的资料还是出乎研究者的预料：影响工作态度的因素很复杂。由于现有的资料不足以解释这种复杂性，因而霍桑实验有了继续到第四阶段研究的必要。

最后阶段的霍桑实验，即著名的绕电话线实验是在美国哈佛大学人类学家L. 华纳（L. Warner）的帮助下进行的。该实验研究采取了参与观察和访问相结合的调查方法，研究者从调查记录中发现，车间里存在着非正式组织的小群体，它们对车间成员的个人行为有影响作用。研究者给出了一些实例。（1）工人们都知道自己的劳动报酬是基于计件制的，但大家在生产速度上没有多少差异，部分做得快的人往往还会受到他们所在小群体的责怪。依据研究者的分析，小群体试图在工作中维持一种非正式规则，这种行为与小群体的利益有密切的关联。（2）小群体的所有成员都十分关心每个成员对小群体的非正式规则的服从。一旦某个个体有不服从的行为，小群体

① E. Friedberg, *L'Analyse sociologique des organisations*, pp.24–26.

就会孤立他，甚至以粗暴的语言对待他。总之，小群体会对这个个体施加一种压力。（3）车间里的每个个体均有双重身份：公司承认的身份和小群体认同的身份。这些实例表明了车间里存在着两种“利益”、两种“制约”和两种“权威”。

根据华纳领导的研究所得出的推断，工厂不仅是技术、经济和行政的单位，而且是行为上相互适应的人类团体；企业组织里的正式结构追求与生产的需要相适应，但其中并存着一个不断制造复杂感情的平行世界，这个平行世界不仅有其自身的逻辑，而且试图使其自身的要求重叠于生产的要求。在此，传统企业管理的局限性显示出来：传统的企业管理只注重解决正式结构里的机构组织、职权分配、规章制度等问题，而实际上这些问题并不能全面地反映企业内部在具体运行中碰到的各种具有重要影响作用的阻力。

霍桑实验通过将近二十年的研究，最终发现了非正式组织对正式组织的影响力，具体地说，就是工厂内非正式组织（或曰社会群体）对工人的工作态度、情绪和产量有一定的支配作用；人在组织中的行为，不仅受到形式规章制度和正式等级关系的限制，也受到社会群体的规则及其人际关系的制约。这些发现说明企业成员的需要是丰富的，他们不但有生理和经济上的需要，还有心理和社会上的需要。基于这些认识，霍桑实验的研究者还整理出了影响工作关系的一些变量，如人、群体、组织、社区、社会以及变迁中的文化等。由于这些变量可以用来显示社会系统的轮廓，因而使研究者有理由视工业组织的整体为社会系统，把工作关系看作社会关系。他们提出的“社会人”假设正是以这些认识的发展为条件的。

“社会人”假设首次肯定了社会结构对经济组织运行的影响（在这之前，古典社会学指出了社会结构在社会生活中的重要性），因而是“经济人”假设最先碰到的一个重要挑战。鉴于正式组织的经济需要与非正式组织的社会需要之间存在着一种平衡，研究者们还强调指出了在企业管理中建立新型领导的重要性，以使企业管理能够同时发挥正式组织和非正式组织的作用。总之，霍桑实验的研究者在理解组织成员行为的过程中，不仅揭示了工厂内同时存在着正式组织和非正式组织，而且还揭示了这两者之间维持着一种抗衡机制。

霍桑实验研究不断深入的进程是人际关系学说得以建立起来的过程。以梅奥为创始人的人际关系学派是在梅奥1933年发表了《工业文明的人类问题》[①]一书之后逐步形成的。人际关系学说的显著突破在于它肯定了社会组织在经济组织和技术组织中的力量，也就是说，它肯定了社会结构在“经济人”理念统治下所具有的影响作用。按照人际关系学说的分析，组织是由人构成的，人有其自身的需要，正式组织如果不能满足人自身的需要，非正式组织就会形成，并且会发生作用。非正式组织有其自身的运行逻辑，而这个逻辑不直接从属于正式组织运行规则的制约。这个分析使人们比较深刻地认识到，要对组织内的人类关系和人文环境的变化做出有效的反应，特别是要对这些变化与生产效率之间的关联进行贴切的预测和管理，仅仅借助经济学的推论方式或单靠创立更好的劳动组织制度是远远不够的。

人际关系学派的许多研究发现被归纳进了麦格雷戈的著名作品《企业的人性面》[②]。麦格雷戈强调古典（理性主义）管理理论（即“X理论”）和人际关系理论（即“Y理论”）之间最显著的差别在于它们两者对人类行为特质的不同假设。X理论的主要前提是：个体不喜欢工作并总想避免工作；所以“绝大多数人必须用惩罚来强制、控制、管理和威胁，以使其投入足够的精力来取得个人目标的成功”；“普通人宁愿被管理者指导、想方设法逃避责任、不大有进取心、只想保障自身安全”。Y理论的基本前提是：绝大多数个体“从内质上讲，并非不喜欢工作……在工作中花费体力和脑力就如同玩耍或休息一样自然”；“外部控制和惩罚并不是使人们努力工作以

---

① 参阅乔治·梅奥，《工业文明的人类问题》，陆小斌译，电子工业出版社，2013。

② D. McGregor, *The Human Side of Enterprise*, McGraw Hill, 1960.

达到组织目标的唯一手段”；最重要的回报在于“自我满足和自我实现”。[①]

上述发现和思考在今天看来，也许没有什么新鲜之处，但在当时却极大地丰富和发展了研究者对组织内人类行为的理解和认识。克罗齐耶在20世纪60年代发表的《办公室职员阶层》[②]一书中这样评价说，正是从这里，我们认识到工作中的个体不仅仅是一只“手”，也是一颗“心”。当人们注意到工作中的人际关系对组织运行所具有的影响力，并意识到控制这些人际关系的规则所具有的重要性时，一种企图的出现就有了可能，即存在一种使那些想通过人际关系来解决具体问题的个体得以组织起来的可能性。

事实上，西方一些国家里那时出现了“人际关系”的培训计划，而且还发展成为一股热潮。为“人际关系”培训计划而进行的研究是从企业的干部队伍，特别是从中层干部队伍（即企业经理人员）开始的，其目的在于为引导组织成员接受新的权威行为提供一种服务，并使组织成员相信一种具有较多自由、较少专制的指挥会带来的功效。这些培训计划的基本思想其实是简单的：最好的人际关系可以解决组织运行的每个问题。研究所取得的成果是不可忽视的，培训至少使企业经理有了新的精神面貌，他们中的许多人还是最早成为“人际关系”技术求助的反应者。

针对“人际关系”的培训计划所基于的研究，克罗齐耶强调指出，人们现在应该认识到这些研究所具有的局限性，特别是它们所依据的人际关系学说本身的局限性。其实，人际关系学说低估了组织总体结构的重要性，它所看到的人际关系只是经济组织的角色结构里的人际关系。克罗齐耶认为，工作中的个体不只处于一种组织结构里，还总是处于一些组织结构里。这些组织结构以各自的制约方式规定着个体能够和必须怎样扮演他们的角色，而个体建立和处

① W. 理查德·斯格特，《组织理论：理性、自然和开放系统》，第59页。

② M. Crozier, *Le Monde des employés de bureau*, Editions du Seuil, 1965.

理人际关系的风格所发生的变化也不仅仅以人的心理因素为根据。这一点已经被克罗齐耶主持的关于办公室职员阶层的调查研究所证实。为了进一步认识人际关系学说本身的局限性，我们感到有必要将克罗齐耶领导的有关调查研究做一简单介绍。

克罗齐耶领导的有关调查研究是在巴黎的六个保险公司进行的。其目的之一，是以经验研究的方式对这六个公司内起作用的人际关系，以及对干部队伍所采取的指挥风格进行判断和评估。而此项调查研究的最初思考始于勒温[①]的研究成果。勒温的主要理论是关于不同类型的领导人会带来的不同工作效率。勒温根据他在一些组织里的重复研究获得的结果区别出三种领导人的类型：（1）专制的领导人，主要特征是对下属采取单向的命令式沟通，不容忍下属有违抗行为的发生；（2）“自由”或民主的领导人，其本质特征是主张首脑要了解下属的需求，听取下属的意见，关心自己与下属的关系，同时要对下属负责；（3）“自由放任”的领导人，这种领导人的主要特征是首脑拒绝承担责任和坚持观望的退缩姿态。勒温在其研究过程中还不断证实了一个首脑只有在成功地使他的下属投入他所指挥的工作时，才可能获得最好的成绩，也就是说，最好成就的获得者是采用“民主”指挥风格的首脑。勒温的这些理论至今依然是西方国家作为干部技术培训的重要组成部分。

以勒温的研究成果为思考的出发点，克罗齐耶调查小组的人员，在取得巴黎的六个保险公司领导人和企业委员会的工会代表的同意后，从这些公司中选择了四十多个能代表不同工种的工作群体，接着在同一时期里，分别对这些工作群体中的所有下级和上级人员进行了访问。调查者请下级人员讲述他们上级的行为特点，也请上级人员描述他们领导下属的方法。由此收到的回答使研究者发现，领导人的指挥行为有很大的不同，比如有的利用下属的畏惧，有的怕在做出决定时不得不考虑下属的意见，有的认为对下属要求的妥协

① K. 勒温是移居美国的颇有名望的德国社会心理学家。

是重要的，也有的认为不能依赖规则的严格执行进行调节等。这些不同指挥行为的发现，使研究者比较清楚地认识了勒温在三种指挥风格和三种领导人之间进行的区分。研究者不仅在上级提供的关于他们与下级关系的描述中，而且还在下级对上级行为特点的介绍中，以及在下级对上级的态度里，都碰到了权威行为的这三种相对协调的模式。

研究者碰到的这三种相对协调的模式，在克罗齐耶小组调查的六个公司里都不同程度地存在。不过，研究者注意到它们不是盲目分布的，每一个公司里只有一种模式占主导位置。比如根据问卷调查的分析得出的资料表明，在一个公司组织里有三分之二的领导人属于“专制”一类，而另一个公司组织里有60%的领导人属于“民主”一类，还有一个公司组织里有60%的领导人可以被看作“自由放任”一类。实际上，领导人指挥风格的选择受到了组织因素（比如公司组织的正式结构、公司组织进行的责任和职权的分配以及使公司组织的运行具有特点的活动规则等）和领导人寓于其中的社会学背景的影响，这个影响的作用甚至要大于来自他们各自心理的影响。

克罗齐耶调查小组的其他分析结果也显现出人际关系方面的部分特点，这些特点在组织中一些很有影响的领导人那里显得尤为突出，比如一个领导人，不管其人际关系或指挥风格怎样，他总是能获得一些出色的工作成效。这里涉及个体在组织中所拥有的权力，而这个极其重要的因素在人们过去分析这种现象时被忽视。这使得人们无法继续深入地思考组织中到底存在几种权力的问题。在20世纪60年代的法国，组织社会学家多少知道这样的事例：许多在企业从事人文资源管理的人为了适应工业化发展的新环境，纷纷去参加“人际关系”的短期培训班。从这种短期培训班学成返回工作单位的个体很想运用他所学到的新知识，而他们的这种行为却常常遭到缺乏变化的组织“结构”的限制，以至于这些个体很快又恢复了他们过去的行为方式。这件事情给予人们的启发是：没有“结构”（包括权力结构）的同时变化，“人际关系”的培训似乎很难达到预期的目标。这就是说，人们不能把组织效果只看成“好的”人际关系的一种副产品，其实，组织效果也可能是某种权力关系带来的，而处于这类关系中的权力有不同的来源。

在法国的组织社会学家看来，“人际关系”培训这一方法本身也存在着局限性，因为它总是基于一种可争议的假设：工作中的个体是一个被动的人，他是以刻板不变的方式对组织要求他服从的刺激做出反应。在此，泰罗的逻辑被不明言地维持下来：在经济刺激上简单地增加了感情刺激。可以肯定，在人类行为的研究上，人们越来越认识到个体的想法很丰富，也很复杂。而且人们还认识到了具有丰富思想的个体，其动机不是纯属于经济的，而是包含了所有的心理需要。但是，在认识上的这个变化似乎很少是本质上的，只是以一种“人性”的假说[①]简单地替代了“经济人”的假说。而在现实中，这种“人性”的变化只能通过长期教育的过程来推进，绝非像纸上谈兵那样被轻而易举地改变。就“人性”这个独立的、可限定的已知数而言，人们在使用适当刺激的同时，总是可以从个体方面挑起一些反抗，而这些反抗对组织的正常运行来说往往是必需的。

上述介绍的意图在于提醒人们注意，在人际关系学说那里，泰罗的“最佳解决办法”的哲学逻辑并没有受到深刻的质疑。组织的工程师（又称人际关系的专家）仍旧想建立可能最好的组织，只不过是这些工程师必须适当借助人际关系的技术，使组织中的个体对人们期望他做的事更有信心。然而，组织工程师的任务是不容易实现的，因为他要在其中完成任务的领域是一个复杂性日益增长的世界。要在这个世界范围里维持管理，需要组织工程师考虑的变量除了经济技术的，还有心理的和社会的，或更简单地说，还有人类的。尽管人们对组织工程师的任务已经有了较好的认识，但是，人们还不是很清楚他们所认识到的这个任务在本质上与泰罗式的专家在组

---

① 美国心理学家麦格雷戈在《企业的人性面》一书中，称泰罗制是人性的X理论的典型代表。麦格雷戈与其他心理学家还提出了人性的Y理论。

织中的任务是没有什么区别的。以某种方式说，人们对组织工程师或泰罗式专家这类个体的任务已经获得的看法是十分贫乏的，而人际关系学说认识问题的出发点正是从这种贫乏的观点开始的，也正因为这样，人际关系学说所看到的那种整合具有保守性和缓慢性。这种影响一直波及企业老板在经营管理上的实践，他们往往也是从这种贫乏的观点出发，去寻找一种能使个体适应于进而从属于企业结构的办法，而这种办法是一种使个体对企业结构的理性不再提出质疑的办法。不过那时，个体还没有对企业结构的理性提出任何实质性疑问的能力，只有工人工会（由于只看到这些结构里的一种操纵工具）经常以粗野的方式反抗企业老板采取的办法。

总之，要真正理解人际关系学说在认识上的局限性，首先必须能够进一步揭示人际关系学说形成时所基于的推论逻辑的局限性。其实，这个推论逻辑本身的可靠性每天都在遭到具体经验的否认，换言之，“人性”的概念与“经济人”的概念一样，都是经不起具体事实检验的。现实中能够永恒地指使个体应该如何行为的这种人性是没有的，而对这种人性来说，却可以被人们用来挑起老一套（可以预料）的反抗。有组织生活经历的人们也许都知道，面对各种约束的个体为了获得这方面的经验，在某些情况下，他必须要让自己具备变化或调整自己行为的能力。自由主义者会使自己保持在一个专制者的位置上，专制者也会使自己保持在自由主义的位置上。不过，在人际关系学说里，如此的逻辑是难以被理解的。

3.“头”与决策分析

为了走出推论的困境，组织研究的社会学家采用了另外一些研究步骤。组织决策分析经过大量个案研究揭示了有组织的集体行动的战略性实践，这促使研究者们以较大的灵活性重新思考组织与其边界的问题，由此带来的研究结果表明，传统的组织概念受到了严峻的挑战，基于形式组织机构之上发展起来的推理模式的局限性也凸显出来。研究者们同时还发现，组织决策分析的推论方法实际上也没有避免传统组织思维模式的影响，这是一种不可避免的影响，那么它们二者之间必然存在着某些联系。

经典组织理论基本上都认为组织具有如下特征：任务分配、角色规定、职权体系、交往原则以及贡献和报酬制度。这种组织是通过一次性确定的目标来统一和协调的，其存在就是为实现这些目标服务的。这种组织的结构是被明确的边际限定的，所以具有稳定性。它的成员被置于一个有明显等级秩序的整体里，因此受单一的理性支配。这种组织就是人们通常所讲的形式组织，比如企业、学校、医院这样的机构。

在批判继承经典组织理论的基础上，社会系统学派应运而生。在该学派的理论视野里，组织是一个复杂的社会系统，并指出了传统组织理论对组织的认识过于简单。1938年，社会系统学派的代表人物C.巴纳德（C. I. Barnard）发表了他的论著《主管人员的职能》，这本论著形成的直接起因与巴纳德本人的经历有关：他当时身兼美国一些大企业要职，有丰富的管理经验，但这些管理经验在古典组织理论中却无法找到相应的和贴切的解释。巴纳德发表《主管人员的职能》这本论著，表明了他在组织管理理论问题的求解上有一些新的见解，尤其是关于一个组织是如何使其成员贡献于组织发展的，即对组织诱因做出了解释。这是继霍桑研究之后又一个引人关注的研究发现。

巴纳德认为，任何组织系统都由三项要素构成：协作意愿、共同目标和信息交流。其中，协作意愿是人们参与组织的前提，因此顺从是组织的基本元素；共同目标是协作意愿的必然推论；信息交流则是前两个因素进入运作的状态。在巴纳德看来，所有的组织活动都离不开信息交流，沟通在合作中扮演着重要的角色。由此，他提出了一个新的组织结构理论，在这个理论里，组织被解释为“两个人或两个人以上的力量和活动被有意协调的系统”[①]，“组织的一个

---

① 转引自Gary Dessler，《组织理论：整合结构与行为》，余朝权、何雍庆等译，台北联经出版事业公司，1983年，第45页。

重要因素是个人对合作系统贡献其心力的意愿"[1]。巴纳德所说的组织是由投资者、供应商以及在行动上对公司有贡献的其他人构成的，而这些人首先是决策者。[2]在巴纳德看来，传统的组织理论或曰管理学理论一直强调最大限度地提高组织作业效率的原理和技术，但它们忽略了"决策"的重要性。巴纳德认为，人在行动之前必须做出决策，因此研究组织中的人是如何决策的以及是什么因素影响决策的这些问题，应该成为组织理论关注的重要话题。[3]巴纳德十分重视对组织内个体能力之间合作的研究。通过研究，他还发展出了一套顺从理论，从而突破了只重视组织结构和经济理性的古典组织理论。所以，人们认为社会系统学派的组织理论是经典理性主义思考方式的发展。

受经典理性主义思考方式影响的研究一般暗含着两个推论。第一个推论：决策者是行动者，其行为具有丰富的理性；决策是这个行动者为了获得最大的收益，用理性的手段从许多已知的选择中进行的抉择。第二个推论：这个行动者要考虑所有的选择及其抉择可能带来的各种后果，并对这些后果按优劣等次进行排列，从中做出能够为他带来最高收益的决定。[4]这些推论是基于对决策者的自由及其简化能力和逻辑思维能力的充分想象之上的，可以说，意识到这些推论的研究者们注意到了决策者行为中的计算因素。

综上所述，有经典理性主义倾向的研究者十分注重个体决策者的理性行为。不过，巴纳德所强调的理性行为不仅涉及个体决策者方面，而且还与决策者构成的组织系统方面相关。也就是说，巴纳德看到了个体理性与组织理性的关系，这个关系的发现正是他超越经典理性主义思考的重要之处。

---

① 转引自刘创楚，《工业社会学》，第135页。

② 转引自Gary Dessler，《组织理论：整合结构与行为》，第45页。

③ Chester Barnard, *The Functions of the Executive*, Harvard University Press, 1968.

④ C. Grémion, *Profession: désideur. Pouvoir des hauts fonctionnaires et réforme de l'État*, Gauthier Villars, 1979, p.46.

巴纳德把组织视为决策者的结构，这一观点得到了决策学派的代表人物西蒙的关注。西蒙通过研究组织如何影响最下层作业人员的决策及其行为，深入剖析了管理人员是怎样维持其下属顺从的问题，从而发展了巴纳德的顺从理论。[①]因此，后来的研究者认为决策学派的理论在一定程度上也是以社会系统学派的理论为基础的。

具体来看西蒙的研究。他认为组织由三个层面（最上层、中间层、最下层）构成，最上层是非程序化决策制定过程，中间层是程序化决策制定过程，最下层是基本工作过程。由此可以看出，西蒙研究的组织是以不同层次的决策制定过程为前提的，他把这种决策分解看作一个重要的创新，正如他指出："我们不把决策本身看成不可分解的基本单位，而是将人的抉择视为'由前提推出结论'的过程。因此，在我们看来，进行分析的基本单位是前提，而不是完整的决策（每项决策均包含大量前提的组合）。"[②]西蒙还特别指出，决策制定过程的认识是理解组织现象的关键所在。这其实是指如何使组织基本结构中的决策协调一致，以保证这些决策顺应组织总体目标的实现。[③]因此，西蒙在发展巴纳德的顺从理论时，首先提出的是组织中的顺从是怎么建立和怎么维持的问题，这些问题的提出在于引导人们对组织中的决策过程及其关系进行深入的思考。

对于解释或回答组织中的顺从是怎么建立和怎么维持的问题，西蒙认为，这需要在理论上澄清三个问题：第一，在什么样的情形下，一种雇佣关系可以成为比其他形式的契约更有利于保证工作效绩的安排？第二，古典厂商理论同巴纳德首先提出的组织平衡论之间有何关系？第三，在组织的复杂性使全知全能的组织安排失去可能的情况下，人类理性抉择的主要特征是什么？对于这三个问题，

---

① Gary Dessler，《组织理论：整合结构与行为》，第46—47页。

② 赫伯特·西蒙，《管理行为：管理组织决策过程的研究》，杨砾等译，北京经济学院出版社，1988年，第4页。

③ H. A. Simon,"From Substantive to Procedural Rationality", in Latsis, S.(ed), *Method and Appraisal in Economics*, Cambridge University Press, 1976, pp.129-148.

西蒙做了如下的分析。

（1）雇佣关系。现代工业社会的一个基本特征是制造商品的大部分工作不是由单个人完成的，而是由企业中多个人协作完成的。这些人在接受了雇佣关系的同时，也接受了由此带来的雇主对雇员具有权威的关系。接受这种权威关系意味着愿意把自己的行动交给雇主支配，至少在一定的接受范围内是这样的。相比于特定产品或劳务的契约，这种安排有何长处？世界范围内为什么会有如此多的工作中都是在层级制大组织中进行的？

雇佣合同优于其他契约形式，这种现象可以结合两个因素予以解释。一个因素是，什么样的未来行为对雇主有利，这个变量无法确定；另一个因素是，同雇主相比，雇员（在其接受范围内）对自己究竟做什么活儿没有足够的关心。例如，雇主雇佣一位秘书时，并不知道自己会让秘书打印什么信件，而秘书则对究竟打印什么内容的信件感到无所谓。雇佣关系可将抉择延续到这种不确定性消除之时，这对雇员没有什么不好，而对雇主则大有好处。在不确定条件下，以流动的、灵活的方式占有资源，对雇主而言是有利可图的。

（2）组织平衡。巴纳德曾从组织参加者（雇员、投资者、顾客、原料供应者）愿意留在组织系统中的动机出发，描述了组织生存的问题。西蒙在《管理行为》一书中进一步将这一观念发展成为一种动机理论，即指组织向其参与者提供的诱因和参与者对组织所做的贡献这两者之间维持平衡的动机理论。

这一理论的公式化表明了它同古典厂商理论是接近的，不过，它们之间有一个富于启发性的重要差别。在比较这两种理论时，每个诱因与贡献关系都变成了向厂商供应资源的计划，生存条件变成了盈利条件。古典厂商理论假定，全部利润都归于一类特殊的参加者——所有者，组织理论则更加对称地对待剩余，而且没有预见它会如何得到分配。因此，组织理论是在垄断和不完全竞争的条件下，为参加者就剩余问题而进行谈判，留下了可以做出解释的余地。此外，生存条件——不是最大的盈利，而是盈利——还允许背离全面理性的假设。

（3）有限理性机制。这是指决策者的理性不可能基于全知全能，由于外生事件具有不确定性，因而无法计算其后果，决策者总是缺乏全部的备选方案。要理解有限理性的机制，还需要对有限理性条件下的抉择机制进行更加直接和更加形式化的阐述。这种阐述需要借助两个概念：其一是搜索；其二是寻求满意。因此，有限理性学说包含了搜索理论和寻求满意理论。如果决策者在一开始并没有现成的备选方案，他就必须去搜索，但要考虑搜索的边际费用和边际收益的问题；假定决策者要寻找一个好到什么程度的目标方案，他开始以搜索的方式进行寻找，此时他对目标方案已经形成了某种期待，希望目标方案能够满足其需求。决策者一旦发现了符合其期望水平的备选方案，便以结束或停止搜索来选定该方案。搜索理论和寻求满意理论启发人们去思考，怎样才能以不过分的计算和在信息很不完全的情况下去做出实际的决策，但却不必进行那种不可能成功的事情，即不必去执行寻求最优的程序。[①]

企业家和执行经理在处理或减少经济生活中的问题时，的确有追求最佳解决办法的必要。但是，他们在寻找最佳解决方案的过程中，一旦碰到令他们满意的解决方案他们就停止继续寻找。在西蒙看来，这些企业家和执行经理追求的不是最佳的解决方案，而是满意的解决方案，西蒙称这种满意为“最小满意度”。西蒙还发现，寻求满意与寻求最佳是理性行为的两种标签，它们表现为在一定情形下实现理性行为的两种途径或不同方式。这里所说的一定情形，是指由于复杂性和不确定性，造成古典经济理论及统计决策理论中的全面理性学说成为不可能的情形。就这些情形而言，寻求最佳的途径——大刀阔斧地简化现实世界的情景，使之达到决策者能够处理

① 赫伯特·西蒙，《现代决策理论的基石》，杨砾、徐立译，北京经济学院出版社，1989年，第81—83页。

的地步——变成了近似优化的途径。[①]寻求满意的途径，则是在不同方向上简化现实世界的情景，但还留下了较多真实情景的细节。[②]西蒙的这些发现使组织中人的行为所具有的机会主义和偶然性的特征，即潜在不稳定和潜在变化的特征显示出来。但必须指出的是，这些特征不能被想象成个体过去社会化的简单产物。

西蒙在探究人类决策理论的基础上，提出的“有限理性”和“最小满意度”这些基本命题，在20世纪50年代以来得到了不断的发展。这个发展对组织决策理论的成熟产生了重大影响，并且最终替代了古典的全面理性学说。有限理性学说是西蒙全部重要理论的核心部分，受到了现代组织行为理论的极大重视。在此，引起组织社会学特别关注的是西蒙的研究出发点：组织中的选择机制以及人类理性的局限性。因为正是这些研究结果使西蒙得出了一些著名的论点：组织中的决策者首先是行动者，但行动者的决策不是行动者个体单方面行为的产物，而是在复杂的组织背景（如企业、行政机构等）下促成的；决策贯穿于管理的各个方面，决策既是组织结构里的行动者或行动者群体，带着不同的甚至是变化不定的、冲突的目标参与管理的一个短暂过程，也是他们对众多可能的抉择及其后果认识的过程，还是他们根据自己的满意标准对解决问题的方案进行选择的过程。由此，西蒙做出了精辟的归纳：管理就是决策。[③]这

---

① 西蒙和马奇认为最佳理性模型需要建立在一系列条件基础上：首先，追求最佳解决方式需要展现出所有选择的可能性；其次，需要个体从可靠性、风险性、变化性等方面对每种选择可能带来的后果进行评估；最后，需要个体从一开始就能按照偏好顺序对不同选择可能产生的一系列后果进行排序。西蒙和马奇力图指出上述三个条件以理想状态完全实施的可能性是非常小的，人们处理信息的能力，组织、利用其记忆的能力都无法做到这三点，因此每个人都有意无意地采用了他所找到的第一种令人满意的解决方法。

② 赫伯特・西蒙，《现代决策理论的基石》，第56页。

③ H. A. Simon, “Rational Choice and the Structure of the Environment”, *Psychological Review*, 1956, LXIII: pp.129-138;以及赫伯特・西蒙，《管理行为：管理组织决策过程的研究》。（转引自郁义鸿，《精巧的组织艺术——现代企业组织架构挥略》，上海译文出版社，1994年，第20—21页。）

一归纳其实是想提醒人们特别不能忽视的是：在认识组织中的决策过程时，必须把领悟决策拟定的现实条件放在首位。西蒙于1957年曾指出，行为科学中非理性主义的观点纯属消极的观点，人们要想从这种观点中超脱出来，就必须改变原有的推理逻辑。人们不能只限于重复地指出组织成员的行为与全面理性的标准不一致的一面，而且还应该考虑他们的决策行为所具有的道理。

不难看出，决策分析从一开始就注意到，组织中的每个选择总是在有约束的情况下产生的。正如西蒙指出的那样，至少受两种不能减去的因素，即搜索和寻求满意的制约。西蒙之所以强调组织中的约束和制约，其实是表明决策分析不是以泰罗的推论逻辑为依据的。那么，这些约束和制约是什么概念呢？按照西蒙的具体分析，首先，决策者掌握的信息从来不是完全的，他只拥有一部分或零碎的知识，这对决策者能够发现的解决方案的数量会产生或多或少的影响。其实，个体的知识总会受到个体的时间、想象、领悟及价值方面的影响。除此之外，还受到情感方面的影响，比如个体进行的选择，往往会受到他所经受的冲突或所应付的紧张局面之难易程度的影响，并会根据这个影响的大小来决定自己的选择；他想在上级面前实施其决策时也常常会受到他对上级的“同情”的影响。其次，新计算技术大大超越了人脑处理信息的能力所引起的复杂性，由此带来的复杂性也使得任何人都无法将自己的解决方案达到最理想的境地。而且，个体自己确定的满意标准会根据他面临的宏观形势而发生变化，有时也会根据他在照章办事时碰到的微观约束而被调整。总而言之，劳动科学组织的“唯一最好的解决方案”在现实中是无法找得到的，因为人们在制订解决具体问题的方案时，所感兴趣的不是那种基于百科知识的理性模型之上的大纲式推论步骤，而是一种时序性的推论方式。因此，决定者并不试图优化令人满意的解决方案，而是知足于满意的解决方案。①

① E. Friedberg, *Le Pouvoir et la Règle*, pp.27–56.

概括地说，20世纪50年代的决策分析主要是通过决策过程来获得对组织的理解的，与此相关的研究首先在于揭示一种组织问题，这种组织问题涉及组织中的每个个体都不愿意接受被消极对待的缘由，即：自己完全被当作实现组织目标的一种工具来使用的理由。注重决策过程的这些研究为人们对组织与其环境的关系是如何发生问题的过程进行解释提供了帮助，至少这些研究能够启发人们去关注组织的构造以及行动者对周围环境中的各种制约，并对之进行求解，或对各种制约之间的调节方式做出进一步的思考。不仅如此，它们还能够引导人们去理解这样一种现实：在这个组织里，解决方案的实际选择是由作为行动者的组织成员进行的，因而没有普遍一致的理性。这些研究结果告诉人们，不仅不要过高地估计组织的内聚力和整合力，而且对这种过高估计的危险要有充分的认识和反应。

20世纪60年代中期以后，决策分析进入了对组织的运行方式以及组织与环境关系的全面研究。随着这些研究的不断深入，决策分析向人们提供了一些新的发现。其实，这些研究的第一批成果就使人们在较深的层面认识到，组织确实不是机械地适应其外部制约的，但是，组织成员却是通过机械的结构来理解和解释环境制约和要求的，而他们感觉到的环境制约和要求既不是客观的数据，也不是稳定的数据。这在一定程度上表明人们实际看到的是某些规则的作用。K. 韦克（K. E. Weick）在1969年使用了一个与此相关的术语：环境及其特征、制约和要求都具有“规则”的性质。[①]不过，韦克指出的这些“规则”不一定是明文界定的，也不一定是自动发生作用的。正如他特意指出的那样：“只有当组织成员对这些‘规则’做出了反应，并决定利用它们时，它们才存在；只有在组织成员把这些‘规则’作为他们行为的主要条件来考虑的情况下，它们才具有了意

① K. E. Weick, *The Social Psychology of Organizing*, Addison-Wesley, 1969.（转引自E. Friedberg, *Le Pouvoir et la Règle*, p.90。）

义。”[1]即是说，这些“规则”是指环境的制约和要求，只有当它们引起了组织成员的重视，并使组织中的关系局面变成了具有一定结构的“内部”制约时，组织成员才会想方设法地去应对环境的制约和要求。在此，人们可以隐隐约约地发现，这些“规则”是相对于某种游戏的运作而言的。

根据克罗齐耶和费埃德伯格在1977年对组织的环境所做的分析，组织成员不是与一种抽象的环境进行互动，而是与数量有限的“对话者”发生互动。这些对话者一旦成为组织成员考虑优先接触的交往者或交换者，组织成员和交往者就会构成面对组织的一种环境，他们会试图使这种环境中的一部分人格化，并以某种方式在这部分人格化的环境中充当组织的“中继”（Relais）。[2]因此，克罗齐耶和费埃德伯格分析的这种环境，其中一部分环节是由组织“内”和“外”之行动者的复杂行为构成的，而组织“内”和“外”的行动者有可能是同一个人扮演的。组织决策的分析家认为，每个个体在组织中（除了其成员与组织目标同化的宗教团体这类志愿组织以外）有属于他自己的目标。但是，他的目标有时不一定与他所在的组织的共同目标相违背，也有属于他自己企图通过与各种制约的抗衡而继续进行的计划。[3]因此，组织与环境的关系不能被理解为单一方面的简单适应，而应该被理解为那些面对交换机制和彼此影响机制的行动者在十分具体的互动过程中构成的。

决策分析的推论方法自20世纪70年代以来在法国得到了特别大

---

① K. E. Weick, *The Social Psychology of Organizing*, Addison-Wesley, 1969.（转引自E. Friedberg, *Le Pouvoir et la Règle*, p.90。）

② M. Crozier, E. Friedberg, *L'Acteur et le Systeme*, pp.139–142.

③ 决策分析提供了这样一个事例：仓库保管员总是很有礼貌地拒绝向他要货的人，想方设法地储存特殊货物，以备不时之需，这并不是出于服从老板或为了工人阶级的最终胜利。仓库保管员对他的老搭档“随和”，对新搭档挑剔，这并不是个性所致。这是因为只有这样做，他才能使他所主管的那部分工作正常开展，同时可以让他的合作者尊重他，并通过他去影响与他有关的事物的进展。一个企业是这样，一个社会亦是如此。参阅米歇尔·克罗齐埃（耶），《论法国变革之路：法令改变不了社会》，第14页。

的发展，这在克罗齐耶和费埃德伯格合著的《行动者与体系》一书中，以及在费埃德伯格的《组织的社会学分析》和《权力与规则》等论著中，都有非常精练的归纳。[①]

20世纪60年代末在法国社会学中出现的组织社会学，其理论和方法上所受到的影响，除了本国外，主要来自美国与德国。70年代的欧美国家十分注重规范理论和实证理论的研究，而这时的法国组织社会学却展开了一系列的案例经验研究，提出了关于组织决策分析的新概念和新命题，从而使研究的推论方法有了较大进步，形成了法国组织社会学决策分析的特点。

法国组织社会学的决策分析始于一种假设：组织中存在着具有自身目标的自由代理人。这种自由代理人为了达到自身的目标而追求自身的决策。所谓决策，就是该代理人想以尽可能最合理的方法（但不是老一套的办法）使用他所掌握的资源，对他的时间限度做出估计。试图成为自由代理人的个体（组织成员）是行动者。他为了实现自己追求的目标，不仅需要争取更多有利于自己的可能性，而且需要经常使自己的行为适应于所感觉到的新情况。自由代理人的决策理性不是完全和绝对的，而是有限和相对的。也就是说，他的行为不是固定不变的，因而不是完全可预料的。由于自由代理人在组织中的存在，组织变得复杂而模糊，正式组织以及正式组织中的非正式组织随之也会被相对化。

因此可以说，以上述假设为出发点的研究一开始就认为，组织不能被简单地归结为只是一些抽象概念（即部门或职位）组成的机构图和其内部明文可见的规章条例，或者说，不能把组织看成一个可以封闭和僵硬的系统，而应该把组织看成由那些在其中根据自己的目标发挥作用的自由代理人组成的整体。这是一个充满活力的整体，在这个整体里，关系领域总是会继续存在，而对它的管理从来

---

① E. Friedberg, *L'Analyse sociologique des organisations* pp.29–33; M. Crozier, E. Friedberg, *L'Acteur et le Système*, pp.35–70; E. Friedberg, *Le Pouvoir et la Règle*.

不会达到全面性和彻底性。这一点正是劳动组织科学管理的研究者所没有预料到的。由于劳动组织科学管理的研究存在这一缺陷，组织结构中的不同个体和不同集体的行为动机之间存在的差异被忽视。

组织研究的上述三次运动可以使人们看到：劳动组织科学管理学说发现了组织中的个体不只有一只“手”，即个体也注重经济利益的获得；人际关系学说发现了组织中的个体还有一颗“心”，即个体的需要具有多样性；决策分析的推论发现了组织中的个体还有一个“头”，即个体有追求自由和计算代价的思想。简言之，这些发现的深入过程是组织研究从“机械人”“经济人”假设到“社会人”“决策人”假设的演变过程。它的继续发展最终会使人们看到组织背景下的个体是一个处于某些结构中但不完全被动的个体。这个个体经常要以自主的方式，力图为实现自己个人的目标和为排除环境的制约而调整自己战略行动的方案，促使自己行动决策的形成和变化的原因与周围其他人的行动相关联。因此，组织决策分析的行动者不是孤立存在的，不论其有意或无意，他本身就是某种集体行动的组织者或参与者。不过，实施行动者行动方案所带来的结果往往与其个人的意愿不完全吻合。

决策分析在推论方法上的进步，使人们看到它所涉及的组织，其主要特征与古典组织理论所认识到的相比，显然要复杂得多。以其组织成员的个体目标或计划为例，它们有可能在组织内，也有可能在组织外。而在组织内的目标或计划可以被设想成是关于等级体系里的升级、获得较好的职位、预防风险、避免专制，或从上级那里争取更大的自主等。若要探讨这些个体可能在组织外的目标或计划，人们可以把它们想象成是与个体试图利用组织或把组织作为途径，要在别处谋得知识和信息的需求相关，或者是与个体要在自己确定的范围内对权力和声誉进行调整的需求相关。

法国组织社会学决策分析提供的一些研究成果[①]使人们注意到，在现实的社会生活中，个体的目标与组织的正式目标之间存在的分歧随着信息技术与信息产业的发展变得越来越深化，这种分歧的深化往往会影响到组织机构规定个体扮演的角色，也会影响到个体履行这个角色职责的方法，因而使个体行为具有了更多的不确定性。决策分析家因此指出，组织的内聚力是组织实现其目标的一种能力，但由于组织成员的行为变化是难以预料的，因而这种能力不断受到威胁。当然，组织内部的规章条例和组织的机构可以使组织的内聚力保持一定平衡，而且可以成为限制组织成员自由的一种手段，但是，由组织机构规定的形式角色及其任务，只构成了组织的很小范围，这就是说，组织的更大范围是由另外一些要素构成的。所以，组织为了能够正常地运行，要求组织的每个成员自觉地做出自己的一份贡献，即要求个体服从组织的目标。但个体如何面对组织的这个要求？善于计算代价的个体往往会这样理解，组织要求其每个成员为组织的正常运行尽力，实质上是要求每个成员以默契的方式，把属于他自己的选择自由不加保留地奉献出来。这就是说，组织在要求每个成员自觉发挥作用的同时，实际上也不明言地要求每个成员对组织要有“真心诚意”。然而事实上，组织的具体生活使组织成员随时都有可能或有必要以自己的方式拒绝组织的这些要求，因为他们如果完全放弃自己的自由选择权，就会处在非常被动的境地。

决策分析的相关研究发现，个体在组织中进行有选择接受的这种自由，与人员之间的相互交流和作用的迅速扩展联系在一起，而这种自由的利用很可能成为传统权威关系的解体和更紧张状态的引起的主要根源，也有可能导致原有协商关系被调整。法国组织社会学决策分析提供的研究成果总是提醒人们：只要有能力在复杂组织

---

① 比如：F. Pavé, *L'Illusion informaticienne*, Editions L'Harmattan, 1989(Logiques sociales); C. Bourgeois, *L'Attribution des logements sociaux: Politiques publiques et jeux des acteurs locaux*, Editions L'Harmattan, 1996; J. P. Neuville, "Le Contrat de confiance", Thèse pour le Doctorat de l'IEP de Paris, 1996。

里成为行动者的个体或群体，都或多或少地知道维护自己的有选择接受的自由，而这对于他们改变或完善自己的处境具有一定的重要性。这些行动者甚至知道，如果组织成员拒绝接受组织要求的行为总是存在，组织因此会感到不安时，这种拒绝行为便可能成为组织成员对组织的一种权力。

然而，如果组织成员拒绝接受组织的要求，组织也不能因为其成员存在该行为而抛弃其成员。相反，组织自身的运行总是需要其成员的参与。由于这个需要的存在，参与者在组织中就有可能成为被协商的对象。由此而论，有可能拒绝接受组织对其要求的个体，在参与组织活动时，反而有可能使自己处在一种具有主动性的位置中，也就是说，这个参与者总是可以找到某种办法维持他的有选择接受的自由。一个叫“虔诚危机”的著名个案研究曾向人们展示了这种现象：人们不可能拒绝工作。这个结论的意思是，人们拒绝“为工作做出自己的一份贡献”，但不拒绝“一丝不苟地执行现行的规章制度”。就实践而言，这个不拒绝是一个足以使组织功能处于瘫痪状态的重要途径。[①]持这个不拒绝态度的人或许在美国社会学家默顿看来是一种官僚主义者，他们宁愿把注意力集中于照章办事，而不注意组织目标。但事实上，这类刻板的官僚是在保护自己，无论行动后果如何，他们都因遵循规则而无懈可击。[②]从这个意义上说，个体在组织中可能拥有一种不直接从属其正式角色的权力。不过，就组织总体而言，作为其成员的个体是无法独自对其他成员或群体产生权力的影响的，只有当这个成员的行为能够使其他成员或群体扮演他们自身的角色，即扮演非正式角色的情况下，才可能对其他成员或群体形成权力的影响。因此，组织的研究者应该做出这样的预计：每个拥有一定权力的参与者会为了达到他自己的目标而使用他的

---

① E. Friedberg, *L'Analyse sociologique des organisations*, p.31.

② 詹姆斯·S. 科尔曼，《社会理论的基础》(上册)，邓方译，社会科学文献出版社，1999年，第95页。

权力，而且有可能按照他自己的想法和方式来决定其权力如何使用。

以组织内部上下级之间的关系为例：上级有向下级发号施令的权力，下级有服从上级的义务。然而，下级对上级也有施加压力的手段，因为上级对组织的成功管理最终要依赖于下级的努力和忠诚，而上级只有在下级有越权或违纪的行为时，才有可能对下级的压力做出反应和抵制。如果下级对上级施加压力，或者说，当下级不忠实于他的上级时，这种情形往往也会影响到该上级与其领导，以及与其同僚之间的关系。从这个意义上说，上级自己也可能从属于他的下级。当然，上级并非对此束手无策，因为他或多或少有一些职权。处于这种关系中的个体或群体，为了使他们追求自身目标的可能性达到最大限度，需要在他们之间建成一种比较稳定的平衡状态。组织机构和内部规章制度形成的约束通常是这些行动者为建立这种平衡状态而进行协商的范围。正如克罗齐耶所指出的，组织机构和内部规章制度有时可能成为他们为了能够在组织里使自己的决策方案继续生效所借助和使用的工具。[①]当这种权力关系的参与者试图以合情合理的方式，允许他或他们发挥作用的可能性变成具有一定结构的约束，并对这种“游戏规则”的确定加以控制时，组织机构和内部规章制度甚至可能成为他们为处理他们之间的冲突、斗争或抗衡而下的赌注。

这些权力关系可能与组织正式结构的权力分配相吻合，也可能与这个权力分配相对立。但不管怎样，只要组织有必要维持其正常的运行状态，组织的正式结构就必然会规定它的不可超越的界线。权力关系在组织的正式结构中最易发生。其实，只要权力关系的参与者仍然是组织成员，他的个人目标的这一部分的实现，不管他愿意与否，必须要通过组织确定他承担的角色和规定他完成的任务来实现。因此，个体目标的追求会以某种方式与组织的生存结成相互依赖（即使这种方式有时是无意识的，比如个体使组织目标的一部

---

① M. Crozier, *La Société bloquée*, pp.39–40.

分内在化了)。这时，组织的结构和目标就可以被看成组织自身过程的产物，它们从多变的外在化变成了多变的内在化，并且进入了组织内互动和协商的社会过程。从这个意义上说，组织既没有固定的目标，也没有确定的个性，组织仅仅构成了交换和冲突的背景，汇合了各种相互矛盾的理性，组织是调节和决策得以进行和实施的场所。因此，组织(正式与非正式)里的内聚力及其存在本身都可能是有问题的。

人们已经不难想象，组织里的个体或群体总是处于多种约束中，后者包括了无法理清的人文领域里和“社会”领域里的约束。但在现实生活中，由于组织成员有计算、有期待，也有抵抗，他们自己有可能成为这些约束的引发者和制造者，特别是可能成为人文领域和“社会”领域里约束的发展者。换言之，他们既在刺激反应、需求限制的被动模式里，又在决策者和创造者的自主模式里。这时的组织可以被看成是一种偶然构造的存在，它没有普遍一致的理性，它的每个成员有为自己保留着某种自主活动的可能性，或者说，个体的行为只是部分地受到组织正式规章制度的限定。正因为这样，决策分析学派认为，对于组织的认识只能以组织的一般现实生活中提出的具体问题为出发点，也就是说，这些具体问题作为决策分析的领域，它们是不可以用先验的方法被有效地结构出来的。

当决策分析的研究涉及行动者在其中实施决策的组织条件和社会条件这一复杂背景时，研究者意识到一系列不可忽视的重要因素：研究领域的结构特征、活动规则、权力平衡机制以及联盟体系。马奇和奥尔森的有关研究发现带给人们这样的启示：决策者行动范围的社会结构化如同行动者制定和实施其决策的经历。这个发现表明决策分析理解组织的路线发生了变化：过去注重行动者的决策制定过程，现在则重视行动者的决策实施过程。[①]对此，克罗齐耶和费

---

① J. G. March, J. P. Olson, *Rediscovering Institutions: The Organizational Basis of Politics*, Free Press, 1989.

埃德伯格又进一步提出，若想真正了解这两个过程，最关键的是认识行动者在制定决策方案时所基于的思想方式和在实施这个决策方案时所使用的手段。不过，这些问题只有当人们领悟到了R.帕热斯（R. Pagès）揭示的组织边际的“弹性”和“灵活性”概念意涵时，才可能被结构出来。[①]

由此可以看出，克罗齐耶和费埃德伯格对组织研究的推论方式提出了更新的思路，而这个更新的推论方式的有效使用，需要人们具备比较充分的接近现实的能力，因为这个更新的推论方式需要实际地接触到复杂组织中的行动者掌握并试图利用的自由余地，以及这些行动者的权力基础的问题。总而言之，组织决策分析最新发展带来的成果将以更有效的路径，引导人们去深思那些有组织的集体行动提出的出乎预料的深层问题，去解析我们所处的那个社会的实际运行方式及其原动力。

决策分析在推论方式上的发展也许可以使人们认识到，它对社会学理论联系实际的有效途径的建立所做出的特殊贡献。然而，现实社会中的复杂性还在不断加剧，而且还在不断地以新的方式发生变化。面对这样的现实社会，组织决策分析能够做出什么样的反应呢？ 20世纪80年代，法国社会学家P. 布尔迪厄（P. Bourdieu）在批评“知识分子式”的研究理论和方法问题时，提出了社会学家的实践意义和逻辑的问题。[②]其实，这是提醒社会学研究者要注意自己与研究对象应保持什么样关系的问题。这个问题的提出引起了法国社会学界的关注，从事组织决策分析的实证研究者开始对自身的研究行动、社会现实的构造途径以及这种构造途径与社会现实之间的距离等方面进行深刻的反思。

---

① E. Friedberg, *Le Pouvoir et la Règle*, pp.93–94.

② Cf. P. Corcuff, *Les Nouvelles Sociologies*, Editions Nathan, 1995, pp.37–40.

第二章

组织社会学的成长历程

近一个世纪以来，企业和政府机构联合组成的集团在数量和规模上都呈现出快速增长的趋势，引起组织关注者对相关问题的认真思考，比如，这些集团发展起来后将会生成什么样的人类合作机制，以及服从于这种合作机制的有组织的集体行动将会带来什么样的后果等。这些思考的不断深入和基于这些思考提出的相关研究的不断深入，正是组织社会学从无到有，从不成熟到成熟的成长过程，我们在这里试图阐明的也正是这个成长过程中出现的一些联系。

一、从组织生活的具体问题出发

应用以行动者决策为分析对象的组织社会学，其研究的出发点不是抽象的理论概念，而是其要深入观察的行动领域提出的具体问题，或曰一种广泛意义上的社会组织运作的动力来源问题。为了更清晰地了解组织社会学特有的研究路径，我们将通过与劳动社会学的研究路径相比较的方法，对组织社会学研究欲达到的目标和组织社会学优先感兴趣的具体问题做出梳理和说明。

劳动社会学比较注重研究劳动组织和生产活动组织本身的特点以及这类组织的演变。具体地说，劳动社会学主要以劳动分工、技术改造与技术发展对人类的社会性生产和工人专业资格的影响为自己的研究领域。这些研究和分析最终会涉及领工资者所处的位置、领工资者引起的斗争和冲突，以及失业和失业后果等方面的问题。尽管劳动社会学与组织社会学的研究领域有较大的不同，但劳动社会学家和组织社会学家一样，都对19世纪以来渗透于西方社会的理性化过程进行了反思，而且他们的早期研究都与以梅奥为代表的人际关系学派进行的经验研究有一定的关联。他们与人际关系学派的研究者那样，也特别重视大企业车间内群体生活所充满的人文复杂性；强调企业内部的个体受集体性从属地位的控制；把所有非正式组织与企业正式组织（比如技术组织和行政组织等）看成同时产生的组织。组织社会学和劳动社会学开始分道，出现在人际关系学派的研究对泰罗制的局限做出证明时，因为此时的组织社会学与劳动社会学从各自的方向提出了角度相异的问题。

组织社会学在最初的研究中提出的问题（诸如大企业的理性化程度、这些大组织里普遍存在的墨守成规以及这些大企业与其成员之间、与其环境之间的关系性质等这类问题），可以说，依然是现时期的组织研究特别重视的问题。

20世纪40—50年代，美国出现了对韦伯科层制理论的丰富思考，这些思考以及随后出现的关于行为和机构的研究，甚至关于社会的研究几乎都把组织作为重点。相比之下，西欧国家的社会学较晚才开始关注组织现象，法国的组织社会学发展就比美国晚了15—20年。直到1963年，克罗齐耶发表了专著《官僚主义现象》，才预示着法国社会学对美国40—50年代兴起的科层制理论反思做出了反应。因此，西欧人对早期组织社会学所做的贡献很少，其实，他们对那时美国人的有关研究可能引起的兴趣过问得很少。[①]

《官僚主义现象》一书的发表，使法国人惊讶地看到了他们生活于其中的那个社会竟然存在着那样多无法想象的复杂性，从此，组织社会学的研究受到法国社会的广泛关注。可以说，这一效果与《官僚主义现象》作者的研究理论和研究方法有着重要的联系。有人

---

① C. Ballé, *Sociologie des organisations*, p.4.

认为，这是因为克罗齐耶对其研究所借鉴的相关理论和方法有比较贴切的应用和发展；也有人认为，《官僚主义现象》之所以能够成功，是因为作者对他20世纪50年代末至60年代初在美国开始探索的美国30年代末以来出现的组织社会学理论（例如对默顿的科层制理论和P. 拉扎斯菲尔德的经验分析理论）进行了详细而深入的分析和反思。正是出于这些原因，克罗齐耶于60年代末能够在法国国家科学研究院创立组织社会学所，而且能够使该研究所的研究对组织社会学的发展产生重要影响。今天，当人们论及法国的组织社会学时，还说美国人是它的开拓者，克罗齐耶是它的发展者。

其实，20世纪60年代在法国发展起来的组织社会学，不仅受到美国组织社会学理论的影响，而且还受到了韦伯的科层制理论和托克维尔政治民主理论的影响，[①]就像那时法国的组织社会学讨论的重点几乎都是围绕科层制的命题、公共行政的角色和作用以及公共行动的反常问题而展开的。但无论在美国，还是在德国和法国，组织社会学的早期研究差不多都以科层制现象为思考对象。[②]因此，要讲组织社会学的成长，不能不讲组织社会学对科层制现象的早期思考以及这个早期思考的主要原则。

1. 科层制现象的理论之争

韦伯是科层制思考的一个最重要的发起者。韦伯对科层制的论述集中体现在其《经济与社会》[③]（*Wirschall und Gesellschaft*〔*Economy and Society*〕）的巨著之中。认真研究过韦伯科层制理论的学者也许都会知道，尽管韦伯经常为科层制打上引号，但他从未对

---

① R. Aron, *Dix-huit leçons sur la société industrielle*, pp.33–50.

② 科层制研究有不同的视角，比如：公共行政管理学把科层制构想为一种行政管理体制；政治经济学关注市场环境外运作的科层制；组织社会学则更专注系统关系的科层制结构方式，模式建构是其特有的分析方法和研究路径。参阅比瑟姆（D. Beetham），《科层制》，郑乐平译，顾骏校，台北桂冠图书股份有限公司，1997年，第9—51页。

③ 马克斯·韦伯，《经济与社会》，林荣远译，商务印书馆，1998年。

科层制概念做过严格的定义。在一些研究者看来，这是因为韦伯没有把“科层制”这一术语首先看作社会科学语言的一部分，他真正关心的是对世袭科层制（Patrimonial Bureaucracy）的识别，特别是描述科层制中他认为最富有理性形式的那些特征。

关于现代社会中的公务员地位，在韦伯的有关论著中有大量的论述。其实，这与公务员在韦伯所处的时代中扮演越来越重要的社会角色是分不开的。从韦伯的角度看，这个社会角色有比较突出的时代特点：首先，公务员个体执行着一些特殊的职责；其次，完成这些职责所必需的设备和资源是该公务员角色扮演者以外的其他人提供的。韦伯因此特别强调了公务员必须是被任命的，也就是说，韦伯没有把所有的公务员都纳入他关注的科层制范围，至少不包括通过诸如以抽签方式来决定的公务员。韦伯认为，被任命的公务员具有一种权威，这种权威能够使公务员区别于工人这个角色；因为公务员拥有这种被授予的权威，所以他处在行政管理的范围之内。因此，当人们在研究中运用韦伯的科层制概念或理论时，也就意味着这个研究涉及了由一些被任命的公务员构成的行政团体。可见，韦伯与泰罗在研究角度上有所不同：泰罗是把生产管理作为研究组织的出发点，而韦伯则是从行政管理方面来研究组织。事实上，韦伯关于科层制中的行政团体的想法，在一定程度上与他经常把科层制作为“官场”来看待是有联系的。

根据韦伯的观点，理性科层制是现代社会每个社会过程中最为重要的因素之一，其中包含着不断形成的精确性和合法性，这些精确性和合法性是占统治地位的社会组织原则所具备的。韦伯对科层制理论的概念支持常常是指纯理性的权威，即科层制行政管理班子中的法理权威。这种法理权威，在韦伯看来，需要依赖五个有关联的信念：（1）建立要求组织成员服从的法规；（2）法规是适应特殊事项的抽象规则系统，行政管理则在法规限制下维护组织的利益；（3）运用权威的个人同样要遵循这个客观规律；（4）只有组织成员才需要遵循法规；（5）不是服从于权威者，而是服从于赋予其权威地位的客观规则。

韦伯在对这五个相互关联的信念进行陈述时，强调指出了对合法性认识的重要性。他认为合法性几乎是所有权威系统的基础。基于对合法性的思考，韦伯提出了关于法理权威系统结构的八个命题：（1）公务员工作任务的组织是以条理化和连续性为基础的；（2）这些工作任务在功能上是不同的，它们被配以必要的权威和处罚；（3）办公室是依等级制安排的，它们相互之间在控制和申诉上的权力都有说明；（4）工作任务的实施所遵循的规则应该是有法可依的，因此，有必要配备受过专门培训的人员；（5）明晰区分出组织资源与私人资源；（6）掌握办公室的人不能擅用其办公室；（7）行政管理以书面文件为基础，行政管理应倾向于使办公室成为现代组织的中心；（8）法理权威有多种形式，在科层制的行政管理班子中是最纯粹的。①

在韦伯的这八个命题中，第八个命题被人们看作理解韦伯科层制思想的关键。韦伯确信理性科层制因为具备精确性、连续性、纪律性、严厉性和可靠性而必定取得重要的发展，这些特性使理性科层制可以顺理成章地成为最令人满意的组织形式。然而，M. 阿尔布劳（M. Albrow）指出，韦伯论述的科层制，其概念轮廓是模糊的，因为它有时表达的是一般意义上的科层制，有时体现的是纯理性的科层制，这种模糊性正是人们可以进行辩论和提问的内容。换言之，韦伯的科层制概念中不仅包含着团体的观点，而且还包含着不同行动形式的概括。所以，韦伯科层制的概念一方面可以指构成科层制的团体，另一方面又可以指科层制所设定的行政程序。基于此，人们从中还引出了“团体分析”和“行动分析”这两种社会学思路的研究。②

根据韦伯的定义，③科层制有以下广为人知的特征，而这些特征

---

① 马克斯·韦伯，《经济与社会》，第三章、第九章。

② Martin Albrow, *Bureaucracy*, Pall Mall Press Ltd., 1970, pp.42–47.

③ 与韦伯的其他理论相似，韦伯的科层制理论也有许多含糊之处，韦伯没有为科层制给出一个明确的定义。

主要是与传统的世袭管理体系相对的：（1）对管辖权的清晰划分，把个人的常规行为划分在职务责任的范围内。（与世袭的设置相反，劳动分工并非是固定的或常规的，而是依赖于领导者所布置的任务，这一任务可能会随时发生变化。）（2）公司的组织遵循等级制原则，每个相对低级的职员都受高级职员的控制和监督。然而，高级职员对于低级职员的权威范围是有限制的，同时低级职员也有申诉权。（而世袭体系的权威是建立在向个人效忠的基础上的，并不是一个清楚的等级秩序。）（3）有特意建立起的一般规则体系，以指导和控制职员的决策和行为。这些规则相对稳定和完全，而且容易记住。所有决策都记录在文档中。（而世袭体系中的管理随着领导者的意志而任意改变。）（4）私人财产与公司财产以及工作场所和居住场所被清楚地区分开来。（这种区分在世袭体系中并不存在，统治者的私产和公产并不明晰。）（5）在技术资格的基础上挑选职员（与具体的个体无关）和指派职位（而不是选举产生），并发给薪水。（世袭体系中，职员的选拔通常靠私人关系产生。）（6）组织的雇员制度为职员建构起职业。职员职位的任期不受任意解雇的威胁。①（而在世袭体系中，职员的工作完全取决于领导者的喜好。）

韦伯关于科层制的社会学思想贯穿于他的巨著《经济与社会》之中。然而，《经济与社会》出版之后，并没有马上在他所生活的德国甚或欧洲产生影响，而是大洋彼岸的美国最早对此巨著中的科层制思考做出强烈反响。对韦伯的科层制首先做出了反应的是美国的组织社会学家，他们在大量相关经验研究的基础上，对韦伯有关科层制的论述进行了系统的梳理和过滤，进而做了重新结构。这些工作的成效使美国的组织社会学家对科层制的功能提出了一些质疑，并掀起了一场理论识别的大争论。这场大争论推动美国的组织社会学向前迈出了新的一步，对组织社会学这门学科的发展产生了极为

① 转引自彼得·布劳、马歇尔·梅耶，《现代社会中的科层制》，马戎等译，学林出版社，2001年。

重要的影响。

在阐明这个新发展和为这个新发展做出重要贡献的经验研究之前，有必要先来回顾20世纪上半叶在美国掀起的那场关于科层制现象的理论之争。法国学者C. 拉法耶（C. Lafaye）曾在其《组织社会学》一书中对该争论做了较详细的介绍，[①]我们将以他的介绍为主要参照来归纳这场理论之争提出的问题。

人类团体的理性化程度是早期组织社会学分析的重点。同样，它在韦伯的学说中也受到了特别重视，不过，韦伯更强调西方现代社会中与代理、价值、制度和社会实践相联系的理性化现象的特征。正如韦伯在其研究成果中经常表明的观点：科层制是在现代大企业的领导所赋予的理性化制度中出现的。默顿的研究成果使人们看到了另一问题，即科层制与理性形式之间存在着一种平行问题。[②]由于韦伯和默顿在研究人类团体理性化时引出了不同的结果，人们开始反思这两个相异结果的研究途径。实际上，这个反思的出现在很大程度上与人们对权威形式的背景做出的质疑相联系。

重视现代科层制的理性化形式

韦伯对科层制的论述始于对行政形式的分析。按照韦伯的看法，理性有两种主要类型：形式理性和实质理性。实质理性又可分为价值理性和目的理性两种。形式理性是指技术实践中可以应用的定量分析的范围。这种形式理性使人们能够做出比较确切的预测、建构比较具体的模型，为比较分析提供一个显而易见的基础。韦伯更为重视的是理性的基础，根据韦伯提出的“理想型”具有的内涵，他的这个理性基础属于“实质理性”。[③]此外，韦伯还非常重视人们在

---

① C. Lafaye, *La Sociologie des organisations*, Editions Nathan, 1996, pp.11–18.

② R. K. Merton, “Bureaucratic Structure and Personality”, in *Social Forces*, 1940, XVIII: pp.560–568.

③ 罗德里克·马丁,《权力社会学》, 丰子义、张宁译, 生活·读书·新知三联书店, 1992年, 第62、71页。

不同的地方和不同的时间，为了支配一种权威或为了迫使接受这种权威，使可能被接受的这种权威具有合法性所使用的某种手段。[①]韦伯在研究和讨论组织结构的基本类型的过程中发现了权威概念与权力概念之间存在的区别。为了明确他的权威概念，韦伯多次在《经济与社会》中提出这三种权威类型：法理权威、传统权威、神授权威。他认为法理权威具有确定的特征，是距离现代行政形式最近的权威类型。

韦伯的科层制理论中有三个核心的概念：权力、权威和合法性。韦伯认为，权力是个人在社会关系中影响别人和克服别人抵抗的能力。这就是说，权力是任何社会关系中的基本成分，一旦权力具有了合法性，对于该权力的服从便是有效的和全面的。[②]A. 埃齐奥尼（A. Etzioni）在其《现代组织》一书中提出："韦伯对合法性的研究为组织学引进了一个全新的天地。他所称的权力是指导致接受命令的能力；所称的合法性是指接纳权力的行使，因为这样做是与受令者的价值观念相符合的；而他关注的权威则是权力与合法性之和。"[③]

韦伯把法理权威关系形成的具有代表性的组织结构视为科层制或曰官僚制，而韦伯特别感兴趣的是科层制的行政管理班子。他的研究发现，科层制的行政管理班子是由人格上自由的，服从于职责的职员所构成；科层等级制是根据这些职员的职能目标组织起来的；他们的职权范围在合同里是被限定的，而且与明确的职位紧密相联；对他们的挑选是公开进行的，他们职业品质的提高必须通过考试和获得文凭为参考标准；他们的报酬是由清晰而固定的工资所构成；他们的职务是他们唯一的工作或是他们主要从事的工作；他们的晋级是以资历和上级的评判为依据来决定的；他们必须服从科层组织的纪律并接受检查。韦伯把科层制行政管理班子的这些优势称为一

---

① Martin Albrow, *Bureaucracy*, p.40.

② R. Boudon, F. Bourricaud, *Dictionnaire critique de la sociologie*, pp.32–33.

③ A. Etzioni, *Modern Organizations*, Preitice Hall, 1964, p.51.（转引自刘创楚，《工业社会学》，第238页。）

种法理权威，并认为这种法理权威是最严格的和最合法的权威类型，也是最理想的权威类型。根据韦伯的分析，在这种法理权威的关系中，下级承认上级的最高权力，因为这种权力的合法性是在双方公认的规则基础上获得的：享有权威的个人之所以如此，凭借的是非人格的规范，这些规范不是传统的残余，而是在合目的理性或价值理性的一种背景中有意识地建立起来的。那些受权威支配的人之所以服从其上级，不是因为他们对其上级有任何个人的依赖关系，而是因为他们接受了确定权威的非人格规定。由于受法理权威支配的人对上级没有任何个人的忠诚，因而只是在上级权限得到明确规定的有限领域内执行上级的命令。①

由此而论，组织概念的基本要素在韦伯那里被视为限定和支配人类行为的一套结构和规则，或者说，与韦伯的科层制概念最相关的内容是组织分析。韦伯在《经济与社会》一书的第一章强调了“Verband”概念，这个概念具有广泛的意义，包含了另一些如同国家、政党、教会、宗教、商行等不同形式的组织概念。因此，有研究者认为用“组织群体”，特别是用“组织”概念来译“Verband”的含义可能更为适宜。不过，韦伯强调的“Verband”还另有特殊的含义，即“Verband”还象征着一种社会关系的秩序。在韦伯看来，某些个人就是通过维持这种秩序获得特殊工作的。一个领导者加上他日常工作的辅助管理班子，就体现了一个组织的特征，或者说，因为他们的工作关系的存在，组织的结构才得以维持下去。

韦伯理论中，行政管理秩序（Verwal tungs ordung）的重要性在于该秩序决定了谁对谁发号施令。在韦伯看来，行政管理与权威有密切的联系，命令和秩序作为社会关系结构的因素具有同样的重要性；人们对命令的服从一方面因为他们有了“服从是合法的”这种

① A. 吉登斯，《资本主义与现代社会理论：对马克思、韦伯和杜尔克姆著作的分析》，剑桥大学出版社，1971年，第157—158页。（转引自罗德里克·马丁，《权力社会学》，第171页。）

信念，从另一方面来看，被施令者对命令的服从也显示了发号施令者拥有可以支配他人的权力。韦伯关于合法性的观点使他对组织的分类形成了一些原则，比如不同的权威结构及其导致的组织形式都与服从权威的信念联系在一起。韦伯鉴别出了三种信念，并使这三种信念与三种权威之间建立了联系：（1）服从是合法的，因为发号施令者具有某些神圣的特征，韦伯称之为“魅力权威”；（2）命令的服从并不是出于尊重对方，而是因为既定的服从模式，韦伯称之为“传统权威”；（3）人们相信发号施令者的行动与规章制度对他的责任规定是相一致的，韦伯称之为“法理权威”。“法理权威”对韦伯来说是现代组织具有的最理想的特征。[①]

通过分析神赐能力的“常规化”，韦伯发现了魅力权威（或曰神授权威）形式与传统权威形式之间的可能转变。不过，对于它们是否能够向法理权威类型过渡以及过渡的形态，韦伯没有专门进行阐述。他仅仅强调了科层制的理性化形式，也就是说，他对科层机构在运行中发生了什么并不感兴趣，他最多注意到了科层制形式是伴随无个性的发展而盛行的现象。关于韦伯这方面的局限在后来的研究者那里也激起了很多的反应和讨论。

A. 吉登斯（A. Giddens）指出：对于韦伯来说，制定一般性的解释原则与其说是目的本身，不如说是一种手段，可以利用这种手段为分析想要做出解释的具体现象提供方便。R. 马丁（R. Martin）也有同样的看法：韦伯最初在学术上感兴趣的东西是历史，不是社会学，他要理解的是特定的社会情境，而不是去制定一般法则。马丁还认为，韦伯的法理权威是通过琐碎的历史研究做出的一个严密而稳定的构造。默顿肯定了韦伯的这种理想型在社会行动理论的发展中是一个必须具备的概念。但默顿同时指出，韦伯的理想型不是对现实的描述，不是关于现实的假设，不是平均值，也不是为一组既定对象所共有的特征。吉登斯也指出：韦伯的理想型是经过把数量

---

① 参阅马克斯·韦伯，《经济与社会》，第三章。

不定的要素结合在一起并进行抽象而建构起来的，虽然在现实中也可以见到这些要素，但他很少或从未发现它们是以这种特定形式存在的。这种理想型既不是对现实的任一确定方面的“描述”，也不是一种假说，但它有助于进行描述和解释。[①]

因此，韦伯理性型法理权威的建构可以被视为这样一种方法：它明确地以经验现实中与理论有关的方面为主要关注点。人们由此也可以说，能与这个建构相比较的是经验性的科层制形式，正是因为这样，韦伯开发了许多澄清科层制现象悖论的研究，他对行政机构的分析以及对不同权威形式进行的全面反思构成了他对组织社会学的重要贡献。

强调科层制组织的反功能

韦伯发现，科层制组织的增长与发展，无论是公共单位的还是私营单位的，都体现了20世纪工业社会的一个重要特征。只要关注大企业组织的美国研究者们对韦伯的这个发现没有提出疑问，那么他们就会使自己的研究对科层制组织的作用发生兴趣，而这个作用正是韦伯有些忽视的方面。[②]中层理论的创始人默顿在20世纪30年代建议要重新审读韦伯的理想模型。这项由他参与的重新审读工作，在四年后得到了另一个相关分析的补充，这后一个分析所涉及的方面是科层制结构的发展对其成员个性的影响。从默顿的重新审读的结果看，有两个值得注意的方面：一是默顿使韦伯在方法论的介绍中所提倡的法理权威这一理想类型的作用明显化了；二是默顿在测量韦伯法理权威的理想类型与韦伯对该理想类型提倡的作用之间的偏差时，对该理想类型与经验性事实进行了比较，而这个比较使法

① 罗德里克·马丁，《权力社会学》，第58页；R. 默顿，《社会理论与社会结构》，芝加哥自由出版社，1957年，第199—200页；A. 吉登斯，“帕森斯近期著作中的权力”，《社会学》，1968年，第139页。（转引自罗德里克·马丁，《权力社会学》，第58—60页。）

② C. Lafaye, *La Sociologie des Organisations*, p.16.

理权威的理想类型在两个基本点上偏离了韦伯原有的观点：(1)韦伯强调的是科层制行政的调节和效率，默顿则相反，他重视科层制在企图达到其目标时所碰到的困难，而这些困难却是韦伯没有加以思考的因素；(2)韦伯阐述了科层制行政方式的特征以及社会的适应性，而默顿则强调科层制结构在个性上的结果，并由此为组织内部功能的分析开创了一条新路。[①]

默顿对这两方面做了这样的证明：实际的科层制越是接近韦伯的理想类型(即抽象规则、职能等级、无个性的权威关系等，或者说，不是基于对经验总结之上的一种理想化的心智逻辑的建构)，未预料的后果越是以反功能(dysfonctionnements)的方式(或曰机能失调)和例行公事的方式出现，而这些方式最终会使组织的运行处于一种瘫痪状态。从默顿的这个证明中，人们还可以看到，科层制行政的方式是以最大程度的理性来运用知识和使用人才为追求的目标，但科层制行政的方式所安排的程序以及由于其不变的规章而导致的另一种专制，最终为重视科层制行政方式的人带来反面的效果。总之，科层制行政的方式引出了一些反功能，而这些反功能使科层制行政方式的调节和效率发生困难。

默顿在1940年发表了一篇文章，[②]其中提出了一个假设："科层制个性"在严密的规章制度和形式化程序中实行其职能的职员那里得到了发展。由于这个发展，职员们的首要任务不是理解和反映客户的要求，而是在规章制度和书面指令的迷宫里寻求适应性，结果引出了大量与形式化程序和文本条例相适应的反功能。由于职员们必须服从形式化程序的安排和遵守书面规定，他们最终变成了墨守

---

① R. K. Merton, "Bureaucratic Structure and Personality"; R. K. Merton, *Éléments de théorie et de méthode sociologique*, Plon, 1965; Perre Desmarez, *La Sociologie industrielle aux Etats-Unis*, Armand Colin, 1986.(转引自C. Lafaye, *La Sociologie des organisations*, p.16。)

② R. K. Merton, "Bureaucratic Structure and Personality"; R. K. Merton, *Éléments de théorie et de méthode sociologique*; Perre Desmarez, *La Sociologie industrielle aux Etats-Unis*.(转引自C. Lafaye, *La Sociologie des organisations*, p.16。)

成规、拘泥于细枝末节、刻板、不能灵活调节的人。

综上所述，韦伯认为科层制的首要任务在于保证行政人员行动的准确性、可靠性和有效性。而默顿则指出这种为了维护自身行动的能力和追求功能适应性的科层制，使按章办事成为一切活动的首要准则，从而使工具成了最终价值，使手段取代了目的的重要性。[①]默顿举例说，有一种官僚主义者，他们宁愿把注意力集中于照章办事，而不注意组织目标。事实上，这类刻板的官僚是在保护自己，无论行动后果如何，他都因遵守规则而无懈可击。[②]因此，默顿认为科层制可以使科层制行政人员提高工作效率，但这种效率只对例行公事而言，一旦偶然事件发生，既定条件改变，这些习惯于墨守成规的行政人员便会反应迟钝。这些现象在默顿看来便是反功能。

默顿关于反功能现象的发现和论述过程，其实就是反功能概念形成的过程。这一概念相对于功能概念，是第二次世界大战后美国社会学形成的另一个关键概念。它的形成不仅对组织社会学做出了突出贡献，而且对整个社会科学也产生了重要影响。然而，在现实的组织生活中，当反功能成为体系调节的障碍时，功能（即社会的要求）却还在为已定体系的调节提供帮助。

另外，默顿对显功能（与指定功能相符合的、可以观察到的结果）、潜功能或曰隐功能（与指定功能进行比较的另一种功能相符合的、可以观察到的结果）和反功能的概念进行了区分，从而使功能的分析系统化了。[③]默顿的这个区分使人们看到了显功能与潜功能的一些启发作用：（1）可以明晰一些看似不合理的社会模式，使观察者不再只注意某一行动是否达到其所宣称的目的；（2）促进人们关注理论上最有潜力的领域；（3）潜功能的发现意味着社会学知识的重大进步；（4）避免以朴素的道德判断代替社会学的分析。[④]反功能

---

① 谢立中主编，《西方社会学名著提要》，江西人民出版社，1998年，第184页。

② 引自詹姆斯·S. 科尔曼，《社会理论的基础》（上册），第95页。

③ C. Lafaye, *La Sociologie des organisations*, p.18.

④ 谢立中主编，《西方社会学名著提要》，第180—181页。

概念的提出引起了组织研究者的特别关注，他们认为这一概念不仅涉及了组织分析的问题，而且超越了社会学的专门分析。除此之外，它还成为企业中对管理干预的一个重要工具。

2. 相关的经验研究

第二次世界大战结束后，美国社会学经验研究的活动显得比以往更为活跃。促进其活跃发展的因素，在很大程度上，一方面是这段时间里计算机技术的迅速发展使控制论成为一门独立学科，另一方面是自然科学与社会科学的研究成果被广泛运用。

借助计算机程序及其设计技术来处理大量的信息资料为社会学者的研究工作，特别是进行大规模的定量研究工作等带来很大的方便。当时，数学模型的运用开始在社会学的定量研究中盛行。如果说20世纪30—40年代的社会学研究着力于寻找各种“变数”之间最简单的依存关系，那么40年代后期以来，社会学研究领域引进控制论和借用新的计算机，使这些依存关系的概念变得越来越复杂化了。从某种角度看，控制论的思想也对美国社会学结构功能学派的奠基人帕森斯的理论产生了一定影响，帕森斯把社会行动更加明确地定型为一个自发地维持其均衡的体系，很有可能就是受了控制论的反馈系统类型的启示。也就是说，由于受到了“联络”这个概念的启发，帕森斯把“功能”这个概念用到了行动理论中。

那时，社会学在操作技术、理论分析和推论方法等不同层面得到了提高和改善，这就促使它能够建立一些可以深入研究不同社会过程的模式。这个现象引起了美国政府部门和实业组织上层对社会学研究的特别重视，同时也引发了社会学界对自身的社会出路问题而展开的热烈讨论。因而，美国的许多社会学者投身于探究资本主义社会的社会结构所具有的自主性问题，以及对这种社会结构的作用进行的经验研究。[①]关于科层制现象的早期经验性探索就是在这一

① 参阅《社会学和现时代》第二卷，第179—181页。

时期兴起的。

科层制的早期经验性探索是由默顿的学生在美国进行的，这些探索以工业企业和公共行政为案例。案例选择的依据是韦伯理想模型的特征，案例研究采取了文献资料的分析、深入实地的访谈和直接观察相结合的研究方法。默顿的学生以样本分析方式证明了经验研究对理解社会现象所做的重要贡献，从而也证明了他们是组织社会学认识的开拓者。为了使人们更好地理解他们关于科层制的研究发现，也为了使人们看到韦伯科层制与他们对科层制的研究发现之间的不同（因为在韦伯的观点里，科层制的概念与公共行政的概念是不相重叠的），他们将自己在探索研究过程中不断获得的重要发现撰写成了一些专题论文。这些专题论文由于被认为具有很高的可信度和借鉴价值，后来常常被用来作为检验和论证科层制行政方式的参照。下面介绍三个在组织社会学中比较经典的相关案例分析。①

案例1：

工业企业领导方式的变化

A. 古尔德纳在1948—1951年期间，对一个生产石膏像的工业企业在机构重组中提出的问题进行了实证研究。该实证研究所涉及的单位是从属于GYPSUN总行会的一个公司。公司为了提高工厂的生产效率，试图改变工厂过去的运行方式，即由老领导指挥工厂运行的方式，以使工厂的经营管理趋于理性化。因此，公司任命了一个接替老领导的新领导，他为工厂出台了一整套规章制度和一系列推进企业技术系统化、促使企业成员组织体系化的程序。古尔德纳所研究的企业重组正是与该企业在其老领导亡故后由于改变领导方式而提出的一些问题有直接关系。

① 参阅克罗戴特·拉法耶，《组织社会学》，安延译，社会科学文献出版社，2000年，第12—23页，或者参阅C. Lafaye, *La Sociologie des organisations*, pp.19–25。

在这个研究中，首先引起古尔德纳兴趣的是两个方面。第一个方面是这个工厂从原来根据人格化信任关系运作的组织（研究者称之为“宽容模式”）转向根据形式化程序运行的组织（研究者称之为“科层制模式”），即组织由宽容模式向科层制模式的过渡；第二个方面是对这个过渡的理性化适应或拒绝的方式。

宽容模式与传统权威的理想模型有很大的相似性，不过，古尔德纳本人并没有指出这一点。具体地说，这个工业机构之所以引起了研究人员的兴趣，主要是因为它在先前所拥有的一些特征：十分重视劳动力服务年数和在招工上借助家庭和团体方面的联系；老领导与他的每个雇员都或多或少地维持着直接的和人性化的关系，而且赞同并鼓励他的雇员参与本机构以外的社会生活；机构在不受内部规章限制的情况下运行；劳动时间也没有严格的规定，机构甚至没有对企业所有物和雇员私有物的范围加以界定。

古尔德纳发现，在这种宽容模式的组织中，工业的生产要求与雇佣劳动者在社会和家庭生活中的要求似乎是一致的，机构内的职业关系和那些（与机构寓于其中的团体相连接的）社会关系之间差不多是重叠的。古尔德纳因此提出一个问题：机构与其外部环境之间建立起来的关系是怎样得到协调的？这个问题是古尔德纳要弄清楚和重点分析的方面。古尔德纳的调查和分析使人们看到了下列情况。

接替老领导的新领导是一位持有专业文凭的年轻人。新领导任职后首先实施的改革是彻底重组由他领导的工业机构。然而，面对他进行的这种重组，机构先前的行政方式却表现出一种极大的宽容。既然这样，这位新领导便开始了进一步的机构管理的理性化：在机构内部建立起一套规章制度，比如提出了汇报每日、每周所做工作的严格要求；制定了更等级化的新工资级别，并在招工的准则里不再考虑家庭的联系。除此之外，这位新领导还将本单位内忠实于老领导的干部撇在一边，让一些持有文凭的年轻工程师来取代他们。由于这个理性化同时涉及了那些被年轻工程师认为已过时的生产手段，因而也促成了对设备的大量投资。

该工业企业的新行政方式区别于先前的传统行政方式。由于企业理性化本性的强制作用，新的行政方式向法理的理想模型转变，这一转变倾向于科层制模式。根据古尔德纳的观点，作为接替者的新领导进行的机构重组，不仅使非正式互动（确切地说，是人性化的互动）变得衰弱，而且与此同时，还使等级制关系中产生了一种结构。比如企业内部的交往出现了短路现象：新领导为了使新的行为准则具有明显的效果，他不能再依赖本单位里习惯于旧式管理方式的干部，也不能再依靠私人的联系网络来了解机构里所发生的事情。由于这种情况，新领导的重组行动不久就遭到了反对，有些反对甚至以非常激烈的罢工形式表现出来。这样的罢工引起了古尔德纳对企业新领导所遇困难的关注，特别是他在强迫遵循其理性化程序时所碰到的困难，以及对这些程序合法性的检验时所碰到的困难，并提出了一些质疑。其实，这些困难在古尔德纳看来，恰恰是韦伯在科层制理论的有关抽象分析中没有涉及的。

因此，古尔德纳提示人们注意，法理的理想模型混合着两种不同的权威形式：一种是基于认同之上的权威形式，另一种基于惩罚之上的权威形式。前者包含了自愿接受的意义，而后者则是强制性的。古尔德纳当时提出了一个假设：在同一个机构内，不是只有一种科层制形式，而是存在好几种科层制形式。这些科层制形式在共存的同时，还能适应于它们各自的规则所规定的不同运行方式。新领导在企业管理中建立了不同科层制规则，古尔德纳对这些规则的适应和拒绝方式进行了实证研究，他区别出三种类型的科层化："人为的"科层化、"代表的"科层化和"惩罚的"科层化。

"人为的"科层化是指外部权威确定了规则，但可以不去遵循。当时研究者们常用这个例子来说明：对于他们所研究的工业机构而言，外部权威提出了禁止吸烟这个规则，而在机构内不具有任何可强制遵循的合法性。正因为这样，机构内的上级和下级可以经常违反这个规则，不仅如此，这个规则甚至还有可能成为一个吸烟群体形成的原由。“代表的”科层化的形成是以集体共同制定的规章为基础的。古尔德纳以石膏采掘职业通用的安全规则为出发点阐述了这种科层化形式。他发现这些通用的安全规则经常在工人和生产管理人员定期会面时被再现实化了。尽管如此，由于这些规则是通过集体协商而确定的，因此，大家认为还是要遵守的，实际上也很少有人去违反它们。“惩罚的”科层化是以迫使遵循规则和对违规者加以惩罚为前提的。古尔德纳指出，列出这种科层化的意图在于揭示这样的事实：惩罚型的规则不一定都是出自领导这方面，它们也有可能是一个组织里的不同群体之间进行斗争时采用的某种武器。

古尔德纳对科层制的一种行政方式向另一种行政方式的过渡进行了极其微妙的分析，他做这样的分析，目的在于理解由于工业企业领导方式的变化引起的一些分裂。人们从他的分析中能够感觉到理性化企业行政的合法性不是自然而然形成的，同时也可以看到企业管理的理性化措施不但暂缓了企业内部一些问题的发展，而且使企业有可能与其过去连接的外部团体相分离。由此推论，把机构内部运行方式作为分析的重点，并不是古尔德纳在研究之前就已经确定好了的，而是他对所研究的机构重组过程不断认识的结果。因此，根据古尔德纳的研究成果，人们可以反过来从环境对组织内部的运行产生的影响提出进一步的思考，也可以对这种影响的途径提出进一步的质疑。

案例2：

公共机构与其外部环境的关系

P. 塞尔兹尼克于1949年发表了他在TVA（美国田纳西河流域管理局）[①]进行了多年研究的成果。[②]这些研究成果对人们进一步认识组织与其环境的关系做出了重要贡献。TVA是美国联邦政府为了促

① Tennessee Valley Authority.

② P. Selznick, *TVA and the Grass Roots*, University of California Press, 1949.

进田纳西州农业地区的经济和社会发展，在1933年创立的一个公共机构。这个机构在当时美国的行政图表上是全新的，其权限包括国土的整治规划、电力分配网的组织、江河流量的控制以及对农业耕作者进行现代经营技术的培训。TVA的功能很明确，加上其自治有方，在美国获得了很好的声誉。

TVA为了达到联邦政府为它确定的目标，依靠一些能够代表它自己与当地人民交涉的地方机构来传递信息，以使自己避免与私人利益、地方权力发生直接的关系。塞尔兹尼克在TVA运作的分析中十分强调科层制组织内“非正式结构”作用，并以此论证了他1943年在探讨科层制理论的思想方法时提出的建议。他的建议包含三个方面：每个组织建立一些非正式结构；每个组织内的原定目标可以通过一些内部程序得到修改（可以舍弃、违背和重新确定）；所有的修改经过非正式结构来完成。这里所强调的非正式结构，其决定做出的主要依据是对人际关系学派论著的一些讨论。塞尔兹尼克的这些建议后来通过如下假设得到了丰富：初始目标的修改不只出自内部程序，也是组织成员与外部压力群体之间的联盟带来的结果。

非正式结构在TVA内是怎么建立的？建立的方式又是什么？针对这些问题，塞尔兹尼克指出，该公共机构内各种权限的授权机制既有利于一种特殊鉴定能力的形成，也有利于构成一些以不同工作任务划分的群体。这些群体一旦不顾他们所属企业整体目标的实现，而去重视他们各自的工作目标和利益时，他们的某种解构就会出现。换种方式说，当这些群体的正式结构的继续发展碰到了危机时，非正式结构就有可能出现。

具体而言，为了更好地进行某些计划而试图与地方机构合作，TVA就会发展得很快。比如TVA为了对当地农业耕种者进行现代经营技术的培训，也出于TVA自己能够对地方行政和地区农业学校有所了解，它委托地方行政和地区农业学校实施了农业现代化的方案，而这一实践带来的预料不及的后果就是一个证实。在现实的社会生活中，地方行政和地区农业学校的许多成员与农业职业组织中有影响的代表有频繁的接触。这些代表对田纳西流域的农业发展有他们自己的看法，而他们的看法不完全与TVA制定的政策相吻合。由于TVA缺乏对地方关系网（指政治家、农业职业组织的成员或曰农场主、地方行政代理人构成的关系网）的熟悉，因此，它委托的政策实施引出的一些反应是它始料未及的：一方面，TVA的企业行动计划远没有涉及田纳西流域的全部农场主，而且它们的实现是偏向于那些与农业职业组织有频繁接近的、经营最兴旺的农场主；另一方面，有着共同利益的政治家、农场主、地方行政官员构成的地方关系网形成了一个有效的压力群体，这个群体还能够使TVA的一些农业问题专家成为其在TVA的代言人，并通过这些代言人的中介作用，对TVA的农业发展总体方针政策的制定产生影响，这个影响甚至还超出了农业方面。原为闲暇娱乐规划所用的土地最终被改造成农业用地。由于TVA环境的压力，TVA一些初始目标发生了变化。

塞尔兹尼克关于这种现象的分析使默顿关于行政机构的权力滋生负功能的假设得到了证实。他的研究成果对组织社会学的主要贡献在于他发现了负功能不能被简单地视为规章制度过多的结果。正如他所指出的，负功能一方面是组织活动的专门化引起的，因为这个专门化使组织成员倾向于关心特殊目标而不顾总体目标，另一方面，负功能也是环境施加压力的结果。因此说，塞尔兹尼克注意到了一个事实：一个组织的发展不能只根据其内部的要求，同时也要考虑到它与其环境的关系，以及对这些关系的维持和控制。

案例3：

围绕两个公共部门里的规则组建的游戏

这个经验层面上的探索性研究是P. 布劳（P. M. Blau）于1948年和1949年在美国的两个公共部门，即在地方就业办事处和企业联盟法检查执行处进行的。为了更好地理解那些被实际观察到的具体活动，布劳对这两个公共部门中的一个还展开了六个月的进一步详细调查，访问了该部门中每个单位的代理人，从而更加深化了他先前的设想。

布劳十分关注这两个公共部门内的正式规章条例的执行方式，特别对这些执行方式是如何影响职员之间的关系以及职员与被接待者或受检查者之间关系的问题提出了一些思考。布劳认为，组织中的非正式行为不是对正式的具体规定的简单偏离。在他看来，借助人际关系和非正式规范的行为以及不执行明确规章的行为都有它们自己的道理，属于参与科层制组织发展的理性行为。事实上，布劳是拒绝接受把科层制行政机构看作僵硬体系的那种观点的，正如他所提出的假设：科层制行政机构内也蕴含着改变自身的缘由。

布劳提供的第一批研究成果是通过对就业办事处的调查得到的。该办事处由四个部分组成，它们当时的任务是为服装业的招聘与求职广告之间建立联系。这四个组成部分中的办事人员作为就业办事处的代理人，他们生产率的检查制度经历了一次改革，这个改革是布劳分析的重点。布劳根据其调查收集到的资料发现，通过这个改革，人们建立了一个基于统计学记录之上的新制度，此举的目的在于提高对代理人所完成工作进行检查的有效性。这个新制度比先前的制度更具体更精细，它的作用是统计和计算已收到的服装业招聘和求职广告的数量、访谈求职者的次数以及已被安排工作的人数等。引起布劳兴趣的是关于这些生产率与职员之间的关系、职员与老板之间的关系以及职员与求职者延续性关系的统计学记录的作用，这个作用因此成为布劳调查分析的对象。可见，布劳的研究对象是统计学技术的应用和依赖统计学技术的结果。

布劳在进入实地调查之前，首先引导参与调查的研究者对默顿提出的反功能和潜功能概念加以精炼并做出进一步的确定。在调查初始，布劳对统计设备在就业办事处安排到位后完成的工作进行了分析，这个分析使一些未被预料的后果凸显出来。在这些未被预料的后果中，布劳感到最为特别的是，在对被访谈的人数进行统计学记录的过程中，他发现就业办事处代理人加快了工作节奏。但布劳发现，这个加快实际上并不完全是因为统计设备的增加所带来的，而往往是因为代理人将一些尚未找到工作的求职者推辞掉的缘故。布劳因此提出，如果这个后果可以看作反功能，那么它就是在预料之外的：有些记录使代理人因追求安排求职者工作的比率，而以更不耐烦和更不考虑种族因素的态度对待求职者。布劳的调查发现，在就业办事处的接待办公室里，类似这类歧视和不公平处理的现象也不少。根据默顿关于功能的专门术语，可以认为作为检查代理人生产率的统计制度具有一种潜功能：当正式规章条例显得无效率时，统计仪器就被明确要求去扮演正式规章条例的角色，以限制那些歧视行为和督促使用者进行公正的处理，而统计仪器也的确被证明是可以作为限制歧视行为和督促使用者公正处理的一种工具。布劳强调了这一点，在当时是想引导人们注意，既然为实现一些目标而确定的措施会遭到实现者的反对和抵制，那么就应该去开发正式制度所具有的潜功能，因为潜功能可能是更有效率的。

布劳在调查中还察觉到，代理人生产率的统计评估经常倾向于加剧代理人内部的竞争。然而，对于这种评估方式的制约，代理人没有以相似的方式做出反应。而且，代理人在生产上进行的计算要更多于他们在参与竞争时进行的计算，他们仍然和过去一样，重视与其同僚建立一些形式的合作，与他们必须遵守的规则保持着距离。布劳因此指出，不能将非正式行为都视为制度性的反功能，甚至可以说，非正式行为对于实现组织目标来说，有时能够为规章条例的标准化提供更有效的参照。如果正式组织在制定规章条例时，能够考虑到非正式行为可能会做出的反应，那么，规章条例的针对性也许还会更强。

布劳领导的第二个调查是在一个从事企业内两种联盟法检查的执行处进行的，该调查结果将使人们看到布劳揭示的科层制规则的变形。该调查的参与者是由执行处的人员承担的，这些人员被称作调查代理人。调查过程中出现了这样的情况：当这些调查代理人发现违法行为时，就对违法的企业发出一种警告，要求企业在一个期限内做到与规定的法规相一致，若有再度重犯，则要采取法律手段处理。布劳从这些调查代理人提供的调查资料中发现，在严重或重犯的违法案例中，被起诉的违法行为可能是一次正当的行动。布劳还注意到，当应该执行工作条令的人员没有遵守工作条令时，组织的目标往往更容易达到。换言之，在组织现存的规则、程序与它们被用于实现组织目标的程度之间存在着一种负相关，非正式的调节机制深深地根植于一种行动体系中，而这种行动体系涉及的面比单一的组织要宽得多。

值得重视的另一现象是，研究者对执行处主任安排调查代理人的这一现象提出了一些问题，比如，执行处主任是根据什么安排调查者的？调查本身的质量如何？就每个调查代理人而言，他要负责好几个企业的调查，并在这些企业中必须进行一次试听。对所收集到的信息可靠性的评估以及对可能违规行为的论证，都要依据一套广泛而复杂的法律和规章条例，有时还需要听取企业负责人的意见、求得法律专家的帮助。比如一条内部规则明确规定，调查者在执行任务时无论碰到什么困难，要首先求助于他们所在执行处的主任，不可以直接向他们的同僚请求咨询，也不可以直接找法学家帮忙。可是，布劳注意到，调查者的工作经常是在办公室里进行的，而他们的工作时间经常耗于聊天。布劳因此指出，如果他们的某些交流是属于私人间的，那么其他的一些交流是关于职业性的问题。布劳实际上是想把人们的关注力引向对这类非官方实践出现的直接起因进行思考。在布劳看来，这里的直接起因可能是：调查代理人知道向上级求援不仅在于寻求帮助，而且还构成对他们技能评估的因素，这成为他们不安或忧虑的发生器。调查代理人因此在解决具体问题时经常需要一种交流，以从中获得一些启发。所以，布劳特别强调了非正式合作和相互协力的这种模式所履行的一些职能不只是心理学的，而更多的是社会学的。布劳的强调基于三个理由：第一，这种模式使一群从属于相同等级制上级的个体变为一个由互助联系结成的组群。部门成员之间的关系处在了稳定状态，许多冲突因此可以被预先估计到。第二，同职群体内的这种社会协调对改善每个人的决策质量发挥了作用，同时还使法则的检查变得更有效率。第三，非正式的合作模式使执行人员加强了对其工作的关心，同时也增强了他们掌握其工作技能的兴趣。但这种非正式的合作模式不是只有积极的功能，因为它们的运行所通过的机制本身也是反功能的传递者。

概括地说，布劳领导的这个研究的创新性和突破性，在于他把组织成员的一些变化能力放在了受重视的优先位置，而且把科层制组织看成这些变化能力的传递者。由此人们可以认为，规章条例可以不断地加强，但组织的活动不会因此而失去灵活性。其实，负责执行规章条例的代理人在工作过程中，有可能使这些规章条例走样或有绕过它们行事的可能。布劳看到了人们是处于默顿所假设的墨守成规和吹毛求疵的科层制人格的组织里，但布劳从反面还阐明了科层制成员的行动能力，即合作和协商能力。布劳的这些思考线索后来在法国组织社会学研究中得到了进一步发展。

以上介绍的三个经验性的案列探索研究，为人们理清20世纪40—50年代在美国引起争论的科层制理论做出了贡献，也有助于人们认识科层制理论的局限性。虽然它们从不同的出发点开始分析讨论一个问题，但它们都对科层制组织内部正式规则的地位和作用提出了疑问，并对之进行论证。就古尔德纳所做的有关分析而言，人们从中可以看到传统权威方式向法理权威方式过渡的困难，而这种困难是韦伯的有关思考所忽略的。古尔德纳补充了对科层制反功能的分析，并且还指出了规章条例的合法性和有效性是与支配这些规章条例概念的一些方式有关的：如果这些方式不被接受的话，就会导致反功能。从塞尔兹尼克这方面看，他所强调的是，反功能不仅导致了正式规则的增加，还引起了组织内外的非正式群体之间同谋的增加。这个强调显示了塞尔兹尼克用与众不同的方式丰富了默顿的分析。布劳的贡献在于引导人们对低调处理反功能的现象进行思考，也就是说，使人们有可能看到科层制组织并不都是刚性的。布劳指出，默顿的分析之所以让人们可以提出低调处理反功能的假设，是由于默顿的分析所涉及的科层制组织成员，其实是懂得如何为完成他们的既定使命而回避规章条例的人。

尽管这些经验性的探索研究对科层制理论的早期发展做出了贡献，也为以后的相关研究打下了重要基础，但是它们都无一例外地给人们留下了可以批评的空间。比如它们仅仅局限于正式与非正式或官方与非官方这种二元对立的推论，或者说，它们在推论方法上还没有超越传统的二分法。不过，对这个局限的真正认识使人们可以设想，超越传统二分法的推论方式，将是提高科层制组织实际运行方式的研究水平的重要途径。除此之外，它们还为推进组织分析的发展做出了贡献。

二、组织的再构

这部分将着重讨论组织与社会体系的关系、形式组织的解体和有组织的集体行动，这些讨论在于使读者对现实社会中的组织有一个更全面更深入的认识。与此同时，我们试图通过这些讨论引出组织社会学及其决策分析的提问法（problématique）。

1. 组织与社会体系

关于组织与社会体系关系的认识，我们可以追溯到帕森斯早期提出的“功能”模式。①帕森斯在20世纪40年代发表的《社会学体系理论的现状及其前景》一文中，首先用斜体字标出了“功能”这一术语，以说明“功能”是他的体系分析中的一个重要的概念。基于在这方面的继续研究，帕森斯进而提出了“结构功能主义”（structural functionalism）的新观点。他其实发现了组织的专门功能在

① T. Parsons, *The Structure of Social Action*, Free Press of Glencoe,1949 (trad.fr. *Éléments pour une sociologie de l' action*, Plon, 1955); T. Parsons, *The Social System,* Free Press of Glencoe, 1951;哈贝马斯，《交往行动理论》，洪佩郁、蔺青译，第二卷，重庆出版社，1996年，第266—275页。

较大范围内所具有的优越性，并认为这个优越性是现代西方社会一个重要的结构特征。到50年代中期，结构功能主义在美国已经取得了一般社会学理论的地位，它的最基本的研究对象是作为一个有机整体的社会，构成社会的不同要素之间的相互关系是其研究的重点。换言之，怎样才能使社会生活的重大基本特征维持稳定，这是结构功能主义研究的主要内容。持这一主张的人认为，社会生活能否保持其稳定性，有赖于社会能否找到借以实现其要求（功能）的一些手段（结构），而这些要求既是有组织的社会生活的前提，也是有组织的社会生活的后果。[①]

根据帕森斯的观点，人类的所有行动都具有体系的特征，因为没有任何人的行动是孤立和单独发生的。这里的行动概念把个体系统与社会系统融合在一个相互关联的单一模式中。[②]“行动是在一个长长的复杂链中发生的，所以，一个行动也许在一方面看是一个目的，从另一方面看又是一个手段。而且，这种双向的手段—目的的关系也可以被想象成一个复杂的网（假设不纠缠在一起），孤立出来的任何一个特殊的链就是从相互交叉的许多链中抽象出来的过程。”“沿着一条链，从一个方面——从手段到目的，而这个目的又是下一个目的的手段，迟早会达到一个最终的目的，不能再被视作是另一个目的的手段了。按相反的方面——从目的到手段，迟早也会达到一个最终的手段或条件。”[③]帕森斯突出了一种系统行动的结构，意在使人们看到所有的社会行动都必然是一个或多个行动者的多种行动的联合体，它的运作将影响到其余的行动主体。更直接地说，他把社会行动作为体系分析的最为合适的出发点。因此，人们一方面可以将每个行动视为多种行动联合体的整体，另一方面又可以把这个整体看成更大整体的要素或变项。简言之，所谓社会行动

① 参阅《社会学和现时代》第二卷，第180—182页。

② 马尔科姆·沃特斯，《现代社会学理论》，杨善华、李康等译，华夏出版社，2000年，第152页。

③ 参阅谢立中主编，《西方社会学名著提要》，第152页。

的体系主要是相对于社会行动者与其情境之间所形成互动关系的组织而言的。

为了能够给所有的社会现象和社会事实找到一般解释，帕森斯试图建立一般社会行动理论，而其精华则是关于一般行动体系的理论。1956年，他提出了关于正式组织的研究计划，并对分析范围的重要因素的寻找和概括拟出了提纲。这个研究计划主要是为正式组织的不同类型进行编排索引，而且要在这个基础上，对那些为了认识一般社会体系而建立的分析模式的可靠性和贴切性进行测验。在60年代期间，帕森斯也将自己的分析范围与教育和精神病医院的组织进行了对照。①

在推进组织认识的发展方面，帕森斯的研究为人们带来了哪些启发和帮助？第一，帕森斯对正式组织的研究没有按照经典的方法，也就是说，他超越了对组织的学院式分类法。学院式分类法倾向于把企业组织看成是经济学的范畴，把政府组织作为政治学的范畴，把社会机构归于专门教育范畴。不过，他在这方面的研究发现几乎被人们忽视了。第二，帕森斯把组织分析纳入了社会结构和社会体系的一般理论，在他看来，组织是一些在功能上不同的体系，或更确切地说，是社会总体系中的一些亚体系。组织与另一些社会体系有相同的正式所有权，即是说，人们构造它们也出于实现别的特殊目标，比如企业在生产财富的同时要带来福利，社会机构也要为青年人提供教育，部队要为保卫国家和民族安全做出贡献。这些目标不是组织单独完成的，而是它们通过与自己在其中发挥作用的环境所保持的关系来实现的。因此，组织的发展不是仅仅靠自己的力量孤立进行的，而是在与其自身相联系的其他众多亚体系构成的单位内进行的，组织的运行与这些亚体系相适应，或者说，组织与其环境相适应。

人们由此可以推论，在社会结构的不同组成部分之间存在着一

---

① T. Parsons, "Suggestions for a Sociological Approach to the Theory of Organizations", *Administrative Science Quarterly*, 1956, Vol. 1, N° 1–2.

种互相依赖的关系：为了达到它们各自的目标，这部分与另一部分之间是互相需要的。正是基于他对社会结构中存在的这些相互依赖关系的分析之上，帕森斯提出了一种均衡理论模式。他在1951年和E. 希尔斯（E. A. Shils）合著的《走向一般行动理论》①一书中提出：社会的有序是在匮乏条件下的一种和平共处，是社会体系首要的功能性要求之一。当然，这种秩序应该具有自动调整维持的倾向。帕森斯提出的“社会有序”是指一种均衡状态。当帕森斯给他的“社会体系”下定义时，他是从“自我”和“他”这两个核心概念出发的。他用这两个概念表示了在互相期待的基础上相互作用于对方的两个或两个以上的角色。依据帕森斯的说法，这种相互作用具有“补充性”的特质，即“自我”认为是自己的权利的，“他”则认为是自己义务的；反之亦然。而这种补充性的先决条件是他们对同一套道德价值必须有共同的理解：个体与规范关系是自愿的和主动的。帕森斯认为，除非出现十分明显的要改变社会体系目前状态的倾向性情况，人们将不会碰到如何维持社会体系目前状态的问题。换句话说，稳定的相互作用一旦建立起来，它本身就具有一种使原有状态不变的倾向。②按照这个观点，社会体系总是以体制化的价值体系为其特征，它的基本功能性前提就是要维持这个价值体系的完整性。社会体系的基本特征不会使该体系出现批判性的结构变革，而只会引起该体系循环性的结构变革。因此，帕森斯把这种现象视为“社会的有序”状态。

人们从上述阐述中多少可以发现，帕森斯涉及了社会变革的根源问题，而他首先重视的是社会变革与社会体系外部压力的关联。不过，他对社会体系内部存在非循环性社会变革的根源也做过假定：体系内部在互相作用时可能会发生偏离现象。他认为这种偏离现象

---

① T. Parsons, E. A. Shils, *Toward a General Theory of Action*, Harvard University Press, 1951.

② 参阅《社会学和现时代》第二卷，第184—185页。

主要出自两个根源。第一个是出自刚刚开始参加体系的新成员。这些新成员必须经过培训来掌握他们各自在体系中的角色职责及其顺应环境的本领，因此，这种本领不是生来就具备的。第二个来源是学习的偏离倾向。依据帕森斯的看法，在现有的社会情势下，人们学会的东西不可能总是完全符合客观实际的，因而就可能产生偏离倾向，即趋向偏离于已确定是共同文化的那些标准规范的顺应性。帕森斯指出，这两个根源能够引起社会体系的变革或解体，因而它们也会成为这个体系的中心问题。为了解决这些问题，需要在理论模式中预先规定出两种形式的机制：社会化机制的形式和社会监督机制的形式。帕森斯认为，通过这些机制，可以使相互作用的参加者产生对现有的期待体系保持适应性的愿望，并使他们抵制偏离现象和反对体系内部的其他压力。简言之，要使体系经常保持原来的均衡和使体系中各部分的动作相互协调一致，建立这些机制是必要的。以某种方式说，帕森斯力图为社会体系找到一个稳定的、类似有机体那样的结构，目的在于能够探索自动维持社会体系稳定性的机制。

帕森斯的分析一方面强调社会体系有维持其稳定的倾向，另一方面又提出社会体系存在着变革根源。他在分析上出现这种矛盾的主要原因有：（1）作为规范的社会学理论，结构功能主义具有四个基本理论前提，① 社会是一个大系统，包括相互依存的各个部分；② 系统总体的出现早于单个部分，只有把各个组成部分纳入社会大系统才能正确认识这些单一部分——文化信仰、法律制度、家庭组织、政体以及经济技术组织等；③ 部分具有保持其整体平衡的功能，社会各部分与整体系统之间的联系是功能上的联系；④ 社会系统各个部分之间的相互依存是功能上的，各个部分互为基础、相互一致、和谐共存、为维持整体服务。[①]（2）在方法论上，结构功能主

---

① 胡格韦尔特，《发展社会学》，白桦、丁一凡编译，四川人民出版社，1987年，第67页。

义是对社会现实的“有机论”观点和“机械论”观点的混合体。[①]一些研究者（尤其是Y. 巴克利）对结构功能主义的逻辑基础提出的批判进行了如下归纳：这种机械式的各种方案都没有能力处理美国社会学中经常碰到的问题，即“从结构本身中产生并得到其支持的冲突和分歧问题、与结构的形成和改变相关联的一切社会所固有的特点问题、怎样决定结构化程度不高的‘集体行动’的理论地位问题、‘偏离’和‘社会监督’在体系中的地位问题，等等”。人们还指出，现在流行的“协调”模式及其“成规”和“社会监督”，以及社会“有序”和“无序”等静止的概念是“不符合实际”的。[②]人们因此认为，由于结构功能主义在逻辑基础上存在着这些问题，帕森斯难免在解释诸如“均衡”和“变革”这类概念时发生前后矛盾，最终使他无法看到社会各部分之间在矛盾的外表下面存在着的更深刻的相互依赖关系，以至于使他坚持相信：现实当中最基本的领域——价值领域——能够控制其他一切领域。

社会体系是由一些单位构成的，其本身是行动体系的一个组成部分，而行动体系的构成中除了社会体系，还有个性体系和文化体系，它们三者之间既独立又互相依存，它们的行动参照系是共同的。关于这方面的精辟论述可以从帕森斯的专著《社会行动的结构》[③]中找到。帕森斯告诉人们，社会体系存在于一些行动者之中，行动者可能是个体，也可能是群体。这些行动者的彼此互动是在一定情境下和在一定结构中进行的。这里提出的社会体系，其单位是行动者，确切地说，是行动者的地位与角色。因此，行动者的地位与角色是社会体系的实际单位，并非是行动者的属性。行动者常常通过建立并参与某种互相依赖的关系来取得相应的社会地位和社会角色。在帕森斯的眼里，这就是一种组织行动，这种组织行动方案的实施对

---

① 参阅《社会学和现时代》第二卷，第187页。

② 参阅《社会学和现时代》第二卷，第193页。

③ T. Parsons, *The Structure of Social Action*, Free Press of Glencoe, 1949.

于社会体系的运行来说是非常重要的。

可见，帕森斯在分析步骤上首先涉及的是行动者，随后才是行动者的组织行为或行动方案。他始终认为，形式组织从来不会完全只有它自己试图达到的固有目标，它的运行也从来不只是为了满足其自身的需求。为此，他举了这个例子：企业不仅仅是一个以生产和利润为追求目的的经济组织，它所产出的财富还必须要适应周围社会确定的某些规范；学校机构不能被简单地归结为一个给予知识的教育组织，它还必须有能力识别将要传播的知识要素是否具有确切性和有效性，不仅如此，它还要招聘教师、管理教学活动所用的场所和选择合适的教材等；至于部队，它并不局限于保证国家领土的完整，它还要花很多时间和很多精力教育其成员必须对团队保持忠诚等。

由此而论，组织要行动，就必须具备一系列功能。在帕森斯的理论里，这些功能是所有社会体系所共有的，它们包括规范和价值再生产功能、适应功能、执行功能和整合功能。规范和价值再生产功能是确定组织的基本方向，而这些基本方向将受到组织成员活动的引导。一个组织所追求的目标与总体社会的规范和价值之间的协调和失调问题，也是通过这个功能来解决的。适应功能旨在调动那些为完成所追求的目标而必需的资源。显然，这可能涉及自然的，不过是指资本和劳动的资源以及智力资源。执行功能是负责实现目标，而为了实现目标，它还从事管理所必需的物质资源和人文资源。整合功能关注的是组织不同成分的和谐以及组织构成成员的契约和忠诚。[①]

一些持批判观点的社会学研究者认为，帕森斯关于组织的分析是基于一种社会宏观理论模式和“抽象经验主义”理论模式之上的，换言之，它是建立在主观性的构造之上的。他坚信任何有效的科学研究都必须要以贴切的理论概念为前提，然而，他在竭力寻求建立一门普遍适用的、能够解释人类行动的一般理论体系的同时，却远

---

① C. Lafaye, *La Sociologie des organisations*, p.34.

离了对一般社会问题的重要研究。再则，他对其所研究的“体系”概念也没有在本质上做出明确的定义，而只是在形式上进行了广泛和粗略的分析。特别是他强调社会体系是一个统一的整体，但社会体系中的个体又被视为是必须顺应他所处的社会地位或集团要求的，是完全社会化了的个体，这就是说，不和谐或冲突在他的“体系”概念中没有受到重视。因此，帕森斯所论的这个社会体系中的个体是不需要具备反抗能力的。

在帕森斯那里，组织是被作为社会的形象来思考的，因而组织是结构的主要成分，同时再生产结构。组织不是一些完全被人们互相独占的岛屿，而是它们所寓于或所从属的那个社会运行的参与者。这表明帕森斯想在逻辑上引导人们对组织进行分类，但这种分类必须从组织要完成的目标和组织在总体社会体系中承担的基本功能开始，或者说，引起他特别关注的是组织追求的目标和组织为了总体社会的协调运行而承担的任务，而不是组织或曰社会体系的实际构成，更不是这个构成的方式所提出的问题。直到今天，组织社会学的一些实证研究仍在继续使用帕森斯的这些概念和术语，并以之为理论依据。不过，也有一些研究已经提出，应该重视思考组织体系的形态，而且予以这些思考一个重要位置。其实，这些研究领域就是组织成员的决策行为，它们在引导人们对组织成员的决策行为提出疑问的同时，开始涉及组织深层问题的讨论。

2. 组织解析的复杂化

在20世纪50年代，科层制概念似乎逐渐被组织概念所替代。在一些学者看来，这个替代的出现是因为科层制概念碰到了语义学的逆转。实际上，继默顿之后，相关思考和研究的焦点转向了科层制的理性化未能期待和未能预料的后果上，但是由此引出了一个问题，即科层制与反功能往往被人们同化了。这个问题的出现把人们的注意力不断引向了组织的运行方式。克罗齐耶在60年代发表的《官僚主义现象》这一专著，就体现了法国社会学对这个不断加强的关注做出的一个响应。克罗齐耶以实证研究的方法对法国科层制组织的运行机制进行了深入研究，并在此基础上提出了科层制组织恶性循环的概念（见本书的第三章）。组织社会学的经验研究在法国日后的发展中不断证实，这个概念可以用来阐明科层制概念所撞上的语义学逆转。[①]从某种观点看，科层制概念向组织概念的过渡，以及后来的形式组织概念向有组织的集体行动概念的过渡，与一个企业对其组织进行系统化反思的能力不断加强的过程是一致的。

然而，一个术语向另一个术语的转变并不表明理论观点发生了相应的变化。实际上，人们所进行的关于组织运行方式的实证研究，非但没有削弱科层制的理论探索，反而使那些力图理解科层制"反常现象"（Paradoxes）的研究有更多的理由可以延续下去。也就是说，当从事这些研究的人把注意力更多地投向组织问题时，他们并没有轻视对科层制问题的现实思考。从根本上看，因为这些研究者的研究是属于一个与功能主义相同的范式，正是这样，他们也是受到这个范式重要影响的同代人。从社会学的视角看，这个范式与帕森斯和默顿的名字有着紧密的联系，而且，他们的分析及其使用的概念在较大程度上还将是组织社会学可以继续利用的资源。

人们对组织的深层思考随着一些为了在两条有明显区别的研究途径之间寻求结合点的探索而形成。这两条研究途径，一方面是帕森斯要建立组织结构形式化的理论基础，另一方面是马奇和西蒙以很大的兴趣要对组织成员的行为进行解析。虽然这两条研究途径有明显的不同，而且它们不是出现在同一时期，但是它们的引导者都不再把组织碰到的实际问题仅仅与正式组织科层制里的角色相联系。那么，是什么动力促使马奇和西蒙表现出对组织成员行为的很大兴趣，而且完成了许多超越管理学、心理学、社会学以及组织行政的研究工作？参阅西蒙20世纪50年代末发表的《管理行为》[②]以及他

① M. Crozier, *Le Phénomène bureaucratique*.

② H. A. Simon, *Administrative Behavior*, Macmillan, 1957.

与马奇合作的《组织》[①]，我们可以看到，他们当时持续进行的重要研究经常是致力于“填补”这两条不同研究途径之间存在的差距。

西蒙和马奇的这些研究的侧重点一开始是组织成员的行为，之后涉及组织成员行为的不同从属关系。通过对这些方面的研究，他们不仅发现了组织的各个层面都需要自己的决策，而且还发现了个体的决策中有创造性的和例行公事性的分别。这使他们意识到个体认同或他们忠于的组织目标并不一定都是强制性权威作用的结果，也就是说，组织中的个体所追求的目标不只是一个。西蒙首先对组织决策的完全理性提出了质疑，并用这方面的研究显现了形式组织具有的潜在无秩序的特征，从而使人们有可能深入思考组织基本活力的来源和组织中的选择机制。西蒙由此强调了建立有效的管理程序应该作为组织的首要任务，而这里的管理在他看来，其本身就是决策。也就是说，组织的过程也是协调不同决策的过程。

然而，西蒙关于这种协调过程的研究，与另一些相关的研究相比，没有给人们带来重要的启发。以某种方式说，他在这种研究中没有能够向人们提供这样的信息：不能把组织成员行为的潜在不稳定特征仅仅看成是过去社会化的简单产物，因为这种特征是过去社会化与个体在行为时领悟到的背景给予他的限制和机会之间相互影响的结果。或者说，西蒙忽略了偶然性事件的背景条件对组织成员行为的潜在不稳定特征的作用。在其他研究者看来，对这种作用的认识和理解具有相当的重要性：它们可以促使和引导人们对组织成员的行为本身及其引起的反应与突发性事件的背景之间的联系加以思考。[②]正是由于这个不足，西蒙最终主张用控制的手段来管理组织的问题，而这些手段其实又回到了形式组织的行动范围。对马奇和

---

① H. A. Simon, *Organizations*, Wiley, 1958.（trad. fr. *Les organisations*, Dunod, 1964）

② A. O. Hirschman, *Development Projects Observed*, The Brookings Institution, 1967; K. E. Weick, *The Social Psychology of Organizing*; M. D. Cohen, J. G. March, *Leadership and Ambiguity: The American College President*, McGraw Hill, 1974; J. Elster, *Sour Grapes: Studies in the Subversion of Rationality*, Cambridge University Press,1983.

西蒙在这方面的努力，有学者以遗憾的语气说：为“填补”的探索首先找到突破性发现的人不是马奇和西蒙，而是法国的克罗齐耶。[①]的确，克罗齐耶自20世纪60年代以来，通过他和他领导的研究小组在法国一些企业进行的经验研究所获得的成果，证明了一种具有效率的、能够“填补”那两条促进组织社会学思考的研究途径之间差距的中间道路。这种中间道路实际上是指广泛意义上的、以有组织的集体行动为目标的“权力关系”（见本书第三章）。

随着人们对组织方式多样性认识的不断加深，组织的概念变得复杂化了，并且组织的研究者对自己是否摸准了研究对象也开始模糊起来。

关于组织概念的界定，其实很早就有学者做出了努力。比如H.孔茨（H. Koontz）和C. 奥唐奈（C. O’Donnell）将组织界定为“有意识形成的职务和职位的结构”[②]。若对这个界定进行仔细剖析，便可发现孔茨和奥唐奈视野里的组织，其协调的对象主要是活动，而不是人；其成员之间的关系是职位之间的关系。因此，组织的存在与其成员个体无关，也就是说，即使全部成员更换了，组织依然存在。又比如巴纳德把组织界定为“将两个或两个以上的个人力量和活动进行有意识协调的系统。”[③]可见，巴纳德在结构组织时，重视的不仅是人与人之间的相互合作，而且是这些合作的参与者及其主管人员的决策。

到20世纪60年代，社会学家关于组织的概念主要有两种观点。其一是将组织概括为人类集体行动的产物。这里的集体行动是指无确定边际的和变化不定的，并与非形式化结构相随的自发性活动，它是忠实于共同事业的某种逻辑的表现。其二是把组织视为机构的

---

① C. Lafaye, *La Sociologie des organisations*, p.32.

② 哈罗德·孔茨和西里尔·奥唐奈，《管理学》，贵州人民出版社，1982年，第317页。（转引自孙平，《现代企业组织论》，西南财经大学出版社，1997年，第4页。）

③ C. I. Barnard, *The Functions of the Executive*, p.80.（转引自孙平，《现代企业组织论》，第6页。）

秩序：建立在有明确界限的、稳定的和形式化的结构体之上的秩序，而这种秩序与人类集体行动在其中展开的那个领域是相对立的。[①]这表明人们一方面感到了组织领域的存在，另一方面又感到了集体行动领域的存在，而这两个领域是不一致的。70年代以来，大量的社会学经验研究开始比较清楚地认识到，对组织进行推论仅用先前的这种二分法是不够了。也就是说，人们开始从新角度思考先前的组织概念，这个思考更多地是对集体行动本身提出了疑问。

尽管人们没有中断从概念上勾勒出一个完善组织的努力，但人们始终没有看到一个能被完全接受的组织概念，直至今天人们还在提出何谓组织的问题。不过，这种现象很难说明人们对组织的认识水平怎样，因为人们在认识组织时有不同的观点和角度。正是因为这样，我们有必要理清组织概念复杂化的主要线索。粗略地说，组织概念复杂化的这个演变可以大致分成三个发展阶段。[②]

这个演变的第一阶段随着那些关于劳动和科层制的、带有人际关系倾向的经验研究的完成而宣告结束。这些经验性研究阐明了一个组织的成员所具有的大量动机，由于它们使组织的单位及工具概念的简化符号显现出来，因而也使组织目标或目的表面简单概念的未定符号显现出来。

组织成员的愿望和动机比起组织的正式规则及其结构和目标来，还要繁多易变，可能还更矛盾。而且这些愿望和动机参与经济理性竞争，并与经济理性发生冲突。它们产出一种对照的世界：把看不见的实践形式当作非正式生产规范的强制结果，与半官方的连带性以及习俗等密切相关。总之，它们产出了一组嵌于“非形式结构”和“潜在”目标中的现象，而组织的成员正是试图通过这些“非正式结构”和“潜在”目标来满足那些以组织的正式结构体现效率的

---

① E. Friedberg, *Le Pouvoir et la Règle*, pp.21–22.

② 这里有关组织概念复杂化发展的阐述，主要参考了E. Friedberg, *Le Pouvoir et la Règle*, pp.67–85.

简单逻辑所不能满足的需要。另一方面，组织的正式结构和目标，尤其是组织的实际结构和目标不是一劳永逸的，而是不断变化的。C. 佩罗（C. Perrow）在20世纪60年代进行的关于医院的研究证明，环境中的关键问题还有可能对这些正式目标的再定义起重要作用。①在此之前，不少研究就已发现：其他的行动者能够在组织的自身内，甚至在组织的直接环境里显示出他们的重要性。②感情与心理、计算与效率这两个世界的相遇绝不是当然的，而且经常产生一些非愿意的和“反功能的”结果，也就是说，它们的相遇往往是与人们所寻求的和所假设的效率相反的结果。根据一些研究者的观点，科层制研究的主题应该在这里。③

因此，人们有必要对组织不是消极的工具，而是有助于组织外部和先前目标的这个问题加以再认识。一个组织的目的与那些在生存和适应上已构成组织特征的功能性迫切需要一样，可能是官方的或潜在的或实际的。但仅用这些目标是不足以阐释组织行为的。④组织行为属于组织能否使其成员接受组织目标并为它们的实现而做贡献的动机，⑤或者说，组织行为取决于组织能否获得其成员的适应和服从，并给予这些适应和服从以合法性。⑥由此，人们可以看出一种人为的事实，即构成人类感情和心理特征的关键问题。而人们的反思却是一种二分法的组织观点：一边是停留在以组织方式活动的理

---

① C. Perrow, “Hospitals: Technology, Structure and Goals”, in J. G. March (ed.) *Handbook of Organizations*, p.910–971.

② P. Selznick, *TVA and the Grass Roots*; J. G. Thompson, W. J. McEwen, “Organizational Goals and Environment: Goal setting as an Interaction Process”, *American Sociological Review*, 1958, XXIII: pp.23–31.

③ R. K. Merton, “Bureaucratic Structure and Personality”; P. M. Blau, *The Dynamics of Bureaucracy*, University of Chicago Press, 1955; D. McGregor, *The Human Side of Enterprise*.

④ A. W. Gouldner, “Organizational Analysis”, in R. K. Merton, L. Broom et S. L. Cottrel, (eds), *Sociology Today*, Basic Books, 1959, pp.400–428.

⑤ J. G. March, H. A. Simon, *Organizations*.

⑥ A. Etzioni, *A Comparative Analysis of Complex Organizations*, The Free Press, 1961. (trad. fr. *Les organisations modernes*, Duculot, 1973.)

性和合理化的非理性；另一边是还没有被质疑的技术经济理性。

组织概念复杂化发展的第二阶段，其形成主要是通过组织结构和目标的内在化：从科层制的“反功能”到“恶性循环”以及“优势联盟”。组织概念在此期间较少被当作工具使用，但更趋于复杂化了。直到人们超越了上述二分法的组织观点，并不再使组织的“理性”目标和结构相对于组织成员的心理动机和一切“非理性”时，这个阶段便结束了。在这个阶段，出现了两个重要的推论：（1）组织的目标和结构不是一些资料，而是一种集合的结果；（2）这些目标和结构不是个体间关系范围以外的，而是个体之间互动过程的组成部分——个体在使他们的互动具有一定结构的同时，建立了这些互动过程。促使这些重要推论出现的早期研究属于最传统的“人际关系”研究，但它们仅仅满足于对科层制组织设想的效率提出了凭经验的问题。总之，它们突出了科层制组织所具有的“反功能”后果，并对科层制的恶性循环以及科层制组织有可能是无效力的场所进行了阐述。

人们发觉在这些成果面前有两种类型的反应：第一个是企图为人际关系运动进行解释和组建；第二个是形而上学的苦恼和人文主义的激励。但这两种反应碰到了组织的二分法观点的障碍。问题是如果人们改变观点，就会处于困境。古尔德纳在20世纪50年代对工业企业领导方式的变化进行研究时领悟到了这一点。他根据自己对该变化带来的一系列决定所引起的新局面做出的分析指出，这些决定加强了无个性的规章，因而属于组织中的人际关系科层制化过程的一种，不过，这个组织逐渐替代了先前那个以“宽容”方式运行的传统组织。由此，古尔德纳对规则进行了区别，进而得出了这样的结论：规则不只是服务于强制性规定的等级制度的利益，也是执行者掌握的一种工具。正是从这个基本的直觉出发，古尔德纳提出了科层化过程的补充说明：（1）控制手段加强了；（2）这个加强被相对的当事人所容忍，因为这种组织方式能减少那些生产控制方法，尤其是监视风格的人际关系的紧张；（3）人们最终不得不去了解这样的监视风格能够得以发生的原因。

继古尔德纳的这类推论，克罗齐耶于20世纪60年代通过对法国式官僚现象的研究，阐明了“科层制化的恶性循环”，让人们看到了诸如无个性规则统治、决定权集中、平行权力存在等组织特征是如何诱导个体行为和某些功能的现象。克罗齐耶虽然像古尔德纳那样也强调科层制下人际关系的紧张在减少，但他对科层制化之后的非科层制化中出现这类变化，并对人们为何没有看到这类变化的现象进行推论时，把科层制与非常普遍的因素联系了起来。他通过一些相关分析告诉人们，科层制不是“反功能的”，即使它导致的不再个体化有损于效率。科层制是一种使心理和情感问题成为可能的“人为构造”，也就是说，它是文化和社会的。①

西尔特（R. M. Cyert）和马奇通过他们在1963年共同发表的关于商业行为理论的论著所反映出来的主要思考在某种程度上是对西蒙观点的延伸。②他们当时既发现了企业组织的目标和结构在调节功能、决定过程等方面的理性，也发现了组织中存在着的例行公事会减弱参与者认识能力的问题。他们认为，由于企业中不同部门和不同领域的分隔，人们有可能对不断出现的问题和困难进行序列式的处理，而问题的分割就像观点的分裂一样，可以使再理想化得以产生。根据J. 汤普森（J. G. Thompson）和W. 麦克尤恩（W. J. McEwen）的观点，组织目标就存在于如同讨价还价一样的决定过程之中，因为组织目标表达和保证了一种“优势联盟”内部的一些许诺，而这些许诺由于与成问题的组织合目的性有关系，所以总是不稳定的和变化的。③

西尔特和马奇在他们的那本合著中较早地对商业的微观经济学

① M. Crozier, “De la bureaucratie comme système d’organisation”, *Archives européennes de sociologie*, 1961, Ⅱ: pp.18–52; M. Crozier, *Le Phénomène bureaucratique*.

② R. M. Cyert, J. G. Simon, *A Behavioral Theory of the Firm*, Prentice Hall, 1963.

③ J. G. Thompson, W. J. McEwen, “Organizational Goals and Environment: Goal setting as an Interaction Process”.

理论提出了一种严厉的批评，因而在一些主要管理人当中产生了很大的影响。其实，这个影响的产生与这些主要管理人相继借助的两篇论文有一定的联系。第一篇论文使用“优势联盟”概念和“组织呆滞”（slack organisationnel）概念，分析了组织的运行，就如同分析了一种政治过程的结果，[①]而这种政治过程是指人们从对峙行动的逻辑之间得到冲突性调和的过程。西尔特和马奇的这本合著中最革新的部分就是使商业的新古典主义正统性，连同“组织呆滞”概念一起成为要处理的问题。第二篇论文的观点与西蒙的观点非常接近，提出了一个关于企业的功能主义解读，所涉及的主要不是政治方面（这个范围被认为由等级制金字塔顶端所保留），而相反是作为“组织常规”的结构和规则。这些“组织常规”在减弱个体的分析能力，使上级决定的条件可能转移和使责任部门可以分割的同时，掩饰了人类的理性局限。第二篇论文远不能促使人们去理解组织运行的原动力。

从这里可以看出，人们不再把人的心理和结构理性相对立，但却知道了要寻求对机构特征的理解，就必须以这个心理和人类认识的局限对集体努力的作用，特别是对企业的满意功能所提出的问题为出发点。因此，组织的结构和目标不再被看成是组织过程之外的和超越组织过程的那种受经营愿望及其具体化的技术经济约束而引起的理性，也就是说，它们从外原的变数成为内原的变数。这样，组织的结构和目标被重新纳入它们自己的活动中：它们是自己限定的互动和协商过程本身的产物，它们因此撞到了具有人类行为特征的理性本身的局限，而这些局限就是人类行为所导致的。

至此，一种关于组织的更抽象、更复杂和更冲突的看法出现了：组织已不是一个通过单一理性来安排和配置的机构与机制体。一些研究成果对组织进行了这样的解释：它是带着各种利益的行动者之

---

① A. O. Hirschman, *Exit, Voice and Loyalty,* Harvard University Press, 1970. (trad. fr. *Face au déclin des entreprises et des institutions*, Éditions ouvrières, 1972.)

间的合作关系、交换关系和冲突关系在其中建立的行动背景；它是各种矛盾的合理性的集聚、抗衡、调节在其中得以展开的政治舞台；由一些既有正式又有非正式特征和规则的游戏所构成，而这些结构和规则可以对不同参与者的权力决策进行协调，并能把它们引向一个方向。组织的新经济主义最终倾向于把组织看作合同间的关系。[①]这些解释和看法所重视的方面尽管不同，但它们都强调了个体行为的构成以及它们的特征，也基本认为个体行为所具有的特征不仅优先于整体中具有一定结构的这些部分，而且还有利于这些部分。不过，人们指出了整体的内聚力、一致性和整合作用在深处是脆弱的，也是有疑问的，因为它们受限于一定的条件：组织里所发生的一切均是模棱两可的，因而使人难以清楚地看到因果关系的连贯性，无法对行动的结果进行有效的评价，而且也很难从手段到目的地建立隶属关系。[②]既然这个整体的协调与整合总会由于参与者本身的行为而面临破裂或受到腐蚀的威胁，所以它们的不稳定是经常的事。根据克罗齐耶和费埃德伯格的观点，如果人们认识到组织的建立和维持所经历的过程，即不同参与者在协商其合作时所进入的交换和讨价还价的过程，那么人们就可以看到组织中存在的离心力。其实，这些参与者与别人进行协商的能力会受到不确定性的制约，而这个不确定性恰恰是每个相关的参与者都要试图掌握的，同时也是每个相关的参与者试图避免的。[③]

关于组织现象的模棱两可的阐述将组织概念的复杂化又推进了一步，人们把组织概念在此时的复杂化称为第三阶段。马奇和M.科恩（M. D. Cohen）、奥尔森在20世纪60年代初领导了一系列有关

---

① T. Burns, “Micropolitics: Mechanisms of Institutional Change”, *Administrative Science Quarterly*, 1961,Ⅵ: pp.257–281; R. M. Cyert, J. G. Simon, A *Behavioral Theory of the Firm*; M. Crozier, E. Friedberg, *L'Acteur et le Système*; B. Klein, “Contracting Costs and Residual Claims: The Separation of Ownership and Control”, *Journal of Law and Economics*, 1983, XXVI: pp.367–374.

② J. G. March, *Decisions and Organizations*, Basil Blackwell, 1988, pp.266–294.

③ M. Crozier, E. Friedberg, *L'Acteur et le Système*, p.79–88.

大学组织的研究，基于这些研究，他们提出了“有组织的无秩序”（ararchie organisée）概念[1]。这个概念指出了以三种特征表现的一些决定背景。第一个特征是偏好（préférences）的模糊不清：这些背景下的行动者不是很了解他们要做的事，其实，他们很想知道的事总是不容易调和的。也就是说，在这些背景下，行动会倾向于在偏爱建立之前就出现。第二个特征是通过一种被较少控制的技术体现的：如果人们了解体系的信息输入和输出，那么用不了多久，人们就不知道生产工艺改变的过程。其实，生产工艺是不需要有形化的，但能够完全处于“理智的”状态。由此引出了关于评估成果的一个基本困难，这些成果因此会大量失去它们对行动者之间关系的调节权。第三个特征是决定过程的一种变动的参与或曰一种脆弱的结构：回到或走出决定过程，以及将新担忧引入这些过程或从别处摆脱这些过程，都是比较容易的。

在如此的一些组织里，对一个决定带来的后果进行评估的传统可能性，以及使这些后果和一些目标相联系的传统可能性几乎是不存在了。所以，设想这些组织，可以像设计一些相对偶然的整体：它们中有一系列已定的“解决方案”在寻找问题，有作为解决方案的“问题”在寻找有疑义的选择情景，还有决定者在寻找工作等。总之，它们是一些在运作上很混乱的组织，如同韦克20世纪70年代在表述“弱联系体系”时所想象的那种古怪的足球赛。[2]这是在圆的和倾斜的场地上玩耍的一种完全不连贯和无秩序的比赛，其中存在着许多由参赛人员以随机方法重新开始的目的，而且赛场上的目标球通常是未定的，由于参赛人员和观众可以随时将球补进或取出。当这种比赛首先取决于一个参赛者，在其轨道上的球和一个目的之

---

① M. D. Cohen, J. G. March et J. P. Olsen, “A Garbage Can Model of Organizational Choice”, *Administrative Science Quarterly*, 1972, XVII : 125; M. D. Cohen, J. G. March, *Leadership and Ambiguity: The American College President*.

② E. K. Weick, “Educational Organizations as Loosely Coupled Systems”, *Administrative Science Quarterly*, 1976, XXI : 119.

间的偶然相遇时，它在得分上的意义就不再是最重要的。

有组织的无秩序中的每个选择情况，在一些研究者看来，可以相比于一种“垃圾箱”（boîte à ordures, ou poubelle），其中有相对独立的“问题”“解决方案”和“决策研究的参与者”，而这些“问题”“解决方案”和“决策研究的参与者”经常要试图卸去其自身的重负。由于这些试图是在一些选择情景里相遇和在决策时相聚，因而它们总是出乎预料的，难以被完全控制的，并且还取决于突如其来的事件。在这样的过程中，组织结构不会完全放弃其影响，因为它在这些试图之间建立并规定了一些联系的途径，它部分地限制了那些偶然出现的问题和解决办法的顺序，它安排了倾向决定者的权利并给了他们一定的能量。但是，组织结构在这些过程中发挥的作用要小于它在传统组织里能够发挥的作用，因为传统组织里围绕生产工艺的那些模棱两可是没有清晰轮廓的。人们发现，与某些因素“同时连接”的结果相比，决策的做出应当很少被当作一个行动者的企图、资源和行为之间因果连贯的结果。决策的结果要比参与者中任何人愿意的结果都更具有偶然性：大量的混乱被组织的表面秩序所掩盖。[①]

“有组织无序”概念和“垃圾箱”模式的使用在20世纪70年代引出了许多关于决定（décision）的研究和电脑模拟的程序。但这些概念和模式被过于刻板地系统运用，缺乏必需的判断力，因而那些相关的研究得出的一种新的正统性就像它们向经典模式提出质疑一样，也是很难令人信服的。人们只要对一组相关的研究进行深入的讨论，就可能提出四个方面的批评。[②]

---

① C. Musselin, “Système de gouvernement du cohésion universitaire: Les capacités collectives de deux universités francaises et deux universités allemandes”, thèse de docdorat de l’IEP de Paris, 1987.

② C. Musselin, “What Kind of Research Strategy for Organized Anarchies, Communication au ‘Workshop on Organizational Disorder’”, Université de Venise, avril 1989 (version en fr: Quelle stratégie de recherche pour les anarchies organisées? Actes du séminaire CONDOR, vol.Ⅱ, Paris, CRG/ESCP, pp.152–168).

第一个批评涉及了被研究的这些决策的特殊性：这些决策或者没有事先改变已存在的游戏规则，或者与一种能以潜在的方式先存在，但尚未发生作用的危机相一致，或者是稀少的，尽管它们是重复出现的。人们还可以提出这样的思考：这或许不是特殊决策的模式，而是关于决定采取的背景是否是“有组织的无秩序”类型的问题。第二个批评针对这个观点里的行动者表面的消极状态。与决策研究的原有假设似乎相反，参与者是一些与众不同的行动者，他们不是解决方案和问题的简单传递者，也不会消极地忍受组织生活促成的偶然事件。其实，这些偶然事件对于他们来说不只是一种制约，因为当这种制约形成时，它们也构成了一种可被利用的机会。简言之，背景的复杂性确实制约了行动者进行理性预期的能力，但只要人们把一件意外情况的机会主义利用也看作理性的活动，那么就可以发现这些复杂性是不会完全使这些能力消失的。第三个批评指出，人们对选定要弄清楚的特殊决策进行研究时经常脱离了它们的背景。在批评者看来，这种脱离似乎就意味着人们可以对每个决策和决定做出时所处的特定条件分开进行研究。但问题是，组织自身是否可以将参与者置于持久的互相依存关系，是否从此就应该从一个决定考虑对另一个决定的预期结果呢？是部分还是全部的参与者由于缺乏对体系背景的了解，而没有过高地估计过程的无法预见性和随机性？由此引出了第四个批评，即指出这些研究抑制了对随机性、不确定事件有利的方面和对决定情景构造的系统性低估。批评者认为，出于怕对一种背景的理性做出过高估计，也出于怕以推理的方法对该背景里实际不存在的一致性和逻辑性进行设想，研究者们对自由活动的现象、互相从属的不足、表面差错和过程无规则性等给予了特别的考虑。

上述批评使人们意识到，“垃圾箱模式”不能按照字面来理解。如果所有的组织都含有一些“有组织无序”特征，[①]并在一些方面和

① M. D. Cohen, J. G. March et J. P. Olsen, “A Garbage Can Model of Organizational Choice”.

在某些时候与一些“弱联系体系”[①]相似，那么，任何组织的运行就不会与模式的描述相一致。因此，人们不应该试图将一种模式作为推论组织的现实依据。其实，一种模式首先是一种启发性的参考，它的根本兴趣在于使人们将注意力集中到基本的模棱两可，而这又是体现有组织情景特征的或曰具有整个行动背景特征的，更直接地说，这涉及人类行动自身的条件。

费埃德伯格认为，分析和理解组织应采用一种关于因果关系的更灵活、更放松的观点，这样才可能避免对组织的一致、协调和合目的方面做出过高的估计。在一个组织里如同在每个其他的行动背景里，相同的结果可能由好些原因引起，相同的原因可能导致一些矛盾的结果，一种解决办法可能引发一个问题。同样，理性模式的那些明确和外原性偏爱的前提发生了问题，这会使人们将人类行动的意向性相对化，也会相反地使人们强调这个意向性是由于情景的机会而更具有结构。放弃对组织工具性和集聚性过高估计的这种看法会使人们向放弃行动本身提出疑问，同样也会使人们对行动者掌握的事件产生怀疑。组织对其内部的繁多理性、利益、问题和解决方案进行调整，而这些理性、利益、问题和解决方案的相遇不总是有意的或是合目的的。事实上，组织对它们共存的管理是通过对某些部分的分割和分离来进行的。[②]因此可以说，所有的组织都有一些“有组织无序”，并且有“弱联系体系”的某些特征。

3. 有组织的集体行动

20世纪70年代，有关法国和德国大学组织的一些经验研究提出了这样的问题：人们是否能够根据形式化和系统化“组织”的特征来预测行动范围的连续性？其实，这些研究揭示了一些现象，比如大学里存在的大量已定规章和程序与执行它们的程度之间存在着

---

① E. K. Weick, “Educational Organizations as Loosely Coupled Systems”.

② E. Friedberg, *Le Pouvoir et la Règle*, pp.80–86.

一种负相关；非正式的调节机制属于行动体系，而这种行动体系要比单一的组织宽泛得多。因此，人们认为，像大学这样的形式化和系统化组织只是正式和非正式规则在其中互相补充和互相调节的场所。[①]依据一些组织社会学家的观点来推论，这些发现涉及了行动背景的构造，而这个结构的基础则是一些特殊的关系。如果人们从战略上对行动者的主要决策做进一步的思考，那么就有可能觉察到这些特殊关系是与权力关系相吻合的，从而有可能提出一些有关组织边际活动的问题。

帕森斯在其《社会行动的结构》一书中从“单位行动”出发指出，一个“行动”逻辑上包括：（1）行动者；（2）目的；（3）情境，一种是行动的“条件”（行动者难以控制的），另一种是行动的“手段”（行动者可以控制的）；（4）这些元素之间的关系形式。帕森斯还指出，任何行动都有一个规范尺度，如同不会有不移动位置的运动那样，也不会有不遵循规范的社会行动。

在组织社会学的推论方式里，社会行动，无论它在其中展开的具体范围是什么样的，总是可以通过一组多少具有稳定性的，并且依次连接的游戏来概念化。这是一些可以通过它们的制约规则和调节机制使相关行动者为某些目的而建立合作的互动过程，或者说，使交换和协商过程具有一定结构的游戏。这些游戏如同一种局部秩序的生产者，可以成为一些社会构造。它们总是有问题的和不完善的，它们的出现总是偶然的，因为其生产者的行为随时都会由于各种理由而被重新组合。这种重新组合始于新机遇的出现，更具体地说，是在相关行动者领悟到一些现存制约消失时才发生的。一次重新组合意味着一个新的游戏将会建立。

一些研究者的分析认为，这样的转换既不构成更复杂的人类体系范围的组织描述规则的简单推论，也不包含更复杂的人类体系这

① E. Friedberg, C. Musselin, *L'Etat face aux universités en France et en Allemague*, Editions Economica, 1993.

类名词假设的不明言程式。人们只有通过对行动者之间的关系行为及结构进行的经验性观察，并通过对这种观察发现的具体形态和特征进行更系统的分析和比较，才可能认识和了解更复杂的人类体系。这种转换其实是关于一种游戏构造必需存在的启发性假设的程式，人们就是在这种游戏构造里发现合作和集体行动的。以某种方式说，这与它思考的出发点相关。如果能够以经验研究的方法观察到行动者之间的互相依赖，进而看到他们之间关系的调节，那么其中必须会有一种使不同决策、不同参与者以及相关行动体系的协调和整合得以实现的游戏结构。尽管这种转换不含有任何关于组织或体系的名词性假设，但它还是将其推论建立在集体行动的策略性概念之上。对于集体行动而言，没有中性的和非结构化的领域，因为没有一个社会行动是不涉及权力的，而每个权力必须以一个范围的组织为前提，而且还对有牵连行动者的行为构成一种调节。正是由此，人们可以看到权力关系的根本动力，这些权力关系可以作为有协商的交换关系来理解。①

带有协商的行为交易游戏能够围绕一种无法预料的和不确定的逻辑被重新组建。权力关系的不同参与者的行为往往包括两个既矛盾又互补的方面，但它们是通过两个同时采取的决策成为被推论基础的:第一个决策是进攻型的，即试图在减少别人操纵余地的同时使别人的可预见性增加;第二个决策是防守型的，即每个参与者会试图平行地考虑有步骤地保护和扩大自身的自治和控制余地，与此同时减少自己的可预见性。人们在这里不仅指出了每个参与者的决策具有互换性，而且还解释了为什么这种互换性总是会在权力关系中变成一个重要的赌注。换句话说，权力关系的每个参与者的行为不仅可以从“经济”理性的观点来理解，而且也可以根据策略的观点来理解和分析。用M. 卡伦（M. Callon）的话说，就是人们碰到了一种相互表达的过程，而在这种过程中，每个参与者试图“记录”其

① E. Friedberg, *Le Pouvoir et la Règle*, p.122.

他的参与者，同时又试图使自己脱离其他参与者企图对自己进行的“记录”。①

前面提到的这些企图触及了行动者处于其中的整个具体情景，它们或者是作为与其他行动者建构联盟体系的，或者是作为简缩其他行动者的活动自由的，或者是为了以背叛的手段给其他行动者制造障碍的。也就是说，这些企图是直接对准其他行动者的。不仅这样，它们也可能是间接的和试图改变情景结构的。但无论哪个情况里，都包含了物质的和非物质的要素，都使用了科学的和技术的目的，就像一些研究者在涉及这些问题时提出的“外形投资”和“隐蔽工艺”这类测量和定性工具一样。②不过，这些企图在依赖这些目的和工具的同时，自己也被结构并处在制约之中。而且正是在这里，它们重新调整了它们所寓于的行动背景。③人们从这个观点出发，可以看到一种逻辑在使行动者之间的互动和有协商的交换具有了一定的结构，并产生了行动范围的最初构造。

一个行动者能够与其他行动者进行讨价还价的这个行为，对于他所在企业的发展来说是重要的。在企业运行的管理中，由于对形式规章制度的刻板执行，企业成员在解决具体问题时需要谋得一些协商的机会。所以，这些成员会企图为他们的这个行为建立一些可行性，这些可能性的建立往往要依赖于他对所熟悉的技能和他所掌握的关系、信息等重要资源的有效利用，而这些重要资源也往往与他所在企业的正常运行有很大的关联。④当然，就这个企图而言，不是所有的行动者都能够实现并取得成功。其实，行动者不是均衡地面对任何范围的机遇、挑战和规则。但如果权力关系或曰有协商的

---

① M. Callon, “Éléments pour une sociologie de la traduction”, *L'Année sociologique*, 1986, XXXVI: pp.169–208.

② L. Thévenot, “Les Investissements de forme”, *Conventions économiques*, Cahiers du CEE/PUF, 1986, pp.21–71; M. Berry, *Une technologie invisible*, Rapport du Centre de Recherche en gestion, 1983.

③ E. Friedberg, *Le Pouvoir et la Règle*, p.135.

④ M. Crozier, *Le Phénomène bureaucratique*, pp.176–185.

行为交换建立了，参与者就进入了一种“勾结”的范围，因为任何参与者一旦有改善其自身协商位置的需要，他就会试图去限制或减少其对手的选择可能性，而且他同时还要为已建立的权力关系的稳定，即为保证游戏继续下去做出努力。游戏的机制和“勾结”范围的社会构造就是在这里出现的。游戏与它的规则一起在保证权力关系的稳定性时，确定了参与者在其中能够选择的各种不同的优胜决策。而这时的游戏也与这些优胜的决策一起，对每个参与者愿意继续留在游戏中，即愿意被其他参与者接受的这个最低要求做了规定。由此而论，游戏制约着每个合作者或对手的行动自由和自主的余地，也约束了他们互相利用的可能性。由于各种反应随时可能引起，因此，游戏的平衡是暂时的和偶然的，这个平衡的兴趣在于重新布置权力结构，以便达到一个目的：与其他参与者建立可能的合作。

游戏概念的使用实际上与引进一个关于人类行动的新二元论观点是一致的。这一点在克罗齐耶和费埃德伯格合著的《行动者与体系》一书的第三章有较详细的阐述。[①]根据他们的阐述，游戏构成了人类行动的主要形式，因为唯有这个形式能够使制约的概念和自由的概念，冲突、竞争及合作的概念变得调和，也唯有这个形式一开始就强调合作构建的集体特征和关系基础。游戏的稳定性不仅是通过行动者的社会化（即：使行动者将所有与该游戏相对的外原和内原规则和价值内在化）来保证的，而且也是通过参与者之间有协商的行为交换引出的内部规则和协议来保证的。[②]当这些游戏的规则成为所有参与者的一种自主的手段时，就不可还原了。它们仅仅保证交换和妥协过程的正常运作，也就是说，它们使每个参与者在进行合作的同时，不丧失协商和行动方面的能力。它们制定了一个基于暂时平衡的一组权力关系之上的局部秩序，这个局部秩序的管理是把自身的逻辑强加于交换过程，因此，它如同一种政治秩序，使围

---

① M. Crozier, E. Friedberg, *L'Acteur et le Système*, pp.95–205.

② E. Friedberg, *Le Pouvoir et la Règle*, p.142.

绕“游戏规则”而展开的交换和协商过程具有一定的政治性，实际上，在更大的程度上取决于交换和协商过程在其中产生的背景所具有的特征。换句话说，行动背景的特征越是促使交换过程中的稳定性，交换过程的自治性就越强。[①]

要理解这种自治性的原动力和扩张，至少要考虑到四个因素。第一个因素是最低资源的存在，这是对于所有的人来说的。第二个因素是（涉及技术、知识、经济、法律等方面的）各种障碍和约束性的存在，这些障碍限制着行动范围，并在其中限定行动者之间实际互换性的程度。第三个因素是推迟测量技术的存在和缺席，而这些技术是所有相关行动者所接受和所熟悉的，它们既可以评估行动者对其他行动者的期待、需要和要求进行反应的“质量”，又能够在现时的和潜在的交换对手或曰交换的搭配者之间建立一些同级和等级。因此，第三个因素是对交换过程的自治性有制约的。第四个需要考虑的因素是，合作安排和游戏构造的自主性也取决于盈利者能够将成本转移到有关交换以外的行动者那里的简便性。[②]不过，要较好地认识这种简便性，需要具有充分的想象力。

人们如果能使想象的连续延伸到一个极端，有可能设想出行动者在其中激烈竞争的局面，而且这个局面是某种测量技术能使人们对每个行动者的“成绩”以无可置疑的方式进行评估的范围，在这样的情形里，顺从于这种理性评估的是权力方面的决策，相关“游戏”的自治将受到很大的限制，但这样的情形属于市场纯理论的案例范畴。如果人们能使想象的连续延伸到另一个极端，还可能相反地发现一个范围，其中，不同参与者的“目的”和“需要”是模糊的、扩散的和难以逐个陈述清楚的，因此，没有一个参与者对自己需要的满意度真正能够同时被其他参与者估算出来，也没有一个参

---

① 关于这方面的经典例子，可参阅 M. Callon, *La Science et ses Réseaux*, La Découverte, 1988; B. Latour, *La Science en action*, La Découverte, 1989; G. Barouch, *La Décision en miettes*, L'Harnattan, 1989。

② E. Friedberg, *Le Pouvoir et la Règle*, pp.143–148.

与者掌握的有关其他参与者“成绩”的信息是不可置疑的。与这两种范围相比，全凭经验的方式可以观察到的行动范围有不同的特点，它们总是属于中期性的。在这后一个范围里，引进的信息、专门鉴定、合法性、影响力等这类资源总是不全面的，也从来不是平均分布的；行动者的互相依存不会是均衡的，他们各自“成绩”的测量因此也不会是完整的，尤其是不可自由操纵的。总而言之，参与者的互换性不管在哪个行动范围都是有限的，在大多数情况下（除了那些极正规的交换），互动会导致协商的初始状态，进而产生组织的雏形。

第三章

组织方式与基本推论要素

我们试图通过这一章来阐明推论组织运行的基本工具，它们是在组织社会学的决策分析中不断得到完善的重要概念，也是使用组织社会学决策分析的研究者必须掌握的要素。关于决策分析，在本书第一章的第二部分已经提出，这里将从组织社会学的角度继续做更深入的讨论。

组织决策分析不是一种意识形态，而是一种接近和分析现代复杂社会的经验研究的步骤或曰一种推论方式。它与其他科学研究一样需要利用若干个基本概念，借助这些基本概念可以帮助研究者更有效而深刻地认识他们所研究的社会现实。这在某种程度上也表明组织决策分析已经到了比较成熟的发展阶段。为了便于读者学习和掌握组织决策分析，本章在对有关概念工具进行必要的抽象阐述后，提供一个或多个相关的案例分析，这些案例分析均是法国国家科学院组织社会学所在近几十年里完成的深入调查研究的重要成果，[①]它

---

① 如果读者想更多了解这些成果，可以阅读我们所参考的有关论著和论文，比如M. Crozier, *Petits fonctionnaires au travail*（《劳动领域的小职员》，1956）、*Le Phénomène bureaucratique*（《官僚主义现象》，1963）、*Le Monde des employés de bureau*（《办公室职员阶层》，1965）、*La Société bloquée*（《被封闭的社会》，1970）；E. Friedberg, *L'Analyse sociologique des organisations*（《组织的社会学分析》，1972）、*Le Pouvoir et la Règie*（《权力与规则》，1993）；M. Crozier, E. Friedberg, *L'Acteur et le Système*（《行动者与体系》1977）；P. Grémion, *Le Pouvoir périphérique: Bureaucrates et notables dans le système politique français*（《市郊的权力：法国政治体系中的官僚和名人》，1976）；J. -P. Worms, "Le Préfet et ses Notables"（《省长及其社会名流》，1966）；E. Friedberg, C. Musselin, "En quête d'universités"（《大学的调查》，1989）；F. Pavé, *L'Illusion informaticienne*（《信息论专家的幻想》，1989）；［转下页］

们的获得过程就是组织决策分析的研究步骤的一些体现，因此，我们对它们的介绍方法也将主要以它们的获得者提供的分析程序为参照。

一、组织内的个体行为特征：决策

1. 行动者出场的逻辑

西蒙在为其论著《现代决策理论的基石》的中译本所作的前言中，一开始就提出：为了建立理论，特别是为了建立那些使我们能够据之推理的理论，我们要对现实进行简化。我们不是试图捕捉真实世界里的每一个复杂因素，而仅仅是抓住其中最重要的因素，并且注意防止使我们从理论中得出的那些推理超越理论本身对现实的近似界限。古典经济理论对人的智力做了极其苛刻的假定，为的是产生那些非常动人的数学模型，用来表示简化的世界。在这方面，近年来人们已经提出了疑问，怀疑那些假说是否与人类行为的事实相距过远，以至提出，根据那些假说所得出的理论与我们所处的现实状况已经不再有什么关系了。①

其实，西蒙早在1958年与马奇合著的论著《组织》中，就建议对那些在过去已完成的、或多或少提出了关于组织的认识要素的研究要进行重新审读。他们在当时进行的研究使他们认识到：通过编纂归纳出来的大量组织问题，其本身受到了过去已经形成的一些观点的影响，这些观点中有属于行政学和管理学的，也有属于经济学、心理学、政治学或社会学的，它们是分别根据与各自相关的学科理论和假设提出的，也是受这些学科最初的提问法引导的。因此可以

［接上页］C. Grémion, *Profession: décideurs. Pouvoir des hauts fonctionnaires et réforme de l'État*（《职业：决定者——高级职员的权力与国家改革》，1979）。

① 赫伯特·西蒙，《现代决策理论的基石》，前言。

说，按照这些观点编纂归纳出来的问题是被过于模式化的，而相比之下，现实里存在的问题比编纂归纳出来的问题要复杂得多。

《组织》的两位作者还发现，每一个组织理论会不可避免地伴随一种属于组织范围内的人类哲学，这种哲学是组织的成员必须要以这种或那种方式加以认真考虑的。马奇和西蒙提出，为了对涉及各种关于组织中人类行为研究的大量设想进行识别，有必要整理过去完成的众多相关的研究。他们在进行组织分析时首先做的正是这个工作，这个工作使他们对人们过去完成的关于组织中人类行为的重要研究的设想做出了概括性的总结。在他们看来，值得人们讨论的有下述三个设想。

第一个设想是劳动理性化所关心和重视的，它主要体现在泰罗的研究、企业科学领导地位的研究以及行政管理的某些理论研究之中。这些研究把组织成员（尤其是职员）首先视为消极被动的工具，认为他们适宜于执行一项被确定的任务，不能以创新的方式接受命令和指示。因此，在这个设想中，组织成员仅仅被视为形式角色。

第二个设想所强调的事实是，组织成员内在地持有他们本身的态度和价值体系，而这些态度和价值体系并不一定与组织所追求的目标相适应。因此，持有这个观点的理论认为，由如此的分歧引起的可接受的紧张赋予人类关系一个重要性，这个重要性对于解释组织成员的行为是关键的：要使组织成员分享组织的目标，就必须使他们受到促动和刺激。关于组织成员行为的这样一些预先假定，在梅奥发起的人际关系学派、以劳动满意问题为中心的工业社会心理学和关于小组活力的研究中得到了发展。

第三个设想特别考虑的是这样一个事实：组织成员有采取决定和解决问题的任务。以这个预先假设为出发点的研究，对认识过程和推论逻辑十分重视，因为在研究者看来，有了正确的研究步骤和分析方式，可以更好地理解人们在组织内的行为。根据这个设想进行的工作比基于前面两个设想之上进行的工作要少得多，但前者还是被用于一些关于行政计划机制的研究中，而且也在重视问题解决过程的劳动心理学的分析中被提出来。其实，马奇和西蒙在他们合著的《组织》一书中广泛加以解析和更新的，正是这第三个设想。

尽管马奇和西蒙逐一整理的那些过去的专题文献，在他们看来，所反映的是一些表面现象，但就他们的整理而言，目的不是对这些专题文献进行简单的分类。马奇和西蒙的这个工作的独到之处在于，他们发现了关于组织成员行为预先假定的这三个层面虽然不可同等而论，但符合人们对组织思考的进步：基于第一个预先假定之上的第二个预先假定，由于增加了一个全新的重要性而得到很大的发展，为第三个预先假定超越前两个预先假定中的命题打下了基础。

根据马奇和西蒙的分析，第一个设想把理性主义引入了组织，但它是基于对社会行动者的一种错误理论之上的。具体地说，这个设想将组织成员工具化了，它对职员的隐性动机的假设中，过高估计了作为代理人的那些职员的重要性，而且忽视了利益冲突的这类问题。除此之外，马奇和西蒙还认为，关于组织成员的所有活动可以事先被详细说明的假设，也与第一个设想有关联。而且，他们指出，基于对组织内行为的如此假设而展开的研究造成了两个结局。首先，这些研究没有看到，对组织内的人类活动的限定从来不是完全可以借助形式命令、规则符号或组织机构图中角色安排来达到的。而实际上，组织内人类活动的计划服从于一些偶然事件和一些预料不及的情况，而这些情况往往是新规划的制定者所不熟悉的，但实际上，新规划的制定者为完成日常活动的安排力图想了解和解决的正是这个问题。其次，这些研究没有发现，人们一旦以为一切活动可以事先被详细说明，他们就不会考虑配合的问题。总之，第一个设想认为组织成员的行为是可以被明确的规则完全控制的。

在马奇和西蒙看来，第二个设想所基于的想法是：由于组织内的行为是由人们互相的关系以及受情感、动机和满足的问题所支配的，因而对技术进步的要求和组织理性的要求应该与这些问题的解决相吻合。虽然这类建议对组织运行的认识做了有效的补充，但这种补充还远不足以让人们更好地理解组织碰到的重要问题。马奇和西蒙因此对机械结合的生产效率和劳动满意的动机理论的局限进行了一次权威性的论证，这个论证的结果表明：不存在任何简单的因果关系；人类活动的关键是为了减少工作中或然出现的不满而获得一些进行选择和采取决定的可能性。

从这里可以看出，马奇和西蒙对第二个设想的批判性分析借助于第三个设想中的一些要素。他们的这种批判性分析换来了一些回报：促进了人们对组织运行命题的反思，并使人们认识了一种导向性基础理论的路径，这种基础理论将能够对超越作为过去的组织分析范围的人类行为进行新的阐述。马奇和西蒙还让人们看到，只有以组织成员进行选择和采取决定的假设为出发点的理论，才能更新组织的分析。

马奇和西蒙进而指出，以过去人们对组织成员进行选择和采取决定理性的假设所进行的分析，从根本上说，是与企业内的社会行动者所面临的现实相距比较远的纯理论研究。他们因此提出，要对组织成员的实际理性是在什么情况下接近和远离新经典经济学假设的“经济人”理性或统计决定理论设计的理性进行检查。通过这种反思活动，人们发现关于组织成员行为理性的这些不同理论具有一个共同的研究假设：个体总是在寻求最佳的解决问题的办法。根据马奇和西蒙的解析：该研究假设认为，碰到难题的个体能够揭示他面前全部选择的可能性；这个个体也被假设为能够以肯定、风险或不确定之类的术语来测量一系列的后果，这一系列的后果与选择可能性中的任何一个都有联系；因此，这个个体从一开始就被假定为能够对选择可能性的所有后果进行分类和分析等。

马奇和西蒙致力于证明社会行动者寻找最佳选择的行为，从而提出了有限理性的概念，并用这个概念阐明了一种行为：人们一旦遇到了第一个满意的解决办法，就不再继续寻找下去了，而这种行为是与人们采取决定的问题有关。可以认为，马奇和西蒙的理性观点不同于泰罗的理性观点，也与社会心理学的理性观点不同，其实，泰罗及社会心理学的理性观点不认为组织成员有非理性的行为。不过，这些不同的观点都属于对组织成员角色的性质及其行为特征的不同看法。从马奇和西蒙的角度看，组织是由具有认识能力和了解一些组织制约的成员所组成的，但是，组织不会因此而受其成员的任意支配。马奇和西蒙的这个看法后来得到西尔特和马奇，以及克罗齐耶和费埃德伯格的特别发展，[①]从而使组织社会学不断得到进一步的更新。

我们在前面已提及组织决策分析的最初假设：个体在工作中的行为从来不会被完全限定；为了达到其个人的目标而追求理性决策的个体是一个自由行动者。我们在这里需要加以强调的是，当人们使用理性决策这一术语时，必须明白这个术语所指的意思：它不只是属于思想层面的理性，而且还包含个体及其组织行为的偶然理性。这就是说，人们只有使自己站在一个寓于已定情境和已定约束中的行动者的立场上，才能比较恰当地运用理性决策或游戏规则这样的术语。而且，在分析行动者的行为时，人们必须估计到两个相关联的因素：第一个因素是与个体本身的特征有联系；第二因素是与个体寓于其中的组织约束有联系。其中的每个因素都按它自己的方式限制个体活动的自由。我们强调提出这些方面的目的在于提醒读者注意，下面将要展开讨论的理性是以行动者的决策理性及其有限性为出发点的。对此，费埃德伯格也常举下例以示说明。

在日常的社会生活中，当人们与别人打交道时，往往习惯于从心理因素和文化因素出发来判断和推论对方的个体特征。个体的行为和个体追求的决策经常是不同的，这个不同首先会受到个体的心理感觉、智力能力以及个体拥有的一些文化资本（如受教育程度、社会来源、价值观念等）的影响。但是，个体的心理感觉、智力能

---

① R. M. Cyert, J. G. March, *A Behavioral Theory of the Firm*; M. Crozier, E. Friedberg, *L'Acteur et le Système*.

力以及个体拥有的文化资本也会随着个体触及的更广阔的社会形式而发生变化。在社会生活中，个体从来不是仅仅作为一个组织的成员，他在组织以外也有许多属于他自己的联系和利益，比如他是一些孩子的父亲，同时又是某个政治党派的成员或负责人，是体育协会或其他社团的会员等。个体在组织外面的这些身份和职位，使他在组织某项活动时可以或多或少地调用他的“王牌”或曰关键资源。因此，个体在组织内的决策很可能会受到多方面的影响，这种影响也会波及个体对所追求目标的决定和确定。再则，个体多少是有些野心的，至少，他不会不想在组织中获得一些福利和享受。有一个夸张讽刺的例子对此做出了较好的说明：一边，是一个出身简朴、只有初等文化程度的大家庭的父亲，与其相对的另一边，是一个出身富裕、具有较高文化水平的年轻单身者。这两个人喜欢同一个工作岗位，但他们的行为大不相同：前者敢于冒风险，而后者不敢冒风险。但是，不管怎么说，这些大不相同的行为都是理性的行为，因为行为者各自对能不能去冒风险的考虑往往是以他们在组织之外的责任为前提的，或者更直接地说，他们的考虑是建立在他们对各自的处境和为实现其目的的办法所进行的分析之上的。

然而，组织中的个体不是可以无拘无束地随意行事的。他的行动必须是在一定范围内，通过已确立的交往渠道、正式分配的职权以及组织对每个成员权利和义务的规定和组织成员相互关系的网络来进行的。事实上，组织结构以多种方法限制着有关行动者能够选择的理性形式：以规章的方式明确了每个成员的任务和岗位；以工作划分的原则和等级制度（职务、指令等）使每个成员的职务专门化，并同时建立了强制性承担的角色职责。可以看到，组织结构是在规定交往渠道和培养途径的同时，限制其成员提供或反映情况的门路，从而限制他们的选择可能性。

在组织结构作用的上述范围里，可以发现组织总体目标和组织成员目标的位置及它们之间的关系有可能发生变化。由于组织每个成员的职务已被专门化而无法精通所有其他的职务和技能，这会使该成员去想方设法地追求与他职务相关的这部分目标。对于该成员来说，这部分目标变成了他个人的总体目标，而对于组织总体目标的实现来说，他的这部分目标事实上只是一个手段而已。可是，当组织成员频繁地利用这个手段时，组织的总体目标就会处于难以理解的境地。组织现实生活的经验会使所有的组织成员知道这样一种结局：当一些个体或群体以某种方式追求他们自己的那部分目标时，组织整体的正常运行及其生存就会碰到重重的困难。

个体或群体在组织中之所以理性地行事，这是因为他们在策划必要的行动方案时考虑到了自己的知识状况和他们很可能面对的多种约束，当然，他们的这种考虑不一定是全面的和完善的。引起个体或群体理性行事的另一个原因是组织对其成员的一些非直接的干预。实际上，组织只要建立了结构和运行规则，它就会有意识地借助这些结构和运行规则，以促使那些处于同等职位的，并分享同样条件的个体去加强他们之间相互的责任联系，而这些相互的责任联系是通过群体压力来体现的：这种群体是由一些地位相同的，企图从个体方面获得某种一致行为的行动者组成的；他们的压力是有可能越出正式组织机构有权惩罚范围的半正式组织行为，因此，也是构成限制个体进行选择和制约个体行为自由的一个极其重要的因素。这种群体压力所产生的效率在一定程度上会归属于正式组织机构，因为在正式组织机构的作用下，组织成员离开其职位或级别的可能性较小，相反，更多的可能性倒是个体接受对其职位或级别的服从。不过，个体与组织机构的这种适应并不是组织机构采取了强制措施的结果，而是因为个体对其职位或级别服从其自身的理性，其实在许多情况下，服从于职位或级别对于个体来说恰恰是更有利的。为了更好地说明其中的道理，我们将介绍由法国组织社会学所的研究者提供的两个相关案例，也包括他们对这些案例的初步分析。[①]

---

① E. Friedberg, *L'Analyse sociologique des organisations*, pp.35–39.

2. 相关的经验研究

案例1：

生产流水线工人的行为方式

这个案例的调查研究是由克罗齐耶领导的法国科学研究院组织社会学所完成的。在所涉及的生产流水线上，调查研究者发现，工人对生产减速的态度在较大程度上与他们所属小组的规范有联系，或者说，工人的这个态度经常是由于他们寓于其中的那个小组规范来约束的结果。其实，从自己的利益出发考虑问题的工人，想使他们能够比较容易完成的生产指标尽快地确定下来，因此，他们觉得有必要在生产指标确定之前尽量隐瞒自己的实际操作能力。如同研究者收集到的调查资料所显示的：工人很少谈论工作疲劳的问题，但实际上，他们很好地节制着自己的努力和付出。不过，只有当这种态度成为一个集体行为存在时，才具有更重要的意义，也就是说，只有在工人们集体地将他们操作能力的真相加以掩盖的情况下，采取这种态度才是有利可图的。在小组的实际生活中，这种态度是受到严厉规定的。如果一个工人要想以个人的名义独自去违背他所属的那个小组认可的规范，他将被小组其他成员视为背叛者、挑衅者或有孤独感的不合群的人，甚至可能被置于“敌对”的位置。而对于这个工人来说，他要付出如此的代价是得不偿失的，所以他必须认真考虑自己在小组里的越轨行为将带来的后果。

这样的小组规范发生的作用不仅在老成员中存在，而且在参加工作不久的年轻人中也时常可见。许多相关的调查结果证明，工龄不长的工人也要学习他们所在小组的那些不成文的规范。[①]比如，当

---

① 关于劳动范围里的小组规范的这种学习过程，R. Sainsaulieu做过专门的科学研究。(Cf. R. Sainsaulieu, *L'Identité au travail*, Pesses de la FNSP, 1977; R. Sainsaulieu, “La régulation culturelle des ensembles organisés”, *L'Année sociologique*, 1983: pp.195–217.)

被访问者回答一些与工人利益有较大关系的问题时，访问者发现他们的回答明显是从资历的某个界限开始的，这个界限一般是三到五年间隔。因为，超过三到五年，学习就基本完成了，而这个期限对于获得对小组规范的适应是相吻合的。

克罗齐耶指导的调查研究所采取的基本方法是社会学的组织决策分析。根据这种分析带来的结果，即使所有的因素都是对行动者理性选择的可能性起规定作用，行动者进行选择的能力也从来不会完全消失。因为，在个体或群体的处境和他们的行为所固有的制约之间，总是存在着一个不明确的领域（zone d'imprécision），而每个行动者都会为自己在这个不明确的领域中选定行动方案可能带来的得与失进行计算。此计算不一定是明言的，而很可能是暗含的，甚至有可能是不自觉的。但是，每个行动者行为中总会存在着一部分不可没有的，而且还要表现出来的理性，尽管这一部分理性是有限的。

于是，在组织与其成员之间的一种游戏就建立起来了。组织为了从其成员那里看到所希望的行为，它要对结构和规章制度严加控制，最为普遍的使用办法是，掌握惩罚其成员的可能性。但是，刚才介绍的事例使人们看到，组织的成员并没有被完全限制在他们的行为中；为了理性地估计自己的行为可以获得的最好利益，他们会利用自己的自由，即隐瞒他们的实际操作能力的自由。在这个游戏里逐渐出现了一种平衡，该平衡与形式结构相比，可以更多地将组织实际运行的特征反映出来，而且，可以更多地用来解释组织的实际运行。

我们将通过学习下面一个由克罗齐耶自己进行的案例研究，进一步了解行动者的行为方式，从而加深认识和理解组织决策分析所使用的决策概念，同时也想引导人们对现代科层制的重要问题做出进一步的思考。

案例2：

会计事务所职员的行为方式

这个案例的调查研究是在一个属于企业性质的公共行政管理机构内展开的。该管理机构的工作任务类似于银行的工作任务，包括使用办公机械化处理的一些常规工作。由于这些常规工作是以非标准的方法完成的，因而引出的问题经常是一些使人感到十分费解和难以忍受的人事问题。

作为被研究的这个企业，它的组织体系很简单，就其主要特征而言，可以归纳为两点：例行公事和军队式的等级制。它的组织构成的基本排列如下图：

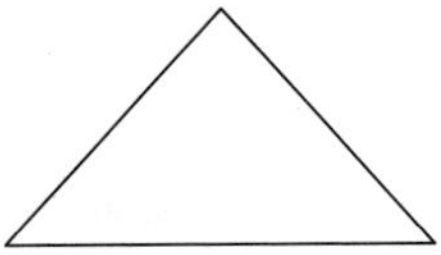

上级干部（1）
下级干部（10）
执行人员（1000）

该组织机构有1011个人员，其中1000人为执行人员，均是女性，在办公机械化的条件下处理常规工作是她们的任务。她们被分布在10个科室，即在10个组里，每一组为100个人，分别从属于10个下级干部（即10个科长）的管理。她们和管理她们的下级干部受1个上级干部的领导。这个上级干部只有两个助理，也就是说，他没有被配备领导班子，人们称他们三个人为领导层。因此，组织的等级制行列中没有任何“职能上的”互相影响。而且，10个科室从事的工作极其相同，科室之间没有相互的从属关系，它们是平行的部门。

克罗齐耶的调查发现，在这个等级行列很简单的组织中，成员的内心深处都存在着一种不安。他们中几乎所有的人都感到难以与社会环境处理好关系，工会组织是有多个，但它们之间的矛盾也较多。简言之，组织成员感到周围的人文气氛比较紧张。

已经意识到这些问题存在的领导层认为，造成紧张气氛的主要原因首先是执行人员的工作难度大，其次是他们中的个别人与下级干部之间存在人际关系的问题。可是，从调查者所获得的有关资料看，问题的构成不像领导层认为的那样，甚至与所有人（包括参与调查研究的社会学家）先前预料的结果正好是相反的。事实上，造成组织内紧张气氛的主要原因不是来自下级干部与他们管理的执行人员之间的关系问题，而是出自上级干部和其他成员之间的关系问题。

为了解释这些没有预料到的结果，研究者们在一个范围里进行了组织决策分析。当时，研究者获得的一个发现是，上级干部在具体工作中对所有的决定都负有责任：他不仅负责整个企业的发展方向，而且还干预科室的具体事务，比如工作岗位调配的决定也要由他来及时做出，而这些具体事务会对执行者日常工作产生影响。此外，他还要负责调解那些仅仅根据领导层自己的判断来定论的纪律问题。从组织决策分析的观点看，这是一种中央集权制。

这种中央集权制带来的后果是明显的。在组织生活中，上级干部为了能够做出决定，需要掌握足够的信息和了解一些必要的相关具体情况。但是，由于他与科室中的日常工作实际上没有直接的接触，也不十分清楚基层提出来的问题，因此，他在做出决定时就往往凭借下级干部向他反映的情况，而下级干部由于他们有角色的制约和压力，使他们向上级传递信息时往往要对这些信息进行筛选，也就是说，重新结构这些信息，他们的这种筛选或曰重新结构有时会使信息走样。实际上，下级干部这样做不仅是为了他们的职业，而且也是为他们工作上的业绩考虑，或者说，是为了不使他们的领导对他们的管理能力产生疑问。因此，有选择地向上级汇报情况对于他们来说是更理性的行为。

引起研究者发问的是，为什么下级干部非要采取这样的态度？研究者对这个问题做了进一步的思考和分析。首先，这是因为下级干部所处的组织中，各部分之间是相互竞争的，而他们在组织中解决具体问题时需利用的资源又很有限。于是，他们试图以报喜不报忧的方式向上级介绍他们的工作，这在很大程度上是出于为他们管理的科室争得更多的利益。其次，由于他们管理的科室不只是设备的构成，也就是说，他们也是处在一个面对科室职员的情境里，因此他们需要用自己最熟悉的方法（即报喜不报忧）来处理与人际关系有关的事情。实际上，他们的角色作用就是使他们所管理的科室能够正常运行，但要做到这一点，只靠他们仅有的那些职权是远远不够的，因为他们作为下级干部没有任何决定权和惩罚权，所有的决定权和惩罚权都集中在上级干部的手里。他们要使自己在这种情况下克服人际关系方面的困难，最好的办法就是在必要时通过隐蔽的途径或迂回的方式，把责任推卸给上级干部。与此同时，他们还要尽可能地保证他们与自己所管理的科室职员建立良好的关系，因为这样，科室的职员才可能满意他们的工作，科室也才会有正常运行的可能。

上级干部因此经常被置于一种困难的处境中。其实，处境困难的上级干部在很多情况下，必须根据一些经过其下属特殊处理的，甚至走样的信息来做出解决问题的决定。为了应付这种局面，对于他们来说，最好的解决办法就是例行公事和照章办事，因为这样来处事可以使他减少人们对他工作的不满，也能够使他不需要增加其他措施就可获得一些效益。但是由此带来的一个后果是，上级干部使用这样解决问题的方案最终把下级干部更多地推向了他们所管理的科室执行人员一边，而下级干部自己在形式组织中由于无法做出适合具体情况的决定，越来越依赖于他与其科室执行人员维持良好关系的能力。

因此，在这个游戏结构中，研究者看到了参与其中的科室执行人员的某种作用。这一发现促使研究者对收集到的所有访问资料再一次进行分析，在分析过程中，研究者有了新的发现：科室职员评价他们科长的根据不是他们科长的技能，也不是他们与科长相互关系的好坏，而是科长能否从他们的利益出发为他们说话。比如，当科长以肯定的语气对他科室的科员说："我们为科室辩护，而上级不愿听我们的道理。"这时，科室的职员对他们科长的信任便建立起来了。由此看来，这是一种联盟，以这种联盟的方式来摆脱组织约束的群体是紧密结合的，其每个参与者在组织中发挥的作用都是理性的，包括他们对组织约束的利用。

案例3：

古巴导弹危机处理的决策者行为方式

1962年，加勒比海地区发生了一场震惊世界的古巴导弹危机，这场危机差点引发一场全面的核战争。大量研究表明，古巴导弹危机不仅暗藏了美、苏两个超级大国之间的实力竞争，也暗含着决策体系之间的竞争。在美国人看来，对于这场危机的处理，他们拥有充足的资源。这种想法体现了美国人以"准备充分的决策"来制胜的战术，由此形成的案例为人们提供了一个检验各种有关决策理论的绝好平台。

在进入这个案例之前必须提醒读者注意一个事实：美国在猪湾失利后，苏联决定扩大优势，并在古巴境内部署导弹。美国很晚才发现导弹部署这一举动，其国家安全事务委员会因此召开紧急会议进行磋商，随之肯尼迪总统下令对古巴实施海上封锁。迫于武力威胁，赫鲁晓夫不得不做出让步，并仓促撤走导弹。

G. 埃里森（G. Allison）对白宫和美国军方所做出的决策以及体现这些决策的方案进行了潜心研究，并对古巴导弹危机过程中美国国家安全体系的决策过程做出了精细的分析。以下是这个分析的简短介绍：

初看起来，肯尼迪的决定像是一个典型的理性决策。也就是说，这个决定是基于这样的过程：大量的可能性措施被预计出来，相关的代价和益处都被予以比较，并且借助最大量的信息来进行讨论。因此，美国人最终选择了一个以最小代价获取最大胜利的方案。

尽管上述说法在20世纪60年代初，即美国理性主义的黄金时代和美苏新型心理平衡的形成中发挥了重要作用，但埃里森并不完全确认这种说法是完美的。他认为，美国人对一定数量的可能性措施进行过理性而严肃的比较，但是，一些深深影响选择的错误信息并没有被检查出来，何况磋商过程是一个比理性计算复杂得多的政治过程。不管得失重要与否，在这个过程中，典型的理性模式实际上并不完全适用。从美国当时的决策过程可以发现：

（1）所预见的解决方案有七项

a.什么都不做。这一措施曾被予以认真考虑，但是可能带来灾难性的后果。

b.外交攻势。许多执委会成员认为这一措施不存在风险，可以使美国处于有利形势，并能够导致苏联的外交失败。但苏联人能够利用他们在安理会的否决权来拖延时间，在此期间，力量对比关系有可能发生改变。

c.与卡斯特罗谈判。这一措施看似吸引人，但经分析后却是完全不现实的，因为卡斯特罗似乎在导弹部署这一事件上完全失去控制力。因此，美国只能直接找苏联。

d.将美国在意大利和土耳其的部署与苏联在古巴的部署做交换。这一措施是一项外交手段，理论上看没有风险，并且能够用很小的军事优势换取苏联威胁的消除。美国防部长指出，在地中海部署核潜艇会有效得多，且不易察觉。但这一措施很可能会降低美国在欧洲事务介入中的信誉程度：其欧洲盟国将误以为美国有意通过牺牲其盟国的安全，来达到解除自身所受威胁的目的。因此该措施同时又是非常有争议的。

e.进攻。鉴于苏联进攻性的意图已经表示出来，也鉴于卡斯特罗已经难以保持相对独立的地位，“进攻”这一方案在鹰派看来是一次性解决问题的绝妙机会。但是在古巴的20万苏联人将必然被卷入纷争，大规模战争（美苏直接对抗）的风险是相当大的——至少，柏林和土耳其的激烈抵抗发生的风险是巨大的，因此这也是一个相当危险的方案。

f.空中“外科手术”。这是一个快速而彻底的解决方法，因此很诱人。但它的时间性很强，因而又是有限的。它并不涉及古巴内部事务，只针对那些进攻性特征已经被证明的军事机构。这种方法存在风险问题，即军事行动中“外科手术”打击的精确度问题——美国空军是否有能力使这次打击在彻底解决问题的同时显得足够“克制”和“有限”？军事专家们不认为纯“外科式”攻击是可能的，他们更主张大规模的攻击。

g.海上封锁。海上封锁与空袭一样是非法的，而且效率更低，时间很长。它存在苏美船只对抗的风险，但它让赫鲁晓夫有时间考虑。美国人用这种方法把球踢给对方。如果苏联决定冒险的话，就让苏联首先挑起直接的战斗。

权衡所有利弊之后，美国人发现在一揽子解决清单上排在后面的“海上封锁”方案却是最能接受的。这一次确定了接下来的最终目标：强迫苏联在不导致世界性冲突的情况下撤回他们的导弹。

（2）理性模式的缺陷

对不同方案的代价和好处所做的事后分析，给人一种传统的理性推论的感觉：在研究了所有可能性，计算了各自的结果后得出的最好方法。但是，如果我们继续思考，仔细端详决定的过程及其蕴涵，我们完全可以发现一系列传统理性演绎上的缺陷。

这些方案的研究过程并不是寻求最优化的过程，而是像西蒙所描述的那种过程：人们是根据总统提出的最低满意标准，选择了作为第一解决方案的海军封锁，而这个方案在大部分决议中原先并不被看好。其他的方案之所以被最终排除，是因为它们不符合总统提出的标准。

每一个被提出来的方案，不是由有决策权的个人，也不是由有决策权的团体创造出来的，而是从一些相关的行政机构预定的计划方案派生出来的。所以，每一种选择本身事先已经具有了一定的结构，也就是说，是以早已制定的组织能力和组织目标为依据的。就信息而言，同样也是非常具有结构特征的。比如，外交攻势的方案被排除的原因，是这一途径会受到无法及时传递信息的限制。如果我们审视一下时间有限的原因，就会发现处理信息的官僚出于各种原因减慢了制订方案的速度。

美国中央情报局的领导们在13天后拿到首份关于摸清导弹方位的模棱两可的报告。然后用了5天来确认古巴西部的可疑地区，对于是否决定派U2间谍飞机去该地区附近侦察又用了2天时间。最后，进行飞行侦察、带回照片还要10天。因此，危机发现的时间被延迟了将近一个月。更重要的原因还在于情报机构的内部政治，以及这些机构与外界错综复杂的关系。比如，在收集、核实信息中所暴露的组织层面上的问题，反映的并不是简单的成本问题，而是一种通过理性调节仍然解决不了的行动系统的问题。

军事专家的看法也不是中立的。比如，在讨论一次限制级空袭（精确的“外科手术”式空袭）的可行性时，总统改变了先前的态度，趋于赞同这一方案，这使部分军事专家提出了反对意见。然而，后来的研究表明，反对的意见是完全荒谬的。其实，专家们把风险夸大了。根本的原因是空军方面更倾向于大规模空袭，这个空袭方案是早已被慎重研究和精心准备了的。换句话说，空军的专家从没有认真考虑过任何其他的解决方案。

这些参与者都是决策者，他们的选择或多或少地受到了他人的限制，因此商讨和决定选择的行为都不能简单地被理解成是对一种最佳方案的计算，它们更像是一种协调矛盾的政治游戏。再以飞行员群体为例，如果他们原先支持空中“外科手术”这一方案，他们就可能成了赢家。他们之所以对外宣传这个方案不可行，原因既有技术准备的，也有政治游戏的。他们对自己的判断过于自信，顽固地坚持强硬立场。然而，他们对所参与的政治游戏的性质一开始就判断失误。总之，结果都似乎既是取决于事先能够被分析的游戏性质，又是取决于合作者参与游戏的方法。

（3）社会学的贡献

这个案例给予我们以丰富的社会学想象空间：

a.决策者的成功，或者他们对最终决策的影响，依赖于他们在组织中的自由余地以及他们所做出的对关键游戏性质的正确估价。

b.游戏的规则和实质，深受主要操控者的影响，在这一案例中，总统仅靠个人的决断是不能选择出最佳解决方案的，他既受时间限制，又缺乏手段。但是他可以组织游戏，由此可以提出足够多的可供选择的解决方案，这些方案中至少会有一项可以符合他自己的满意标准。在制定这些标准时，他或多或少还能有意识地做出符合理性模式的选择。这个选择与他要解决的与自身利益有关的问题是不可分离的。

c.但是，在这个案例中，单纯地追求最大收益的理性选择模式来发挥作用是不够的。问题存在于行动系统的能力，而这个行动系统是根据理性选择的观点来生产可接受的解决方案的。如果我们想要提高决策质量，仅仅发展思想观念和科技手段是远远不够的。首先必须要做的是，对系统运行的科层制模式（埃里森称之为组织层面）及其更为广泛的、更难于管理的诸种部门（政治层面）进行变革。

读者如果对这个案例有进一步的兴趣，可以参阅克罗齐耶与费埃德伯格合著的《行动者与体系》。[①]

3.行动者的自由余地

根据上述案例的分析，行动者的出场是为了避免或减少等级制的形式组织对他们的约束，而人们又不能认为行动者的决策行为，只是对等级制的形式组织这样的理性模式的简单超越。要想更好地理解这一点，人们还必须去进一步揭示行动者能够出场的主要条件。然而，这并非易事，因为这里不仅要考虑偶然因素，还要考虑计算因素。

---

① M. Crozier, E. Friedberg, *L'Acteur et le Système*, pp.283–292.

人们往往过高地估计等级制形式组织的规章条例对个体的制约作用，其实，这在一定程度上是受到了有关组织的经典理论的影响。组织的经典理论使人们首先会想到生产流水线，即一组有关联的，而且被精心安排的“齿轮”。然而，组织生活的实际与这种想象总是相距很远。

从某种角度看，组织成员总是可以为自己保留最低限度的自由，而且为了能够在困境中生存和发展，他们无法制止自己去利用这个最低限度的自由。这样一种实践可以被视为是等级体系能够宽容的，因为这种实践不是因质疑等级体系的效力出现的，而只是想减少它的制约性。但是，这样的解析过于容易了，也是经不起实践检验的。至少人们可以提出的问题是，行动者是在怎样特殊的情境下能够“战胜体系”的，与此同时，他们又是怎样受到形式等级体系约束的呢？可以想象，在这里存在一种调节。那么，这种调节的效果是否比制约的效果更大？关于这个问题，绝大多数的经验研究都从另一面证明：能够起启发作用的往往是常识，也就是说，人们只有加强对制约进行调节时，才会碰到真正的撞击，因此，人们不能用调节来替代制约。

从组织决策分析的角度看，在绝大多数的组织里，行动者都会利用他们的自由余地。这里的自由余地是指行动者为自己的战略行为所留有的并能够操纵的一种可被他人寻求协商的余地，而这种协商余地一般来源于对那些在特定条件下不可替代的稀有资源的控制或操纵。P. 伯纳克斯（P. Bernoux）对此进行了这样的概括：行动者拥有这种自由余地是因为行动者（个体或群体）自己掌握着某种稀有资源而拥有的谈判权力，这种谈判的权力经常表现为行动者（个体或群体）与对方就某些事进行讨价还价的可能性。讨价还价的情形有如下几种，比如，他人对该个体有某些请求，或他人想要得到该个体拥有的某种资源，或者要让他对某种请求付出高额代价等。因而，自由余地的可能性在某种程度上就在于个体成功保留了一块别人无法掌控的领地，而且，在这块领地上，该个体可以使自己的行为不可预测。[1]

在一些情况下，组织内部的个体面对其等级制上级时表现出来的行为，并不是与单一的服从模式相符合的。这个行为的出现其实是介于多种服从模式间的一种协商的结果，同时也是协商的一种表现。比如，作为下属的个体在其工作中具有某些自主性，并且在其职业上具有技术和社会的传统。但尽管这样，行动者的下属行为是要依赖于一些可能性，即，那些使他与其同僚联盟，并借助其同僚来共同担当责任的可能性；同时，还取决于他对这些不同因素的利用能力、建构人际关系的能力、与别人交往沟通的能力以及建立或解散联盟的能力，尤其是取决于他对冲突风险引起的心理紧张的承受能力。总之，该下属的行为首先是从属于他的某些选择——以这些不同方面的直觉认识为出发点，以最恰当的办法做出的选择。在这样的情境里，人们不仅不会消极地适应环境，而且还能在环境中发挥作用，甚至能促使环境对自己有用。因此在现实的组织生活中，人们对环境的利用率会超出其自身的想象。

约束是形式规则的表现，它们原来的含义有可能转变成下级对上级的一种预防。个体的“挑衅式”发怒行为，在缺乏组织结构和暂时性冲突的情况下，可以被个体用来作为一种使自己被尊重的工具。对于上级方面而言，他们会利用一些机会，用形式组织提供给他们的资源来发展他们自己的能力，但他们的这类行为会受到周围环境的影响。因为，当他们做出这类行为时，他们的搭档也会根据他们之间在协商时出现的某些突然变化而改变自己的行为方式。这类过程是一种具有不同的复杂性和偶然性的现实。现实社会的生活经验使人们可以肯定，具有时效的官方模式是有可能在广大范围内对行动的背景和行动者的资源加以限制的。由此也可以肯定地说，由于官方体系的存在，行动者从来不是完全自由的。然而，只要人们对这种体系也会受到行动者影响的事例有所了解，人们也会

---

① P. Bernoux, *La Sociologie des organisations*, p.138.

看到这两种肯定本身存在的脆弱性。只要人们不再把非正式的理性实践视为是正统逻辑范围里的一些例外，就会试图使自己更实际地分析官方体系本身遇到的困难，并以这个分析为出发点来理解官方体系。[①]

人们由此可以比较清楚地认识到组织和体系都是缺乏透明度的。如果人们理解了任何组织的个体行动者在继续其活动时掌握着一种自由余地，那么他们就可能希望寻求一种解释，这种解释所针对的是那些可以凭经验观察到的组织理性、目标、职能和结构中的行为。一旦获得了这一解释，就有可能颠倒旧有的推论步骤：使研究不再以组织为出发点，而以行动者为出发点，具体地说，就是从反思和分析行动者及其行动目标和行动方式开始，来理解个体与组织之间的关系。这个步骤在实践中最终触及一些类似于理性模式僵局的死胡同。由此，一些关于简易化机制的假设被提出来。比如受到马斯洛动机理论影响的C. 阿吉里斯（C. Argyris）就提出了这样的假设，这个假设让人们看到搭档们各自的理性目标之间有明显的冲突，而其背后却存在着一种协商，当人们理解这种协商时，其思考却基于物质需要之上。除此之外，人们还提出了关于研究个体与组织相遇的假设。这个研究不是以个体在理论上的需要，而是以市场经济的提纲形式为出发点，个体在此被假设成这样的一个人：无论如何都会去试图获得一笔与自己的实际贡献相等的报酬。[②]因此，由该个体与组织进行的协商将总是处于这个基本方程的限制中。

上述这两个推论方法倾向于完全不接受由组织背景体现的自治约束。不过，就行动者的需要或目的而言，组织背景不是显而易见的，也不是中立的。组织是以它自己的模糊性和自己的“力量”来

---

① M. Crozier, E. Friedberg, *L'Acteur et le Système*, pp.36–38.

② 读者如果想更多地了解这个在研究领域里提出来的假设，可以参阅 A. Zaleznik, *The Motivation, Productivety and Satisfaction of Workers*, Harvard Business School, 1958; L. Karpik, “Trois concepts sociologiques: le projet de référence, le statut social et le bilan individuel”, *Archives européennes de sociologie*, 1965, 6(2): pp.191–222。

反对行动者，因此迫使行动者进行调和，并迫使他们在其行动中转弯抹角，有时还迫使行动者与他们自己的目标一起弄虚作假。这些现实可以表明为什么这两个推论模式实际上无法解释组织内部群体的起源和存在。

其实，第一个推论模式十分关注的是个体，对群体的存在所知甚少；第二个推论模式好像使人们可能考虑群体，但它所引导的分析中大部分实际上是一些关于群体行为的思考，而这些群体行为是根据组织外的人口统计学或生态学的变量来确定的。说到底，这两个推论模式不能用来区分成员的抽象级别和人类的具体组织的不同。一个群体和一个组织一样，若离开了其成员的关系就没有意义了。一个抽象的级别，如果其成员只会有相似的行为，那么由这些成员体现的实体就是缺乏志向的，而且不具有行动的能力。即使在人们互相之间有具体接触的实体里，一个有志向并有能力行动的群体也绝不是理所当然就存在的。①

L. 塞尔斯（L. R. Sayles）在20世纪50年代末做过一个出色的调查研究，即关于美国一个大企业内的某些具体组群行为的研究。这个调查研究带来的成果②使人们看到，在一些好像既不考虑报酬与贡献相等，又不与其成员对比的组群之间存在着的极大不同。具体地说，塞尔斯发现了三类群体：（1）麻木不仁型群体，他们在生产过程中不处于有利的位置，在工厂的生活中不掌握任何重要资源，也没有任何发展合作能力的意图；（2）决策型群体，他们有较好的交往体系，有建立合作行动的能力，而且能够以果断方式干预工厂的生活；（3）不规则型群体，是处在这两种群体之间的群体类型，他们有能力进行行动，有时甚至能够进行猛烈的行动，不过只是相对体育活动而言。如果人们考虑到如下三个因素，就会发现这些行为上的不同都是相对理性的。这三个因素是：（1）生产流程中的决策

---

① M. Crozier, E. Friedberg, *L'Acteur et le Système*, p.43.

② L. R. Sayles, *Behavior of Industrial Work Groups*, Wiley, 1958.

形势；（2）专业资格的等级；（3）群体成员之间互动的程度。如果人们把专业资格视为一个已知数，把决策形势当作一个时机，那么问题就成了是否能够利用这个时机，人们此时就可以把互动的程度理解为对群体的集体能力的一个见证。因此，在这个观点里的基本问题便成了人类构造的起源问题，而这个构造的发展必须要有一种时机和一种能力。在塞尔斯的案例分析中，不规则的群体拥有一些时机，但他们很难利用这些时机，因为这类群体的绝大多数成员和他们的关系特征使他们很难继续地、以有组织的方式进行联盟；决策型群体有很大的能力组织起来，他们不仅能够抓住和利用现有的时机，而且还能成功地创建新的机遇。麻木不仁型群体能够发现机遇或去发展发现机遇的一种能力，但他们不会提前去为此投资。

现在我们可以看到两个理由，即可以解释为什么建立在行动者这种自由基础上的分析模式会经常受挫的两个理由。前面提出的两个推论模式针对于行动者的自由，但并没有包含他们行为的偶然性。一方面，这些远离行动者的推论实际上引导人们把一种自由和一种无限理性视为是行动者所拥有的，从而把行动者当作一些自主的和理性的行动者，即作为能够随意地在他们之间协商合作条件的行动者。但另一方面，这种推论根据一种诸如交换的经济模式和划分级别的社会模式之类的先验模式来对现实进行简化。[①]试图使人们根据一种先验逻辑来寻求解决问题的最好办法的这种推论，马奇和西蒙很早前就提出了一种能够进行反驳的理性模式，即有限理性的推论模式。根据这个有限理性的推论方式，人类无法使解决问题的办法达到最优化的程度，所有的行动者的自由和理性都是有限制的。换句话说，行动者是一些社会构造，而不是抽象的实体。[②]因此，人们讨论的主题不再是选择解释的模式，而是一种研究步骤。在这种研

---

① M. Crozier, E. Friedberg, *L'Acteur et le Système*, p.46.

② K. E. Weick 在这方面有很好的阐述，请参阅 *The Social Psychology of Organizing*, pp.63–71。

究步骤里，首先需要使用的概念是决策概念，人们要想更好地理解和使用这个概念，可以将下述经验性观察作为思考的出发点。

（1）行动者只是在很少情况下有明显的目标，其行动计划之间经常是矛盾的，很少有相关性，即使它们之间多少都有一些牵连，但这些牵连并不是一目了然的。行动者在行动过程中使它们发生变化，并根据实施的情况决定舍弃它们中的一部分。其实，行动者的行动所引起的预料未及或难以预见的后果，会迫使行动者重新考虑他的“阵地”和再调整他的“靶子”。而这时，行动者往往会错误地以为他采取的这些行为是经过充分计划的。

（2）行动者的行为是积极的。假如行动者的行为总是被迫的和受限制的，那么他的行为可能是难以一下子确定的，以某种方式说，消极的行为也是一种选择的结果。

（3）行动者的行为从来就具有某种意义，人们不能认为行动者的行为总是有明确目标的，但也不能反过来说他的行为可能都是理性的。行动者的行为理性不是相对于一些目标而言的，而是相对于一些机遇和一些能够说明这些机遇特征的背景而言的，同时也是相对于其他行动者的行为，以及他们所做的决定和他们之间建立的游戏而言的。

（4）行动者的行为总是包括两个方面。一方面是进攻性的：为了改善自己的处境而控制机遇和促成机会；另一方面是防守性的：为了维持和扩大自己的自由余地而增强自身的行动能力。这种对立总是暂时的，有时会处于平衡状态，它的重要性在于保持二元性，而不在于期限的意义上。

（5）由此而论，行动者没有非理性的行为。对于那些表面上看来最理性的行为以及好像非常不规则的行为，人们可以将它们与决策概念的使用本身联系起来看。

精神分析家有可能从经常引起的性情问题和情感对抗这类行为背后发现一些规律性，这类行为可能是决策意义上的。但是，这里的决策只能作为推论那些凭经验可观察到的行为规律性的基础。所以，该“决策”绝不是愿望的同义语。举一个极端的案例，人们可能会以相同的方法来谈论一个面对很大的压力，却又无法用自己的资源对付这些压力的精神分裂患者，在采取精神分裂行为时的“理性决策”。也就是说，精神分裂患者是为了解决“他的问题”而“选择”了做精神分裂患者。对于精神病学家来说，“危险”起作用的方式很简单，无非是这样的形式、这样的表达：对他人构成危险，对自己构成危险——人们可以勾去其中的一种形式，把另一种留下。而法庭对精神病学专家提出的首要问题是：这个人危险吗？“危险”从来不构成“犯罪”，也不意味着“疾病”。它不是一个精神病学的问题，但这是法官提出的问题。只要人们以某种方式把这些现象综合起来考虑的话，就会发现它们都围绕危险这一概念发挥功能。[①]人们可以在意译和读懂J. -P. 萨特（J. -P. Sartre）有关文章时说，个体在急迫而又不可抗拒的危险面前要消除自己的害怕，这使该个体在消除害怕时选择了改变他对这个世界认知的“决策”。[②]

费埃德伯格认为，上述关于行动者行为的思考还是不够的，人们的思考还应该关注到与这个行动者行为相联系的背景因素。决策概念的主要效能是迫使行动者超越自己原有的能力水平，并使这个超越变成现实。以目标术语进行的思考在倾向于孤立地把行动者当作组织对立面来看时，以决策术语进行的思考却认为有必要去探索行动者在组织背景下的理性，去理解行动者实际经验中的组织构造。那么，如何才能比较清楚地认识组织背景或组织构造呢？这需要人们掌握另一个重要概念，即与权力和权力关系相关的不确定性领域概念。这个重要概念将使人们可以用实践经验的观点来进一步阐明行动者决策的步骤。

---

① 参阅包亚明主编，《权力的眼睛——福柯访谈录》，严锋译，上海人民出版社，1997年，第65—66页。

② M. Crozier, E. Friedberg, *L'Acteur et le Système*, pp.47–48.（其中所论及的萨特文章是J.-P. Sartre, *Esquisse d'und théorie des émotions*, Hermann, 1960。）

二、权力关系：不确定性领域

关于组织实际生活的一些经验性研究使我们认识到，无论人们对组织结构做出怎样详细明确的界定，也不管人们如何完善组织内部的规章制度，都无法消除组织内的个体或群体行为的难以预料性。这些个体或群体总是有可能拥有一个属于他或他们自己的自由范围，这个自由范围是他们在追求各自的目标时必须要利用的，但不是他们从属的正式组织的规章制度所能有效限制的。这是一个可大可小的、总是可以继续存在下去的范围，正如我们前面章节已经分析到的，组织的成员总是有可能通过某种方式拒绝向他们的等级制上级提供自己的“真心实意”，而这个“真心实意”却是等级制形式组织的运行所不可缺少的。正是从这里，我们看到了在组织与其成员之间存在着的一些权力关系，这些权力关系的机制就是我们现在试图进行阐述的内容。但在讨论权力关系之前，我们需要先交代进入这种关系的是哪些权力。

1. 权力及其来源

权力关系无疑与权力（pouvoir）有着密切的关系。在现时代，任何即将来临或伴随社会的深刻突变而产生的危机，都必然会使人们重新碰到一切集体生活的基本问题——权力问题。[1]人们对权力的解释有各种各样，但这些不同的解释中有一些相似的东西：无论是什么性质的权力，要真正地拥有它，都必须具备实际行动的能力。

但是，由于权力的含义，特别是权力事实本身的含糊不清，使权力的概念不太容易被解释清楚，即使是权力问题研究的一些著名专家，他们对权力问题的认识也不是一下子就达到深刻程度的。正如他们中的一些人表述的那样：

---

① M. Crozier, *La Société bloquée*, p.27.

"我在研究癫狂和监狱的过程中，发现一切事物似乎都围绕着这样一个核心：什么是权力。或者，说得更明确些，权力是如何实施的；当某人对另一个人实施权力的时候，究竟发生了什么？［……］如果我告诉你，现在我对这个问题的看法比过去要清楚得多，我可就太轻率了。我仍然相信，我们对权力在社会里的功能和运作方式依然所知甚少。当然，社会学的研究可以告诉我们，工商业界谁主沉浮，政治家是怎样培养出来的；还有一种更一般性的研究，主要是受到马克思主义的影响，关心资产阶级对我们社会的统治。但是，据我看来，在这些一般性的命题之下，实际的情况要复杂得多。在西方工业化社会里，人们最迫切而强烈地关心像'谁实施权力？如何实施？对谁实施？'这样的问题。而困扰19世纪的贫困问题，对我们社会来说，就不再具有首要的意义了。另一方面，谁在替我们作决定呢？谁在阻止我做这件事，又强迫我做那件事呢？谁在设计我的行为和活动？谁强迫我住在某个特定地区，虽然我在另一个地方工作？构筑我全部生活的这些决定是怎样作出来的？我以为这些才是今天的首要问题。我相信，像'谁实施权力'这样的问题，不可能与'权力如何发生'这样的问题割裂开来解决。我们当然要找出发号施令的人。我们要注意像议员、部长、秘书长这样的人。但是这并不很重要，因为即使把这些'决策者'一一指明，我们仍然并不真正知道那些决定为何作出，怎样作出，怎么为大家所接受，又怎样对某些人产生了伤害。［……］要研究权力的策略、网络、机制和所有这些决策赖以实施并迫使其得到实施的手段。"[①]

"我们曾轻率地相信，权力问题与一些更为基本的问题（如所有制问题或发展问题）相比较，是次要的问题，因为它曾是所有制或发展的一种工具，或者说，充其量只是一种辩护。但是，构成我们这个社会经纬的各种各样的机构目前经受内部危机的经验，使我们在人们之间的权力关系组织的最广泛意义上，一下子可以估量出支

① 包亚明主编，《权力的眼睛——福柯访谈录》，第27—29页。

配问题占据的重要位置。”[①]

看来，权力存在于整个社会。有学者从马克思的观点出发，把权力看作一种根本性的结构关系，认为它无所不在，是群体而非个体的一个面向。有学者站在韦伯的立场上提出，权力是意向性的，源于个体行动。有学者则认为任何权力都是种种变动不居的不平等关系的一个面向，任何权力关系都包含有反抗。还有学者从权力的组织来源引出了权力网络，即一系列的制度化关系。[②]达伦多夫认为，权力是一种偶然的属性，是个人的属性，而不是社会结构的属性。根据达伦多夫的观点，作为社会冲突的一个重要源泉的非正统结构的权力关系，或重复出现的权力关系，是不存在的。从布劳的角度看，权力是个人或集团不顾反对地以威慑力量把其意志强加于他人的能力。[③] M. 福柯（M. Foucault）认为，“权力”在本质上不是压迫性的，而是通过社会规范、政治措施来规劝和改造人。任何学科同时也是一种社会规范。任何知识都不是中性的，它们的实际作用离不开权力机制。权力已渗透到整个社会生活领域，把每个个体不断地构造和塑造为符合一定社会规范的主体，成为知识和快乐、规范和驯服的身体，又使其从属和整合到社会秩序之中。权力是一个尚未被规定、推论、非主体化的生产性过程。[④]

在现代工业社会中，权力关系本身也影响到技术。统治集团往往会力图限制新技术的发展，生怕这种发展会削弱他们的以既定资源控制状况为基础的权力。[⑤]这说明新技术的传播和采用过程是受到一些社会条件制约的过程，在一种特殊技术的发明与其普遍运用的

---

① M. Crozier, *La Société bloquée*, pp.27–28.

② 参阅马尔科姆·沃特斯，《现代社会学理论》，第233—253页。在此书第264页，作者还提供了一些相关的重要读物。

③ 罗德里克·马丁，《权力社会学》，第82—83页。

④ 福柯的这些观点反映在他的如下论著中：*Politics, Philosophy, Culture* (Vintage Books, 1975)、*Histoire de la Sexualité* (Gallimard, 1976)。它们在佘碧平所著《现代性的意义与局限性》（上海三联书店，2000年）第83—86页也有介绍。

⑤ 罗德里克·马丁，《权力社会学》，第348页。

实现之间的时间间隔还可能是相当长的。但无论怎样，人们要真正认识权力，首先要有能力去解构其表象。权力现象贯穿于社会结合的所有过程，权力问题的复杂性及其变化在很多情况下超出了人们的一般知识和一般想象的范围，因此，仅仅从形式上的一些联系或依据对数量资料的抽象来分析权力问题难以达到对该问题的全面而深刻的理解。

从权力社会学的角度看，至今依然很有影响的权力定义是韦伯在其《社会组织和经济组织的理论》一书中所做出的：权力是某种社会关系中的一个行动者可以处于不顾反对而贯彻自己意志的地位的概率，不管这种地位是建立在什么样的基础上。

帕森斯对韦伯的权力定义及其派生物进行了论证后指出，韦伯的权力定义有两个主要困难。第一个是，上述权力定义中包含了冲突和对抗的假设：A克服了B的反对，意味着B为了A的利益而牺牲了自己的利益。但这忽略了权力关系可以是一种互惠关系的可能性：权力可能是一种有助于A、B双方实现各自目标的手段——这正如在信贷关系中，货币有助于借方也有助于贷方实现各自目标一样。但是，韦伯断言不存在这种可能性。韦伯权力定义的第二个困难是，它把相互作用的属性、相互联系的属性转换为某个行动者的一种属性。韦伯在此不是给“权力”下定义，而是为比较行动者的特性提供了依据：根据行动者使他人屈从其意愿的这个概率的提高或降低程度，判断行动者能力的强或弱。权力虽然可以作为一种能力而为人所有，并且只在行动中才显示出来，但权力仍是某种关系的属性。

为了不以冲突为出发点给权力下定义，帕森斯提出了一种全然不同的概念：权力是一种系统资源。帕森斯对权力做了这样的论述：“当根据各种义务与集体目标的关系来发展合法化时，在只要遇到顽抗就必然依赖消极情境去强行制裁的地方，权力是一种保证集体组织系统中的各单位履行已规定义务的普遍化能力。”可见，合法化、“消极情境”和普遍化是帕森斯权力定义中的关键词。普遍化只是意味着权力从一种关系转移到另一种关系的能力，是交换关系和市场关系之间的经济区别的政治同义语；“根据各种义务与集体目标的关系来发展合法化”意味着双方由于这种关系在实现社会系统目标方面的作用而接受这种关系；“消极情境”的制裁意味着采用不同于道德约束的物质剥夺。然而，帕森斯以合法性和意志性来定义权力，实际上，只是取代了韦伯所强调的冲突。权力社会学家马丁认为，韦伯和帕森斯都没有解决权力定义的主要问题。①

组织社会学对权力的思考通常是先受到美国政治学家R.达尔（R. Dahl）的影响，进而通过其自身不断深化的实证研究而得到发展和丰富。达尔在他载于《社会科学国际百科全书》（1968）里的一篇题为“权力”的论文中指出：在现代社会科学中，权力这个词是指各社会单位之间的关系子集，在这些单位中，一个以上的单位之行为在某些条件下依赖于另一些单位的行为。20世纪50年代，达尔提出，对于权力，他的直觉看法是这样的：在A能使B做B本来不愿做的事这一种范围内，A对B拥有权力。② 西蒙在其《人的模型》一书中以更简洁的方式对达尔的权力解释做了这样的概述：“我们可以用‘A的行为引起B的行为’这样一个论断来代替‘A对B拥有的权力的论断。’”③ 在《权力社会学》的作者马丁看来，达尔在分析权力现象时，把权力简化成原因，而这种简化使权力概念丧失了其确切性和有效性。况且，权力和原因这两个词是不可互换的。如果这两个词不能互换，那么就需要有附加的词来修饰。没有这种附加成分，定义就不成立。④

克罗齐耶指出，达尔在定义权力时所要明确的问题是，任何权力现象，不论它产生于何种根源，不论它具有何等的合法性，不论它具有怎样的目的，也不论它使用方法如何，都蕴含着某一个人或某一个群体对于另一个人或另一些人（群体）施加影响的可能性。

① 罗德里克·马丁，《权力社会学》，第85—86页。

② R. Dahl, “The Concept of Power”, *Behavioral Science*, 1957, 2(3): pp.201–215.

③ H. A. Simon, *Models of Man: Social and Rational*, John Wiley & Sons, 1957, p.5.

④ 罗德里克·马丁，《权力社会学》，第81页。

达尔把权力定义为一种能力："对于B的权力，就是A使B去做由A要求的某件事的一种能力。"这个定义有几个优点：它没有对权力的本质先建立一个理论；它可以适用于任何形式的权力；它可以接受其他各种可采取的措施。不过，克罗齐耶指出，如果在实践中运用它，便会引出下面三方面的矛盾。

首先，它不能使人们区分出一种不同：双方自觉自愿的，而且蕴含着互相矛盾的权力关系与那种在一方或另一方，或在双方同时都没有意识到的情况下施加的不自觉的权力之间存在着何种不同。而人们又不能把这两种情况下谈论到的权力说成是完全相同的权力。

其次，人们在社会实践中可以体会到，在处理问题时采取完全恰到好处的措施是不大可能的。因为A对于B行使权力的能力，会随着行动的变化而变化，而且经验也告诉人们，对措施进行统一标准是不可能的，因为每一种权力都是具体的。A可以得到B所做的a种行动；X虽然不能得到B所做的a种行动，但可以得到B所做的b种行动，而B所做的b种行动是A无法从B那里完全得到的。

最后一点，也是最重要的一点。许多研究实例表明，"权力关系"不仅是具体的，而且是相互的；如果A能够使B同意去做某件如果没有他（即A）的干预，B不会去做的事情，那么对于B来说，他也有可能具有使A同意去做某件如果没有他（即B）的干预，A不会去做的事情的这样一种能力。[①]

克罗齐耶虽然对达尔的权力定义进行了批评性的分析，但他认为，上述这三方面的矛盾不一定妨碍他运用达尔的权力定义。不过，他提请人们注意他在运用达尔的权力定义时所碰到的困难：一旦他对权力持有者各自的不很明显的能力进行比较时运用这个权力定义，他就会遇到一些难题。克罗齐耶运用达尔的权力定义进行这些比较，目的是想看清不同权力的关系普遍存在的可以相互转换的特点，然而，他所揭示的这些特点丝毫不能告诉人们何谓权力关系的

---

① M. Crozier, *La Société bloquée*, pp.33–34.

机制。克罗齐耶因此提出了一种启示：如果我们暂且不谈A与B的权力，即A与B的能力问题，而是研究A与B双方关系中发展起来的一种权力问题，我们就有可能发现A与B的权力关系中蕴含着的一种重要因素。在克罗齐耶看来，这是一种协商的因素，这种协商的因素能使权力的意义发生完全的变化，其实，A与B双方的每一次关系都要求相互的交换和适应。当然，A对B的要求所做出的一切积极反应，都可以被认为是B对A施展权力的结果。但是，把这个结果看成一种协商的结果，则更简单，而且更深刻。克罗齐耶因此建议人们这样来推论，A之所以对B做出反应，是因为B已经对A做出了反应，或者是因为A以为B将要对他做出反应。如果双方是自由的，交换是平等的，人们就不会说，一方或另一方处于被对方施展权力的状态。但是，如果交换关系的有利方向被明显地引到一方或另一方，并且这种不平衡又是符合双方各自的状况，而不是只符合其中某一方的运气或差错，那么人们就可以说这是一种权力关系。接着，克罗齐耶尝试着采用另一种表达方式对达尔关于权力的术语进行概括：A对于B的权力，是A在与B的协商中使交换期限对自己有利的一种能力。也就是说，这里所论及的A对于B的权力与A的这种能力是相称的。[①]

克罗齐耶进而提出，如果人们能够接受这样的新假设：权力问题是涉及各自都想竭力对对方施加影响的双方在协商中试图支配交换条件的问题；权力是一方在与另一方的关系中获得对自己有利的交换条件的能力，那么，权力关系就可以被认为是双方参与的一种交换关系和一种协商关系。不过，克罗齐耶强调指出，这是一种不平衡的和一种不对称的依赖或从属关系：如果A和B拥有获得成功的相同手段，那么他们之间就不再有权力关系，因为他们中的一个不能迫使另一个去做某件事。但是，不管怎么说，这也是一种相互的关系：B同意去做A要求他做的这件事，B必须要在这件事中找到

① M. Crozier, *La Société bloquée*, p.34.

他的利益；因此，B必须以作为交换某事或某物才会去做。在这种情况下，权力体现在一种力量或势力的对比关系中，关系的一方B能够比另一方A获得更多的好处，而关系的一方B从来也不是“身无分文”（即毫无准备）地面对另一方A。[①]这里所要强调的是，具有势力的人必须具有行使势力的能力和愿望。换种方式说，如果在禁止使用或不可能运用势力的情况下，弱者和贫者有可能战胜强者和富者。[②]但是，如果我们从组织社会学的决策分析视角来观察正在行使这些势力的行动者，就有可能发现，他们这种行为的关键在于能够给自己保留自由和自主的余地，而不仅仅是为了击败对方。

实际上，处在权力关系过程中的双方能否持续他们之间的较量，能否使较量的趋势朝着对自己有利的方向发展，这并不取决于较量者拥有的势力大小，而是取决于他们的不同势力之间相互作用的大小。他们在行使行为自由时，越是能够优先影响对方的处境，就越不容易受到对方的侵害，不仅这样，支配对方的可能性也会越大。由此，人们不仅可以认识到，权力是存在于权力关系过程中的，而且还可以提出一些相关的问题：处在关系过程中的这些权力，它们的性质是否是相同的？如果它们的性质是不相同的，那么它们各自的来源和基础又有什么区别？

我们在这里重点讨论的权力，是来自于参与权力关系的各个对手所支配的自由余地的权力，或者说，是出自每个对手所拥有的，能够拒绝另一个或另一些对手要求他做某事的（或大或小的）可能性的权力。换种方式说，这种权力是在组织背景里的行动者试图支配的权力，它与他们所具备的一种能力相关，这种能力是行动者在某种协商或交换中使提出要求的另一个或另一些对手付出昂贵代价的能力。不过，行动者的这种能力也会使他或他们自己依赖于另一种（或大或小的）可能性，就是使自身的那些不想被别人预料或识

---

① E. Friedberg, *L'Analyse sociologique des organisations*, p.39.

② M. Crozier, *La Société bloquée*, p.35.

破的行为严加保密的可能性。由此说来，参与或建立权力关系的各个对手所支配的自由余地又依赖于一些制约和一些偶然期限。其实，参与或建立权力关系的每个对手的决策首先在于隐瞒其自身的相关行为，也就是说，在于尽可能地使其自身做出的反应不被发现。除此之外，他还必须试图在尽可能地扩大自己的自由余地的同时，缩小对手的自由余地，以这种方式将对手陷于约束之中，比如使对手的行为限制在特定的处境里。从这个意义上说，建立或参与权力关系的行动者是为了在组织中获得对其他行动者的权力，才运用他们的自由余地的。费埃德伯格用下面的简单例子阐明了这个推论。

杜邦先生是一个很富有的城里人，他请工匠杜让先生为他家修理房子。随着杜邦先生的这个要求开始实施，一种权力关系在杜邦和杜让两位先生之间便建立起来。杜邦先生首先提出要根据工作效率来决定这次修理房子的价钱。假使杜让先生是杜邦先生所在城里唯一的工匠，如果杜邦先生由于种种原因无法去城外请到工匠（事实上，杜邦先生在城里是没有选择其他工匠的可能性的），那么杜邦先生凭工作效率付工钱的要求，将对杜让先生是有利的。假使杜邦先生坚持要维修房子，那么他必须要请杜让来，这时，关系的不平衡对杜让来说也是有利的。不过，杜邦不是缺钱的人，也不是缺房住的人，如果杜让的要价或提出的条件太高，杜邦可以拒绝叫杜让来修房子。如果杜邦请到了别的工匠，那么他就有可能使关系反过来对自己有利。因为在这种情况下，杜邦可以在杜让与别的工匠之间形成一种关系，而对于工匠们来说，杜邦的行为是难以预料的，除非这些工匠们之间出现了矛盾，再一次推翻杜邦选择的可能性。[1]

这个例子告诉我们，行动者能否创建或发展他的权力将取决于他能否拥有一种自由余地，而这种自由余地与他在面对其对手时所能控制的不确定性领域的重要性有密切关联。这个不确定性领域是

① E. Friedberg, *L'Analyse sociologique des organisations*, p.40.

指行动者认为自己能够在其中完成某事的范围。具体地说，杜让先生修理房屋的技能越是难以找到，对该技能的鉴定越是难以被人精通把握，面对需要他修房的杜邦先生就越能控制某个重要的不确定性领域，他要与杜邦先生建立权力关系的可能性就越大，而且从中获得权力的把握就可能越大。简言之，行动者拥有的这种自由余地可以被理解为：有可能优先以自己的方式在较大程度上操纵某个直接影响组织生存的重要资源。由此，人们可以认为，这种自由余地与一种权力来源相联系。现实社会生活中的每个组织总会受约于技术、贸易、财经和人文等方面的许多不确定性，能够通过自己的技巧和关系网有效地支配这些不确定性，而且能够对它们的变化进行有效预测的行动者，有可能掌握一种重要的权力来源。[①]不过，行动者此时的行为是不容易被预料的。这个不可预料与行动者操纵其拥有的自由余地有重要联系。法国组织决策分析认为，行动者的自由余地是他的主要权力资源之一，有效利用这个权力资源可以使行动者更好地把握协商机会。但是，如果人们要真正理解行动者的权力，还必须把他的权力与另一些权力资源——自主（autonomie）、约束（contrainte）和合法性（légitimité）——结合起来看。

自主可能存在于形式组织范围：正式等级制中的一个负责人，当他控制着最终的决定时，他便拥有了形式权力。他可以约束他所隶属的公司，因为他被授予作为某些条例签名的代理。他在这个层面上具有采取决定的自主。自主也可能被不明言地包含在职能的定义里：一个工人的职责是使机器正常运转。这项工作要求他必须具有相应的操作技能，因此，具备了该条件的他在工作时便支配着一定的自由余地，或者说，他有控制这部分工作的一些可能性。在前一种情况里的形式权力是与身份相联系的，在后一种情况里的形式权力是与工作岗位相联系的。对于工人来说，如果他所精通的技能不是周围的人所能掌握的，而且对于他所从属的企业也是不可缺少

① P. Bernoux, *La Sociologie des organisations*, p.155.

的，那么他所精通的技能要比他的身份更具有重要性。这是因为他的权力来源更多的是取决于他能够垄断的技能，特别是在他能够以自己的方式使他掌握的技能对他自己发挥有利作用的情况下。但是，对于行动者而言，仅仅拥有自主不足以实现权力的获得，他还必须懂得如何有效地利用它，并且能够使这个利用不被人预见。

思想层面的约束资源。形式组织里的上级有进行约束的一整套手段，比如行政上的、物质上的、精神上的，等等。这种约束有时还可能表现为惩罚性的威胁，而这种威胁经常是上级为了从下属那里获得对他的服从而使用的威力。人们可以假定，这种现象可能发生于任何权力关系。但是，人们不能因此说，每个权力关系都可以简化为威力关系。而人们在对企业中的某些关系进行描述时就经常这样表达，比如企业领导与工会之间的对抗关系。威力关系只能附入权力关系，但这并不意味着威力关系要受限于权力关系。威力关系是在政治和军事上经常出现的术语，它的使用可以说明一种对立，也能够让人们明白这个术语的使用者试图表示他的强硬。然而，从行动者的决策观点看，这个术语的意思不是说对手们想求助于单纯的威力，相反，他们在事态未达到非动用暴力不可的最后阶段，都会企图加强他在非暴力方面的资源，因为这里涉及合法性的问题。[①]

根据韦伯以来形成的传统，合法性是作为权力持有者让人接受其决定的能力来定义的。因此，合法性至少是同意这类结果取决于统治者这方面的。欲反对权力的人需要依靠一种合法性，而这种合法性正是这个反对者拒绝给予权力的。第二次世界大战期间，法国发生过关于维希政府和伦敦政府之间（后又与阿尔及利亚之间）合法性的争论。通过这个争论，人们认识到，一场革命性的运动只有在它所倚仗的合法性被优势者认为是不受在位的权力合法性影响的情况下，才能实际地开展。对于合法性来源的分析，韦伯做过特别的发挥。在韦伯看来，理性统治的类型是唯一能使工业社会模式的

---

① P. Bernoux, *La Sociologie des organisations*, p.130.

社会得到发展的类型，但这并不是因为这个类型完全是新的。工业社会的运行只有当它在理性发展模式中建立起自己的合法地位的情况下，才可能实现。韦伯还认为，任何政治制度的关键问题都是制度的合法性问题。根据S. 李普塞（S. M. Lipest）的解释，合法性的意义包括这个制度能否形成并维持一种信念，即现存的政治制度最适合于这个社会。合法性在此提供的是价值判断，社会群体鉴别一个政治制度是否合法的依据，是看它的价值取向如何和他们自身的相吻合。①

尽管统治者在形式上总是约束资源的首先持有者，但他要稳定他的持有者地位，不能仅仅依赖他的形式权力。在许多情况下，上级可以通过他独有的职权获得其下属对他的某些指令的服从，这里的意思是说，职权能够在隶属关系的规则范围之外存在，它不只是权力的一个级别，它还包含一种信任关系。为什么上级可以从其下属那里获得信任呢？为什么上级的权力可以被视为合法的呢？这些问题其实只涉及组织中的权力来源问题，也就是说，它们还没有真正触及权力获得的途径或手段问题。克罗齐耶和费埃德伯格强调指出，只有认识了权力的来源，才可能识别权力的性质。他们认为组织中的权力有四个重要来源，这些重要来源与某些不确定性相关。②

组织中的第一个权力来源是可以被感知的，它与特殊技能或难以被替代的职能专业化产生的一种压力相联系。掌握一些专门知识的专家往往具有独自操纵的本领，专家可以通过这些专门知识来解决组织中的某些关键性问题，而且可以通过使这些专门知识复杂化来控制对这些问题解决的解释。因此，专家在与组织交涉中或与同僚协商时经常能够占据有利的位置。当组织的活动、部门和重要职能的正常运转必须依赖于他的介入时，他还有可能把这个介入作为

---

① 引自丹尼尔·贝尔，《资本主义文化矛盾》，赵一凡、蒲隆等译，生活·读书·新知三联书店，1992年，第232页。

② M. Crozier, E. Friedberg, *L'Acteur et le Système*, pp.72–77.

优势或特权来进行交易。也就是说，能够在组织中“解决某些关键性问题”的人拥有某种权力，这种权力甚至是具有实际意义的。

组织中的第二个权力来源在于控制与环境的联系。由于这个来源寓于构成企业生活的那些习惯性关系的组织中，因而量大且具有稳定性。因为它能够使人们在影响组织之前很好地掌握不确定性，所以对于它来说，只重视交往的重要性和强调侦讯属于权力的一部分是无用的。其实，组织是在与环境的经常性交换中得到一些资源的。熟悉环境关系并懂得与企业交往的人，他的本领来自于他对两种领域同时存在的网络所具有的认识，这些认识的利用可以使他在几个互相联系的行动体系中得益，不过，他的这个利用是为了巩固和扩大他的权力。总之，行动者在一个组织中利用他与另一个组织的关系，这种行为的意图完全是战略性的。

掌握信息传递网络是组织中的第三个权力来源，这个来源与第二个来源比较接近。人们要组织一个理想的传递网络是件很不容易的事。一个决策受挫的原因可能不与制定者的品质相关，而相关的原因往往是制定者事前没有能够充分地掌握有用的信息，或者是因为决策的传递碰到了困难或缺乏相适应的执行手段。从某个角度看，组织中的每个个体都会需要一定的信息，为了获得此信息，他可能还会依赖于掌握信息的人。不过，这是互相的。比如一些建议者能够通过其单方面提供的信息使一个政策发生变化或被修改，但反过来，收到这些信息的人也能够通过他自己是否传递信息的行为来影响与他交往的人。信息的交往经常有战略上的重要性，而这种交往是根据个体的目标和个体使其交往者去顺从的目标来实现的。

第四个权力来源是对组织规则的利用。了解并懂得利用组织规则的组织成员能够使他们在权力关系中成为获胜者。大组织一般都会认为它们的成员是知道规则的，因此，它们在运行中没有什么大困难需要克服，或者说，没有必要行使大的压力。大组织也是根据这样的想法来亲近它们的成员和对待它们规则的利用者的。然而，人们必须看到，大组织的大量规则不仅是详细明确活动规则的结果，它们也是有兴趣研究活动规则的那些人不断追求其研究成果的产物。比如公共职权的晋级规则不仅可以用来限制上级使用职权的任意性，而且也可以使善于利用这些规则的人首先掌握主动性。

在组织决策分析的观点里，上述四个权力来源都要求助于控制一个不确定性领域，这个不确定性领域是行动者认为值得为实现某事而下的“赌注”（enjeu），即行动者认为自己能够在其中完成某事的范围。赌注在组织决策分析中，指人们赋予行动之上的价值，这个价值是行动目标之外的所得或所失。赌注是相关者认为值得去做的事，比如在某行动中战胜或破坏对方的预期，这就是一次赌注。赌注往往隐藏在公开的行为背后，在有冲突的行为中，赌注经常表现出很重要的作用。[①]组织决策分析强调指出，行动者要想在权力关系中获得最终胜利，仅仅控制不确定性领域是不够的，他还必须使自己所控制的这个不确定性领域与那些进入权力关系的对手所要解决的问题有直接的关联，而且要使这个不确定性领域对该权力关系的延续产生直接的作用，说到底，这个不确定性领域必须能够使那些追求实现其自身目标的对手对他们的能力感到不安。[②]为了促使对这方面有一个更好的理解，我们再以杜邦和杜让的交涉为例子来做具体说明。杜让先生只是在杜邦先生坚持修房，并且十分急需修房，但又难以找到替代者的情况下，他的修房技能才与杜邦先生所要解决的问题有重要的关联。只有在这个前提下，才谈得上杜让先生控制着一个不确定性领域。如果杜邦先生可以放弃房屋的修理，那么杜让先生在修房方面特有的技能，以及这个技能鉴定的空缺就不会有给他带来权力的可能，因为在杜邦先生不决定修房的情况下，杜让先生的这个特有技能和他自己对鉴定的掌握或控制就构不成一个能使他建立、继续或重组权力关系的不确定性领域。

---

① P. Bernoux, *La Sociologie des organisations*, p.155.

② E. Friedberg, *L'Analyse sociologique des organisations*, p.40.

2. 权力与组织

权力不是独自就能产生的，权力关系不是在人们的简单互动中建立起来的。两个偶然在火车车厢里相遇的不同国籍的陌生人，虽然他们之间在文化、力量或财富上存在着差异，但这些差异是不能构成权力局势的。如果环境使他们要求开办一个合作企业，那么这时，他们之间会默默地进行一种协商。在这种协商中，人们有可能发现一种权力关系的发展，同时还可能发现一个组织的雏形。交换的期限和对协商起规则作用的条件与这个组织有着极其深刻的联系，在某种程度上，它们就是组织的表现形式。[①]可见，权力是以组织为前提的，权力关系只有在双方至少暂时归于一个有组织的整体里才可能被建立起来。人们必须运用权力关系才可能达到共同目的，只有通过追求这些直接影响他们协商的集体目标，他们当中的一方才能对另一方行使权力。

人们在西方国家进行的有关组织问题的大量实证研究还表明，组织不仅是权力的前提，而且构成了使权力关系得以进行的场所；权力关系离不开组织，组织也以多种方法对权力关系进行干预。克罗齐耶和费埃德伯格合著的《行动者与体系》和费埃德伯格所著的《组织的社会学分析》，从理论和方法上对这方面做了比较系统而深入的分析。他们认为，人们从相关行动者的观点出发对权力关系进行了研究之后，会对那些具有某种协商特点的结构性约束提出疑问：行动者在权力关系中实际动用了哪些资源？人们只有对参与权力关系的行动者所接受的约束进行结构性分析，才能回答这样的提问。

这里出现的组织的结构性约束特征构成了组织成员之间建立权力关系的范围，同时也限定着这个范围。因此，这些结构性特征限定了组织成员能够互相协商的条件，并且成为所有参与者承认的必要约束。这就是说，组织是权力关系的前提，它的存在使权力关系

---

① M. Crozier, *La Société bloquée*, p.36.

的建立有了可能。当控制和管理组织正式运行的结构与规则限定了权力关系可以发展的范围时，权力关系的展开便可以通过组织变得合法化。

根据吉登斯的观点，处在既定权力关系中的“默认”或“遵从”，其意义常常是含糊的，它们也绝不是都由动机直接激发的。在行动的某一特定过程中保持默认，既可以被看作有意识地接受该行动过程，还可以被视为“自愿”接受比包含这一行动过程的范围更广的权力关系。权力关系通常以极为深入的方式根植于例行化行为之中，而在这种情况下，并没有什么明确的动机激发行动者的行为。

那么，是什么样结构性制约在发生作用？吉登斯认为，一些社会实践受到社会系统中时空“约束”的结构化特征的影响，这些特征包括行动者在行动时所依据的规则与资源。这里所谓的规则体现在实践意识中，是社会互动中不断被运用的“一种方法性程序”，一方面与意义的构成连在一起，另一方面则牵扯到对各类社会行为的约束。资源则是指这样的一些模型，人们可以借助于它们转换关系，以真正融入社会实践的生产和再生产。结构性特征也通过这些模式体现各种支配与权力，支配与权力是社会交往中的内在组成部分。权力在运作时所借助的中介是自主和依赖的一些既定模型，行动与权力之间的逻辑关系有着怎样的性质？对这一问题的深层理解必须联系福柯著作的意涵来考察。吉登斯指出，（通过表意化过程和合法化过程集中起来的）资源是社会系统的结构化特征，它以互动过程中具有认知能力的行动者作为基础，并由这些行动者不断地再生产出来。社会系统里的权力具有一定的时空连续性，它的前提是行动者或集合体在社会互动的具体情境中，彼此之间例行化了的自主和依附关系。[①]

由此说来，要回答行动者在权力关系中实际动用了哪些资源的

---

① 安东尼·吉登斯，《社会的构成》，李康、李猛译，生活·读书·新知三联书店，1998年，第77—97页、279页。

问题，就必须对参与权力关系的行动者接受的约束进行结构性的分析，换种方式说，必须对组织决策分析的不确定性领域有充分的了解。因此，需要从权力与组织的密切联系着手。人们可以参照下面的分析程序来认识这种联系。

首先，只有当两个处于协商过程的对手彼此都受约于一个为完成既定任务而组织起来的整体时，他们的权力关系才有可能建立起来。

再以前面已提及的那个简单案例来说明其中的道理。杜邦先生和杜让先生为了追求各自的目标，他们之间互相都有所需求：一个要修房屋，另一个要谋生挣钱。他们之间权力关系的产生离不开他们为实现各自所需而形成的相互依赖，也就是说，他们之间的权力关系只有在他们彼此的需求达成协商的情况下才能发展起来。

为了更好地理解一次权力较量的条件和动力，我们必须把注意力首先集中到构成这次权力较量范围的组织整体上来。由于组织结构对共同目标的实现发生作用，组织持续不断地促使那些搭配好的对手之间进行相互联系，同时也促使权力关系有可能持续不断地建立或重建。因此，权力不可分离地与组织相联系，组织也不可分离地与权力相联系。在这种情况下，权力就不仅仅作为一种关系而出现，而且也作为与组织的构造过程紧密联系的一种过程而出现；权力较量的条件既不是偶然形成的，也不是根据抽象的和理论上的力量对比建立起来的，它们在很大程度上是组织所规定的，并表现为其成员所接受的明确或不明确的目标，以及组织要求其成员必须遵守的或是组织成员自己规定自己必须遵守的行动准则。这些目标和准则对于组织参与者的活动自由的限制不一定都是直接的，而更多是间接的。不过，这种限制有助于组织参与者把那些可以预测到的领域与不确定性领域区别开来。只有组织参与者们的集体目标继续生效，建立权力关系的活动才得以开展；这些集体目标能直接限定他们之间的协商，而他们只有通过追随这些集体目标，才能以交换的方式使一些人对另一些人行使权力。

其次，组织限定着它的参与者所控制的不确定性领域之间的直接关联性，因而也规定着它的参与者所支配的权力。

事实上，个体参与了组织，与此同时，个体也从属于组织。组织的生存取决于组织实现自己的已定目标的能力，该能力对于每个组织成员来说，可以构成他在权力关系中确定可动用资源贴切性的一个主要标准。但是，这个能力不是任何其他的行为能力都可以加以补充的，比如拉小提琴这个行为能力，它对于个体在机械车间内所支配的权力来说，一般不会起什么补充作用。如果这个个体在他所属的企业中，熟知并控制着一部复杂机器的正常运行所具有的最基本的规律，而且这部机器的正常运行又与企业的效益有着直接的联系，那么这种对技术知识的掌握就有可能使这个个体处于被协商或获得与他人协商的机会。从这个意义上说，这样的技术知识的优先控制，对于组织成员来说，构成了一个能够影响组织生存的不确定性来源。

因此，作为组织成员的个体在与组织进行较量时，他的权力最终取决于他对影响组织目标实现的不确定性来源的控制能力，特别是取决于他能够控制的这个不确定性来源的重要程度，也就是说，它与其他具有同样影响作用的不确定性来源相比，是更具有重要性的。而当这个个体在与另一个参与者进行较量的情况下，他的权力将依赖于他在组织规定必须遵守的行动准则的范围内影响对方处境的能力，或者说，依赖于他把对方限定在某个特定行为中的能力，或者说，依赖于他把握和制约对方的行为不确定性的能力。总而言之，个体或群体控制的不确定性来源，对于他或他们所属的组织或组织构成部分的继续存在来说，越是关键性的，那么他或他们获得权力的可能性就越大。

西欧国家的工业企业自第二次世界大战以来，由于在生产过程中广泛运用了科学技术进步的成果，更新了设备和工艺，使得服务于生产的各种技术专家的数量大大增加，从而使工业企业中的领导角色的分配发生了重要变化。这种演变为研究者分析组织中的不确定来源的控制和权力集中提供了不少令人惊讶的例子。就法国来说，人们发现战争刚结束时，因为经济状况很困难，生产排在了第一重要的位置，企业中的权力因此集中到那些最可能支配生产的工程师那里。随之而来的是开发市场和扩大销售，在这一重要时期，企业中的权力转向了那些最可能控制市场的商人，也就是说，商人最有可能利用市场这个不确定性来源。当今的现代工业企业正处在规模化和复杂化的过程中，在这个过程中还会出现一种新的替换。其实，组织的问题，更确切地说，"经营"的问题已成为关键性的问题了，企业管理问题的专家也已逐渐走上了指挥的岗位。然而，在这种新秩序中占有重要地位的人感兴趣的是控制现存结构的最佳方式，因而他们把自己局限在了简单的技术经济的逻辑里。在当前的社会中，专家遍布于各行各业，他们在其中的作用更多的是规定种种限制，迫使人们意识到种种约束，并根据他们的引导来确定最佳选择。专家们对知识的发展加以规定，而且企图确定它的发展方向，他们的这些干预实质上是强迫人们接受他们的选择，甚至一些领导也往往利用专家的意见来掩盖他们的意志和愿望。可事实上，电子计算机自身从来没有做过任何决定。许多相关的研究表明，人们对新知识越是认识模糊或越是限制新知识（由于知识的每次发展都会使一些人面临某种危机），新知识掌握者的权力就越会得到加强，因为正是人们对新知识的模糊认识或新知识的限制导致了技术官僚的兴盛。

概言之，组织在规定权力关系的范围和条件的同时，又对权力关系进行调整。组织通过它的结构和它的一系列规章制度来制约其内部的个体或群体的行动自由，组织因此可能在较大程度上限定这些个体或群体进行协商的范围，也在较大程度上限定他们的协商内容。虽然一些个体可以通过组织来享有奖赏或惩罚的特殊权力，也可以用这种方式来支配一种对组织中不断出现的协商有更重要影响的砝码，他们甚至能够不时地以简单的方式让人接受他们的解决问题的办法，但是，他们的这种行动仍然会由于制约他们施展压力的行动准则的存在而受到限制。[①]

这类问题的研究者必须清楚地认识到，我们这里所讨论的权力关系不属于那些忠实地、刻板地服从于组织正式结构的权力关系。处在关系中的权力并不都属于正式等级制的职权。组织机构规定的等级制肯定有它的重要性，但是，它不仅不会削弱存在于组织中的权力关系，反而会加强这些权力关系。根据费埃德伯格的观点，权力关系能够在组织机构确定的等级制的体系之外建立起来，或者与这个体系平行存在。不过，这要通过以下两种方法。

一方面，假使下级与上级关系的不对称明显地对上级有利，这种不对称也不会总是完全对一个单方面有利。不管怎样，下级会试图再争取到一些权力，而且，他们经常把这些新得到的权力赋予他们的行动，并以最大的努力使他们的行动达到成功。下级的这种试图往往是在与上级为他们之间的合作事宜进行讨价还价时，通过掌握讨价还价的主动性来实现的。在这个背景下，信息的封闭，紧张气氛的维持，以及抑制的态度可以被理解为下级所支配的一种资源，而且是可以成为下级改变原有不对称关系的资源。其实，下级使用这种资源的目的在于提醒他们的上级：从属关系不会总是单向性的，上级也有从属于下级的可能性，因此，上级在处理与下级的关系时最好要注意这一点。下级与上级的讨价还价会不断地出现，而在这些不断进行的讨价还价中，一切都可能被用来作为一种保卫或讹诈的手段，包括组织的结构，甚至包括组织的规则。

另一方面，一些权力关系是围绕专家或行家（比如从事关键技术的鉴定专家、质量评估的权威等）被不断重新建构的。因为专家受过专门技能的训练、拥有理解和精通相关问题所必需的知识、掌握处理相关问题的工具或技巧，唯有他们能够提供一种解决现有问题的适当办法，而这种解决问题的办法对于组织的正常运行来说往往是十分重要的，甚至是必须加以采纳的。然而，对专家或行家提

---

① M. Crozier, *La Société bloquée*, p.36.

出的解决办法的识别和估价具有相当的不确定性，其实，这种识别或估价在很大程度上是由专家或行家自己掌握的。如果组织中的一个个体或一个群体是唯一能够掌握直接影响组织生存的关键不确定性领域，那么他或他们就可能因此掌握很大的权力。由此引起的权力关系也远不会被组织机构所预料。①

权力关系和（讨价还价的）交易关系实际上是围绕不确定性领域展开的，如果从这些关系出发，并摸准它们的建构方式来对组织进行研究，那么人们便可以发现一种与形式组织机构平行的权力结构，从而可以使与该平行权力结构直接关联的第二种组织机构显示出来，这个组织机构对组织的实际运行和对组织中个体和群体的行为来说，同样也是重要的并起约束作用的。其实，所有人的决策指向和形成最终是相对于这第二种组织机构而言的。下面提供的案例分析将会对此做出较好的解释。虽然该案例在现实中不具有普遍性和代表性，但是它揭示了一些经常隐藏在复杂情况里的、有必要阐述清楚的现象。

3. 相关的案例：工业垄断集团生产车间的权力结构

这个案例调查是克罗齐耶在法国国家垄断的一个工业集团公司（以下简称“工业垄断集团”）里进行的。②这个工业垄断集团有30个工厂，它们被分散在全国的不同地区，大批量生产日常消费品是工厂车间的任务。为了这些产品的生产和销售，这个大企业决定在全国实行垄断经营，这对20世纪60年代法国企业的组织来说，是一个很重要的决定，因为它的实施不仅意味着企业可以广泛地无视环境，而且还意味着企业职员可以依赖的国家所有制这个靠山将会更牢固。根据克罗齐耶的分析，国有化的想法在法国之所以取得成功，最深刻的原因实际上是出于人们对就业安全的需求，国有化本身其

① E. Friedberg, *L'Analyse sociologique des organisations*, p.43.

② 这个案例取自M. Crozier, *Le Phénomène bureaucratique*, pp.67–135。

实就是对就业问题的一个比较便当的反应。在一个国有化的企业里，员工身份的主要优势就在于就业受到了保障。尽管法国人讨厌国家机构不可避免地产生官僚主义，但是，一旦局势变得困难了，他们就会躲到国家这个城堡的主塔里栖身。

下面介绍的案例仅仅涉及生产车间及其运行的情况。生产车间是企业的重要领域，它的正常运行直接影响着企业整体经济活动的顺利展开。

（1）车间的组织

车间里有三种级别的人：车间主任、生产工人、机器保养维修工人。这三个级别中的每个级别的人都享受一整套就业保险，拥有各自的地位和身份，而且是通过截然不同的等级程序招聘雇佣的。

车间主任，更直接的称呼是车间里的工头。他们在工作上的负责范围是他们各自所在车间和车间里每个工人的生产会计、生产工具等必需品的供给以及原材料的使用和工人在假期的岗位变换。总之，他们扮演的角色是总监管。

生产工人，每个车间有60—120人，他们中大部分是女性，是工厂里资历浅、技术资格弱的工人。按照他们从事的工种分成两个小组：一组是机器操作工，另一组是收账单的人员和搬运工。不过，这两个小组属同一个级别，组与组之间在技术上有流动性，因为不同工作岗位上的职位是按年资晋级的规则确定的。

机器保养工人，每个车间约有12人。他们持有专业技术资格证书，是很精通机器保养技术的人。在形式等级制里，直接管理他们的不是车间主任，而由车间领导小组下属的一个技术工程师管理（许多现象表明，这个技术工程师并不熟悉车间运行的具体情况）。机器保养工人在车间里可以发挥其特有作用，他们对生产的常规运转可以产生比较稳定的影响。他们中的每个人独自负责保养三部生产机器，当机器出现小故障时，他们还负责进行一些小修理，机器大故障的排除或常规的大修是在工厂以外进行的。

这个描述反映了车间里三个级别的群体，主要特征是：他们之间在工作任务和职业规范上的区别是很明显的。每个级别的角色有明确的规定，一个级别的角色与其他级别的角色截然不同。不过，他们同属一个工会。每个角色既没有促成与其他不同角色之间交换的可能，也没有促使他们之间合作的可能，或者说，他们之间没有中间环节。总之，任何在这个或那个级别里的个人，都不必希望或担心会晋级或降级成为另一个级别中的人。

在工人的世界里，这种不变的和缺乏个性的感觉由于车间的技术组织而被加强了。工厂对岗位任务的合理化和专门化仍在继续进行，（根据科学方法建立起来的）以生产规范和出产率为评价标准的奖金制度是工厂调节生产的重要手段。每个代理人是专业的，并知道该做的事和怎么去做此事的规范，但是，所有这些手段和规范并不促成车间里的人员之间的合作。总而言之，车间里没有给个体留下任何偶然和任意行为的机会，因为每个可能出现的问题都在那些无个性的规则里被事先估计到了。比如，车间里有十分严格的资历规则，详细地规定了生产工人的岗位分配系统和岗位之间变动问题的解决办法。据此，人们可以事先安排好将来处理问题的方案：在生病缺席、机器出故障和假期等情况下，岗位必须由等级中资历最深的且自愿的人来顶替。如果自愿者缺乏，才能由生产女工来顶替。这些规则没有给人际协商留下任何空间，也没有给个体的任意行为留下任何空间。人们试图通过这些规则来提前编出可能突发的问题和考虑好解决问题的办法，从而避免紧张或冲突事件。因此，人际关系在原则上不再有紧张或冲突的理由，因为一切都已在事先预计的范围，每个人都被安排在规定好的位置里了。

然而，当调查研究者仔细观察车间里发生的事，并对三个级别的群体之间的关系进行分析时，却得出了一个完全不同的结论：车间里的日常运行机制证明了这套规则在很大程度上是无能为力的。

(2)群体之间的关系

将要介绍的资料来自于对巴黎地区的三个工厂的一次调查结果。但后来，为了测验所获成果的价值，研究者对整个工业集团公司三分之二的工厂又进行了一次快速的延伸调查。由此得到的结果是，可以观察到的差异不比预料中的差异更重要，而且，这些可以观察到的差异是符合常理的。因此，人们可以把巴黎地区的工厂看作整个工业集团公司的“理想型”。

a.生产工人与车间主任的关系

他们之间的关系很少受人关注。生产工人在感情上和心理上没有觉得自己与车间主任有什么关系。他们不认为车间主任具有真正的重要性，因而没有太在乎这个干部角色。但是，在总体上，他们双方的关系还算好，彼此相处得比较宽容，也没有出现过什么麻烦。归根到底，双方都没有把对方看得很重要。

不过，有一个例外的记录：工厂的领导为了使生产管理上水平，新建立一支较好的下级干部队伍，因此安排了一批比较年轻并且受过培训的车间主任。而工人埋怨更多的却是人与人相处的问题，车间主任在这方面也有同样的不满意问题。

b.生产工人与机器保养工人的关系

这两组工人之间的关系有些紧张和不太和谐。在谈到与机器保养工人的关系时，生产工人深深感到在心理上已经进入了一种困难的，甚至有些敌对的关系。过去，人们总以为他们与车间主任的关系是这样的，根据上述分析来看，其实不然。在生产工人看来，他们与机器保养工人相处中很少是彼此谅解的。比如，当调查人员问生产工人：在机器出现故障时，机器保养工人是否设法快速进行维修？他们中仅有33%的人说，机器保养工人做了他们能够做的；而64%的生产工人则不同程度地进行了较强的批评。

但是，这种紧张关系很难以公开的方式，或者说，很难以个人化的方式表现出来。当调查人员的提问涉及对平时维修服务的评价时，批评意见总是比较严厉的。有52%的生产工人认为，在一般情况下“我们与机器保养工人的关系不错”，而当涉及评价他们个人与机器保养工人的关系时，认为还不错的回答的百分比超出了84%。也就是说，当提问涉及工人个体时，他们往往会隐藏这种不满的情绪。

调查人员注意到，与机器保养工人有直接联系的机器管理员，较少埋怨机器保养工人的修理速度，而反常的是，为此遭受损失最多的却是机器管理员，因为，这涉及机器管理员的生产指标。但是，在收账单的人员那里出现了相反的情况，他们很少感到自己有负担，而且很少牵扯到关系中，但是，他们提出的批评很多。

机器保养工人把生产工人看成他们的下属，还认为生产工人在工作中缺乏主动性。他们对生产工人的评价口气，就像他们评价车间主任那样，完全是以家长式的口气。在他们看来，生产工人的纪律松散，对技术不熟练，工作也不勤奋。他们觉得与生产工人之间由于缺乏一种沟通而很难处理其间的关系。从这里可以看出在这两组工人之间隐藏着的紧张关系所具有的特征。大家都承认这样的关系对自己和对别人都是很不方便的。但有四分之三的机器保养工人在回答相关问题时认为，他们与生产工人的关系“很好或比较好”，当调查人员问他们的同行与生产工人关系怎样时，他们中只有一半回答“很好或比较好”。

c.机器保养工人与车间主任的关系

这两个群体之间的关系比较紧张甚至有些对立，但是很隐蔽。他们的冲突是围绕车间里的权力（即由谁说了算）发生的。冲突发生时，各方的表情都很激动。机器保养工人严厉地批评车间主任的技能不够，有一些人直接不满地指责车间主任没有技能。他们还否认车间主任在车间里的重要作用。

车间主任对机器保养工人的批评也不少。但是，他们在回答访问者的提问时，不是直截了当的，有时吞吞吐吐，怕被牵连得太多。他们中有三分之一的人批评机器保养工人在技能上不过关，另外有三分之一的人拒绝回答访问者的提问。当调查人员问到机器保养工人的一些行为是否影响了他们对生产工人的威信时，车间主任的回答更是含含糊糊，只有17%的人回答“是”，其他的人则说“这是要看情况的”，或者拒绝回答提问。

另外，调查人员还发现，机器保养工人越能抵抗车间主任，他们就越满足于自己的工作和个人的处境。相反，车间主任越是屈从于自己的现状，就越满足于自己个人的处境，而且，车间主任还很满足于他们成为生产工人的态度里的最亲近者。

（3）车间里的权力结构

根据克罗齐耶的分析，真正的车间主任看来是机器保养工人。他们在与车间主任的抗衡中，总能争取到一种权力并能成为获胜者。而车间主任对此往往只能表现出顺从。什么是机器保养工人“胜利”的理由呢？其实，这个理由存在于企业自身的组织里。企业（重视照章办事，刻板到极点的企业）几乎没有给未预料的或无法预料的事件留有发生的余地；一切职责都有明确的规定和说明；一切可能发生的事件在原则上都被考虑到了，而且都有解决的规则。但唯独一件事（关键的事，即企业自身的运作）不在企业理性化的范围：机器的故障及其停机后引发的所有后果。

一部机器可能在何时或怎样出现故障（以及修理这部机器的必要性），是唯一能够继续存在于企业里的不确定性来源，也就是说，这个不确定性来源通常是无法完全被限定在企业规章制度内的。至于企业里的其他方面，每一个问题的解决，都有可能通过实施极其细致的规章制度得到保证。对于机械车间里的这个不确定性来源，只有机器保养工人能够掌握和控制，其实，只有他们会认为自己有必要去尽力成为这方面的行家，因为只有他们的晋级和收入与此有最密切的联系。当他们看到控制这种不确定性来源的实际意义时，他们便会试图从自己的利益出发，去垄断由此产生的权力。

正因为这样，作为社会学家的克罗齐耶发现，企业制定的所有关于机器保养维修的说明，所有关于机器保养维修的计划在形式上似乎都不存在了，它们仅仅是存在于机器保养工人脑子里的知识，机器保养工人在工作中全凭经验传播这些知识。在他们那里得到充分发展的团体精神只表现为：捍卫和保证机器保养维修技术鉴定的垄断。因此，当一个年轻的车间主任（掌握了中等以上技术知识）去参与一部机器的修理时，一种冲突便会发生。而冲突往往是以调走这个车间主任而告终，这是由于工厂的领导不能或不愿意得罪这个保养机器的工人群体。以某种方式说，机器保养工人试图在形式等级制以外谋得的这种权力，属于他们群体的实际权力。

正是围绕掌握这个对生产正常运行有重要影响的关键不确定性来源，车间里的整个权力体系被重新结构了。形式组织机构和它所确定的等级系统其实轮到了次要位置。相对于这个重新结构的权力体系而出场的三个群体，最终理性地调整了他们的行为和态度。在这里应该提醒人们注意的是，垄断集团工厂里机器故障问题的影响，并不是机器保养工人所使用的技术工艺本身固有的影响。

这样，机器保养工人的挑衅行为就可以被解释了。他们的确掌握了实际上的权力，但他们同时处在了缺乏安全感的氛围中，因为他们掌握的实际权力在形式组织里是不具备合法性的，也不是被职权等级制所承认的。他们与车间主任相抵触的这种行为，其实是他们从战略上考虑所使用的一种手段：为了保留机器保养和维修鉴定的垄断而使用的方法。就步骤而言，这种手段的使用首先是出于预防每个想争取他们权力的考虑，使车间主任不能接近他们垄断的鉴定，并使车间主任处于劣势。

面对这种局面的车间主任缺乏能够改变现状的关键资源。事实上，他们拿不出能够生效的办法来真正履行他们在形式等级制里的职权，因为他们没有控制任何能使其他群体产生不安的重要不确定性来源。在这种情况下，对于他们来说，最理性的行为就是降低他们的风险，或者说，以减少他们自己损失的方式采取行动：放松严格管理，解脱所承担的义务，认可所处的劣势。由于他们知道他们不能实际地改变自己的处境，因而为另一种态度（即从属于被管理者支配的态度）付出了很昂贵的心理代价。以某种方式说，车间主任对他们的组织生活的这种参与是没有聘约的“麻木不仁的参与”。

由于受到机器保养工人决策行为的直接影响，生产工人心里总是感到有些不踏实。机器保养工人不仅在车间里支配他们，而且在工会推举领袖的活动中也不放松这个支配权。为了使机器保养工人在工作上给他们多一点合作，生产工人也想与机器保养工人保持良好的关系，其实，他们的这种愿望在公开场合曾多少表示过。但同时，生产工人又以暗含的、转弯抹角的方式，让机器保养工人感觉到他们的不满和对抗。实际上，机器保养工人对生产工人的这些不满和对抗行为也已意识到了。生产工人在很大程度上认为，他们对付机器保养工人的一个最好手段就是维持一种紧张、冲突和困难的气氛，并认为只有在这种情况下，他们才可能对机器保养工人施加压力，从而达到阻止机器保养工人滥用权力的目的。

上面的分析显示了三个不同类别的群体各自所持的战略决策，特别是由于他们的理性方式，促成了车间里的实际权力结构，这个实际权力结构正是形式组织分析最常忽视或掩盖的。不过，人们可以从相反的方向对这种现象提出异议，如果这三个级别的群体之间在技艺上很少被隔离，也就是说，如果一个车间主任或一个生产工人能够成为机器保养工人，并能够发挥机器保养工人在车间里的作用，或者反过来，那么上面那种游戏产生的可能性就不会持续存在。当然，提出这种异议并不是要全盘否定形式结构所具有的重要性。其实，形式结构的规定和规则是处于冲突中的个体和群体在制定他们的战略决策时必须考虑的因素，也是他们知道如何应付的方面。但应该指出，他们的这些战略决策是针对实际权力领域而发展起来的，它们不是直接地受组织的形式结构所规定的。

“工业垄断集团”这个案例的研究者试图说明的是：这个车间里的三个职业群体围绕对机器出故障这个不确定性领域的控制，在他们之间建立起来的关系是权力关系；而在这种权力关系中最可能获利的是机器保养工人，因为只有他们能够根据自己掌握的技能和自己的愿望来处理机器出现的故障，或者说，生产工人和车间主任从属于这些机器保养工人运用其技能的方式和意向，而且，工厂里现存的相关规则往往还倾向于加强这种从属。正是在这种情况下，机器保养工人有了一种权力来源。事实上，生产工人和车间主任力图从机器保养工人那里争取的，就是他们对机器故障的最好处理。在形式组织里，此类问题的解决通常要经过等级制的程序，可是，面对这个程序的人们往往采取走捷径的办法。在这个捷径里难免会产生某种筛选或过滤的可能性，而试图“侵占”这种可能性的行动者常常被引到一些思考或研究上去，这些思考或研究所追求的目的是，为了更好地摸准现存的不确定性来源，从而建立新的无个性规则。这一点就是克罗齐耶所称的科层制的恶性循环。

我们在此借助拉法耶对克罗齐耶有关科层制的恶性循环论证的简略归纳，[①]以便于读者了解科层制恶性循环的这个概念是如何得到发展的。根据克罗齐耶的论证：科层制的恶性循环是在组织中发展起来的，但这些组织的运行是以无个性规则为依据的；存在于组织中的，并在组织中发生作用的规则不一定都是明言的和被预料的，由于规则的再生而引起的矛盾总是会留下一些不确定性领域；组织成员为了扩大或重建他们的权力，会试图控制这些不确定性领域；当组织成员达到这个目的时，由上面提及的那种侵占（即“侵占”某种筛选或过滤的可能性）引起的新权力关系便在受到侵占影响的或反侵占的行动者那里形成了；这些行动者最终被引向了制造压力，制造压力的目的在于促使人们建立一些新的能够对已发现的不确定性来源产生制约的无个性规则；已建立的新规则在与先前规则的对峙中，一些新的不确定性来源又得以创建起来，而这些新的不确定性来源正是组织内部的行动者或行动者群体要去掌握的。

克罗齐耶关于科层制恶性循环分析的独特性，是他很少出于对

① C. Lafaye, *La Sociologie des organisations,* p.44.

默顿、古尔德纳、塞尔兹尼克和布劳的论著里所思考的科层制恶性循环进行识别，而是直接面对组织内的那些基于权力关系的行动者决策及其实施的后果这个现实。克罗齐耶关于权力关系分析的特点在于所分析的这些关系不是形式等级制里的，而是不同行动者（即处于各种地位的行动者）对组织内的不确定性来源的鉴别和控制的能力。然而，这个分析没有引起人们的足够关注。在继续提供的章节里，人们还将发现：从克罗齐耶的观点出发展开的研究所获得的认识能够揭示社会行动者的积极特征；克罗齐耶的这个分析方法也是在马奇和西蒙的研究中得以继续坚持和深入的。

4. 组织结构和游戏规则

现在，我们试图用社会体系这个更综合的方法来掌握一些预测组织的必需手段。根据组织决策分析的观点，这些预测需要借助于一种推论，因此有必要先对这种推论的主要进程做一个概述。[①]

一个既定的组织格局从来无法将行动者完全限定。行动者对自己所采取的行为总是保留着一种可协商的余地或曰自由余地。不过，当行动者的行为影响了组织中其他成员承担角色和追求目标的能力时，他的这种自由余地对于他们来说就构成了一个不确定性来源。行动者若想通过其自由余地来拥有对组织其他成员的权力，那么他会试图用各种手段保卫自己的自由余地。行动者的这种权力越大，说明他所控制的不确定性来源对组织中其他成员以最基本的方法发挥作用的能力所产生的影响就越大。行动者在追随其个人目标的过程中必然会利用他的这种权力，因为这样做更能使他在组织内的收益最大化。行动者对这种权力的利用是基于他对其周围约束的理性估计和对其可以预见到的其他人行为的理性分析之上的。

因此，人们在组织的所有领域都有可能碰到或参与或牵扯到一些权力关系和交易关系。作为组织成员的个体或群体会力图通过这

① E. Friedberg, *L'Analyse sociologique des organisations*, pp.51–54.

些关系来支配权力局面，因为从这个局面出发，他或他们可以建立起某种与其他人协商相互之间合作的可能性，而且有可能使参与这个协商的对方为合作付出较高的代价。这样，他或他们便能更好地达到自己的目标。[①]

组织整体与其不同的成员之间也有这样的权力游戏和交易关系发生。组织必须阻止其成员企图与它进行协商这类事情的发生，而且是以这种阻止来自卫的。不过，组织的这种自卫不是孤立进行的，而是迫使其成员共同来实现的，即在通过其成员最大程度地为实现组织目标而投资的同时进行的。因此，对那种以发展忠诚于组织为己任的“本单位精神”的强调以及对“公共事业”“为顾客服务”之类的基本术语的使用，都应该放到这样的背景下进行分析才会有深刻性。使用这类术语，从某种角度看，其本意不仅在于使组织成员的决策行为和权力关系处于不合法的位置，而且是想通过组织成员对共同“理想”的赞同，获得对组织成员行为的最大程度的可预见性。由此，人们可以思考的问题是：协调一致是否是一个系统所要达到的形式?

组织机构、内部规章制度……简言之，构成官方组织结构的所有方面在这些交易中都没有缺席。但是，如果从这个观点出发来看问题，官方组织结构就是约束范围，而正是在这个约束范围，人们才需要且可以进行交易。组织约束成了那些交易的玩耍者得以相互联系的权力关系必须要通过的关卡，而且组织约束中的很大部分还对交易玩耍者的决策起着规定作用，不过，它们对于保证集体目标的追求来说却是必需的。其实，人们通过组织的这些约束，可以对他们彼此间可能出现的行为进行最起码的预测，也是通过这些约束再把这个最起码的预测或曰最小可预见性引入组织。从某种意义上说，没有这个引入，组织将可能不会再以令人满意的方式运行。而

---

① D. A. Baldwin, “Power and Social Exchange”, *The American Political Science Review*, 1978, LXX: pp.1229–1242.

且，组织约束之所以能够发展，它们最终能够使人们或多或少地接受，也是出于对这个引入的考虑。这里就是组织生存的可能性之所在，也是组织全体成员必须规定和要求自己去维护的方面。因此说，组织生存的可能性是一个比其他不确定性领域更深刻、更关键的不确定性领域。

但是，应该清楚地看到，这些组织约束是以某种方式构成的暂行规章条例，实际上，它们只是人们先前交易产出的结果。由于人们在制订这些组织约束时，已经预计并考虑了每个人的明确目标和每个人拥有的工作手段，因而使势力对比的关系以及每个人可以根据最高原则获取满意的某种平衡处在了凝固状态。在这个意义上说，组织约束不是中立的，它们也是作为权力关系参与者的手段存在的。但是，权力关系不是平等对待所有的参与者的，它们只赋予某些参与者优先行动的特权。从权力关系的参与者这一方面看，组织约束能够被他们作为工具来使用，比如可以被他们当作追求自己决策的防护装备来使用。组织约束的界定和它们特有的凝聚作用，经常成为组织成员在他们之间制造权力冲突时所下的一种赌注。

人们在关于现代复杂社会问题的经验研究中，多少可以看到一些围绕规则的实施而展开的明言或不明言的协商和交易的例子。[①]一般来说，人们比较容易接受这样的观点：规则是上级握有的一种手段，上级可以通过这种手段的应用，从下属那里获得遵守规则的行为。规则在以确定的方法规定下属该做什么和不该做什么的同时，使下属的自由余地减少了，而作为一种回报，使上级的权力增加了。但是，人们也可以换个角度进行另一种分析，这种分析所依据的观点是：规则的理性作用所表示的意义不是单一的。如果规则很好地限制了下属的行为自由，那么，它实际上也限制了上级行使专制行为的余地。规则同时也可以成为下属的自卫手段，比如下属能够躲在规则后面，以规则为护身符或挡箭牌来反对他们上级的专制行为。

---

① 比如P. Grémion, *Le Pouvoir périphérique,* pp.66–73。

但上级的专制权力并不都是明文的规则赋予他的。如果下属坚持刻板地执行明文规定的规则，那么，下属就有可能使上级的专制权力被剥夺。在常规情况下，一个部门为了能够良性运行，就必须使其成员更多地去按照明文规定的规则办事。然而，要求成员如此地行为可能带来这样的后果：使上级实际上处在一个不利的境地，因为上级再也无法从形式等级制的组织里得知或分享其下属们可能会做的那种超越规则要求的事。

人们也许还会提出这样的问题：当局势的重新构建成为非常必要时，上级可能会怎样做呢？组织的社会生活经验使人们可以认为，在许多情况下，上级掌握的规则不只是一个，也就是说，他可以用不同的办法或通过多种途径来处理一件事。就最简单的办法而言，他可以采取一种宽容态度，即默认其下属对他管理的某些规则进行违背的行为，但上级采取这种宽容态度并不是盲目的行为，而是出于使自己可以建立一种对下属进行“讹诈”的途径。因为这样做，他不仅有可能促使这些违反规则的下属去考虑一种后果，即一旦下属使他的上级停止了这种宽容，并以严厉的方法再开始实施一切现存的规则时会带来的后果。而且还有可能促使其下属形成这样的态度：哪里有多“投资”的必要，就在哪里特别努力，即见机行事。但是，上级知道这种行为是不能做得太过分的，因为他在这方面的经验告诉他，下属是从字面上理解规则的，弄不好会拿规则作为借口，甚至还会使这些规则转过来对他发挥作用。

规则的存在对于上级来说，的确可以成为他的一种权力来源。但是，上级手里可以利用的实际权力不只是以文字明确规定的职权，也就是说，规则赋予上级的权力要比他的职权大得多，因为实际权力是存在于明文规定的具体执行中，更深一层看，是来自于这些具体执行所引起的协商和“讹诈”的可能性中。不过，实际权力的拥有者可能提供的服务是无限定的，它的进展将以期限的形式，通过“讹诈”与反“讹诈”的巧妙定量来保证。在这个进展中，每个想达到自己目标的行动者都会试图从他对手的脆弱（包括对手的约束）

中得到好处。

由此，人们不仅可以看到组织运行的更复杂的情景，而且可以把这个情景看作存在于组织成员相互对立的决策和他们之间权力关系中的某种抗衡状态的结果。但是，这种抗衡状态本身又与某些游戏规则——由组织内玩要权力的行动者实施其决策方案的，以及他们相互关系的某些游戏规则——有密切的联系。

经历过现代社会生活中的人对“游戏规则”的制约特征都会有所了解。比如，身为父母的人经常对他的孩子说：“这个事情不该做！”父母对孩子提出这样的要求，实际上是给孩子传递了某些基本的行为规则，而这些基本的行为规则同时还反映了人们在同一环境里的关系特征。这在组织里也一样。有些组织成员在试图达到某些目的时，他们直观地知道有些事情是“不该做的”，他们也多少晓得若是做了“不该做的”事情，他们就会为自己引来一些麻烦，甚至会遭受某种“惩罚”。其实，这就是组织游戏的规则。

因此可以说，规则与结构具有一定的联系。这些游戏规则既是组织结构制约的结果，又是由于组织结构引起的权力关系体系运行的结果，它们之间有密切的联系。人们只要通过这类规则，就有可能认识和体会基于组织之上或寓于组织之中的权力关系体系（或曰社会集体行动体系）的运行。当人们想要改变一个组织时，表明人们对自己经常碰到的困难已经有了一个较好的认识和体会。事实上，组织机构和组织内部的规章制度要改变的内容，比在图表里变化一些格子或者在纸上变化一些句子要多得多。因为当人们以某种方式对组织内不同群体掌握的权力进行重新分配时，便会动摇处于平衡状态中的社会体系。正是这个过程，可以非常直接地影响组织成员为达到他们对权力再分配的参与而进行协商的能力，也可以非常直接地影响组织成员在扮演社会期望他们的角色时所具有的能力。这些影响使组织成员付出的投入，与人们经常关注的那些由于变化造成的“心理压力”这类代价相比，还要重大。

由此导致的结果经常是一些抵抗，这些抵抗有时是难以克制的。

如果人们同意用组织决策分析的步骤来对这些抵抗行为或行动进行深入细致的调查研究，那么就会发现它们还具有相当的合法性。其实，这些抵抗的参与者试图通过他们的抵抗为自己实现某种变化战略建立可能性，而这种变化战略的实施又往往被引向歧途，也就是说，实施者得到的结果往往是出乎其意料的。但是，出乎意料的结果与现有的某种权力平衡可以同时存在，也与现有的某些游戏规则可以同时存在。此类并存的现象应该引起研究者的认真思考，而且需要研究者进一步提出问题，以便更加深刻地认识不同权力之间得以抗衡的基本条件。

三、组织的边际：中继者的概念

我们前面所阐述的有关组织研究仅仅是与组织内的制度相联系的研究。其实，我们还只是分析了组织的“内部社会体系”，而这个“内部社会体系”也只是一个为组织自身而存在的封闭世界。从研究和分析组织现象的步骤来说，采取先揭示组织的“内部社会体系”这样的推论进程是有其道理的，因为这样的推论进程可以使我们更容易接近和掌握那些大体上能够反映组织内部运行特征的调节情况。但是至此，我们不能说我们能够深刻地从本质上认识组织作为集体行动的社会体系这一现实。

在复杂的社会现实中，一个组织不可能不顾外部世界的影响而以我行我素的方式发展，这就是说，组织在其发展的过程中必然会碰到来自外部环境的影响。从某种角度看，组织从一开始不只是为它自身的存在而存在的，它同时还必须承担一些“社会职能”，而且只有当这些社会职能与它们周围的社会期待相吻合的时候，组织才使自己履行这些社会职能。换言之，组织在完成自己使命的同时，必然与其外部的社会群体，或者更广泛地说，与社会的某些环节相联系，而这些环节对于组织来说是“有直接关系的环境”。再则，作为组织成员的个体，他也从来不会完全从属于一个既定的组织。他的社会角色总会超出他在既定组织内所扮演的角色。这就是说，他同时是其他群体中的一部分，而这些群体也需要他的参与和投入，以及他的服从和忠诚。所以，他还属于一些不同的社会体系或文化体系的单位，他的这些从属往往是长期的和连续的。由此可以认为，这些“外部”因素总是在一定程度上或部分地规定着个体在组织内部所从事的活动。

就组织的日常生活而言，组织的内部与外部之间的互相影响很多，而且是频繁的。因此，组织决策分析在其研究领域中，不能不包括组织与其环境之间建立起来的关系，特别是这些关系的机制，因为这些关系的机制会对组织的社会体系总体的运行产生深刻的影响。

1.“社会职能”与“环境”

简单地说，一个组织的社会职能及其使命，是组织为了能够发展而对其周围社会提出的要求或期待做出的反应，并使这些要求或期待倾向于对组织的发展有利。从组织决策分析的观点看，这种“社会要求”自身是一种社会结构，更确切地说，“社会要求”是这种社会结构的结果。作为一种社会结构结果的“社会要求”是通过一些群体与一些具有不同利益的社会阶层之间建立起来的权力关系来体现的，因而不是本来就存在的已知条件。组织决策分析之所以十分重视组织的周围社会提出的要求或期待，是因为这些要求和期待是一些普遍存在的社会现象。人们通过对它们的深刻认识已经得到了一个重要发现：组织所反应的社会要求是不稳定的，而且是变化的，含糊不清的，有时甚至是矛盾的。这个重要发现使人们了解到组织“边际”上存在着的某种复杂性。

组织是为了对其周围社会提出的要求或期待做出反应而承担它的社会职能的。因此，组织的社会职能首先需要在环境中得到或曰“输入”一些资源；然后，创立它要推销或曰“输出”的产品。“输入”和“输出”这两个需要还能够被不断再分，因为资源和产品不是单一的，而是多种多样的。组织为了实现其必需的“输入”和“输出”，必须要与其环境建立一些关系。由于这些关系对组织的存在和组织自身的运行来说具有绝对的必要性，组织的社会职能因此有必要织造一个有结构的和相对稳定的网络。[①]

我们以工业企业为例来对上述现象做更为详细的阐释。企业为了制造它的产品，需要借助和使用人力、物质、资金、知识、信息等方面的资源。企业为了出售它的产品，需要依赖那些能使它的产品直接到达买主的批发部门和传送网络。但是，与环境有关系的这种必然性是每一个组织不得不考虑的，无论这个组织是从事何种产品的生产，也不管这个组织的目标和使命是怎样的。再以教育机构为例，教育机构为“造就”一个有教养的人需要动员许多重要资源，这种需要与教育机构要在一些人（无论他们是将成为“有教养”的人，还是成为对社会有用的人）中发现一个培养的“需要”还不是一回事。不过，教育机构的这些职能中的每一个都要求与环境的各个不同的部分相联系，因为这个环境是教育机构在其中工作的环境。同样，对于一个公共行政机构来说，为了能够恰当地并有效地扮演它的角色，它需要了解“它的公众”的构成，更需要了解“它的公众”里正在发生的变化。由于它所面对的社会环境包括众多“环节”，因而它需要了解的其实是这些众多“环节”的构成及其发生的变化，更直接地说，是这些众多“关节点”的要求或期待的变化。

因此可以认为，一个组织，不管它是从事哪一种生产的组织，都不可避免地要对其环境有所适应和有所从属，不仅如此，还要重视并处理好自己与周围环境的关系。在组织决策分析的术语里，组织的环境对于组织而言，不仅具有一种必要性，而且也构成了一种威胁，即一种会引起组织内部平衡发生动荡的潜在不稳定因素。这种潜在因素是对组织生存会产生重要影响的一个关键的和不可避免

---

① M. Callon, *La Science et ses Réseaux*.

的不确定性来源。组织为了使其运行达到令人满意的程度，必须随时了解并掌握这个不确定性来源，或者说，必须能够及时而有效地预测并试图控制与它相联系的环境。

我们上面进行的解释所针对的问题，在本质上是涉及那些围绕与环境的必要关系而重新构建的权力关系。这些权力关系是一个抽象的领域，它们构成了组织内部运行的基础，而且严格地约束和规定着组织内部的个体或群体的行动能力。同样，组织与其环境之间的一切交往或曰交易只有通过权力关系才可能建立起来。其实，组织为了使自己能够控制那些来自环境的不确定性来源，必须要使这个抽象的领域稳定下来，并使之具有个性。

对于这项活动的进程来说，组织首先是在自己的内部创建一些职能，以便专门处理自己与相关环境中的各个重要关节点之间的关系，这是环境对组织内部结构最初影响的结果。对组织内部创建的这些职能负有责任的不同部门，它们的使命主要是为组织达到其目标所进行的实践提供服务。因此，这些不同部门不仅要让组织了解其外部的情况及其发生的重要变化，而且要代表组织与其环境创建足够数量的，并具有足够质量的关系。也就是说，这些不同部门处在组织与环境关系的前沿。它们为了能够完成自己的使命，更重要的是懂得与环境的不同关节点保持良好的关系。然而现实中，这种良好关系的保持使组织的这些不同部门差不多都不可避免地被引向了一个方向：与环境的各个重要环节的需要、问题，甚至精神状态相一致。这样的结果给组织带来了一种微妙的问题：不同部门的职能之间的分割和隔离在组织与其环境所维持的良好关系中显示出一种重要性，而且这种重要性越大，组织就越有必要充分地去整合自己与环境维持的良好关系，只有这样，组织才可能比较顺利地实现其自身的目标。

从决策分析的观点看，上述这种微妙问题实际是一个属于管理上的问题，而它与学院式的假设几乎没有一点联系。企业中经管商贸的人往往无法让从事生产操作的人完全理解自己，从事生产操作的人也无法使经管商贸的人完全理解自己。关于这类情况，有企业工作经历的人多少都有所耳闻，一些关于企业问题的研究就向人们提供了这样的例子。[①]

视组织为决策者结构的西蒙认为决策分析有助于解释组织与其环境的关系是如何发生的。一些学者从西蒙的观点出发对组织与环境关系进行了研究（比如B. 柏恩斯等学者关于英国工业公司如何涉及其环境的某些层面的研究、C. 劳伦斯等学者关于采用何种组织来处理各种经济和市场的研究、布劳等学者关于技术和规模如何对组织结构产生影响的研究）。这些研究发现，由于决策需要信息，环境构成了向企业提供有关竞争者、供应厂商等方面的信息。信息引发了企业的部分活动，比如使企业思考应该通过什么手段达到自己预期的目标、应该如何评估绩效等。然而，研究者也发现，企业的构成和管理受到了来自环境的信息的不确定性和复杂性的影响。从这些发现中，人们注意到决策、沟通和信息是解释环境、技术或规模与组织之间关系的重要中介变数。[②]

如果我们从组织的决策者首先是行动者这个观点出发思考问题，我们的注意力就会集中于行动者的决策方案的实施行为。一个在技术上发展较快的企业，其科研方面的成果通常也会比较突出。在一般情况下，企业从事科研工作的人员为了维持或提高他们的革新能力，必须与企业之外的相关学术团体保持较密切的联系。同时，他们的革新活动也必须得到企业内部的接受，否则他们的革新成果就难以被纳入投产的计划。因此，为了使他们制订的革新方案避免遭到实践上的阻碍，他们必须熟知工厂多方面的实际情况，比如对新产品投产所需的操作技术上的适应能力要有比较充分的了解。

然而，这个问题的解决对于企业里的研究者来说并不是一件轻

---

① 除了这里介绍的案例外，读者还可以参阅R. Sainsaulieu, *L'Identité au travail*; C. Riveline, "Regard d'un ingénieur sur la gestion des entreprises", *Gérer et Comprendre*, 1991, 12: pp.50–64。

② Gary Dessler,《组织理论：整合结构与行为》，第71—91页。

而易举的事。其实，革新和适应涉及来自两方面的要求，而这两方面的要求经常是相互矛盾和难以调和的。当然，这种困难不完全是企业的专门部门与环境的关系本身所固有的，因为事实上，一些纯属企业内部的因素在这种困难的生产或制造中也发挥了一种十分重要的作用。但是，尽管如此，人们还是可以看到环境与组织内部运行之间最初发生的相互影响，而且，这些相互影响有更大的发展趋势。从组织与环境关系这个角度来考虑建立一些专门部门，其实只是组织与其环境关系的开始阶段，这些专门部门还需要通过隶属于它们的一些人员的活动，才能与组织的环境发生实际的联系。这些人员在组织决策分析的观点里被视为享有特权的“中继者”（relais privilegies），[①]因为组织建立的专门部门只有通过这些中继者在其周围构造的一些相对稳定的并有一定结构的网络，才能合适地扮演它们自己的角色，也就是说，才能使它们自己接触到相关的环境。这些享有特权的中继者及其周围的网络对于组织的专门部门的行动来说是不可缺少的，更为重要的是，组织总体的运行也受到它们的影响。在此应该提醒人们特别注意的是，这里的网络作为一种联系的途径，它的直接利用者不是组织，也不是组织的专门部门，而是那些被组织决策分析称之为中继者的人员。

中继者是一个具有双重性的角色。一方面，中继者代表组织与组织涉及的部分环境打交道，使组织了解这部分环境的要求和问题，并通过这种参与来影响组织对其产品的确定；另一方面，他们又可以代表组织的部分环境与组织一起制订关于出售已定产品的某些规则，并使他们所代表的部分环境遵守这些规则。因此，从组织方面看，中继者起到的作用是减少来自环境的不确定性，而从中继者方

---

① P. Grémion, “Introduction à une étude du système politico-administratif local”, *Sociologie du travail*, 1970, N°1: pp.51–73; M. Crozier, E. Friedberg, *L’Acteur et le Système*, pp. 140–142.

面看，这个作用给他们提供了一种讨价还价或曰敲诈的可能性。[1]但是，如果中继者在获取这种可能性时所行使的权力在很大程度上是来自他们在形式组织中的职权，那么此时的中继者便会从属于或曰受约于这个作用。总之，组织总体通过它的各专门部门将与其代理（即中继者）之间创立起一种相对稳定的协商关系，同时也建立起一种使其代理（即中继者）可以在其中找到自己利益的比较平衡的权力关系体系。

上述这种协商的关系由于它的稳定性而构成了组织的一个主要亚体系，它可以通过多种方式直接影响组织的运行。首先，组织自我构造的中继者网的本性和代表性使组织实现其功能和达到其目标的能力受到极大的限定；其次，掌握与这些中继者的关系可以使掌握者控制一种对组织的生存起关键作用的不确定性来源，而且使中继者角色的扮演者（包括对这个角色负责的人）有可能获得一种权力。由此带来的后果是：组织总体内部的权力结构会因此而感到不安，最终致使所有组织成员的态度和行为也会从这里开始，极大地受到组织与环境关系的现实及其逻辑的影响。

现在我们可以这样说，对组织与它的一些环境所保持的关系体系的决策分析，是获得对组织运行的理解必须要做的一项最重要的工作。如果人们想全面而深刻地领会那些具有组织特征的社会体系之间的协作或冲突，那么，就必须以组织日常生活中提出的实际问题为思考的出发点，即必须超越形式组织的制度界限。

研究者如何才能做到这一点呢？根据帕热斯的经验，第一，应该试图了解和阐明组织可能具有的“弹性”（ressort），也就是说，要去认识那些重视组织的作用、对组织的作用已有反应的个体或小组的本质，以及他们扩增规模的途径；第二，应该试图理解组织可能

---

① H. Aldrich, “The Environment as a Network of Organizations: Theoretical and Methodologiecal Implications”, Communication présentée au Ⅷè Congrès de l’Association internationale de sociolologie, Toronto, 1974.

具有的“灵活性”（élasticité），也就是说，要去看懂组织为了动员或显现其弹性范围的成员而使用的手段，或者说，要知道组织掌握其弹性和在可能的情况下控制其弹性所使用的那些手段来自何处。①

在下面列举的个案研究中可以发现，组织从来不会完全被限定在它的制度界限或它的形式框架的范围内。严格地说，某些不属于组织“成员”的行动者总是有可能与组织构建一些关系，尽管这些关系受到了经常性的、明言的或不明言的“管理”，但实际上，从事这种管理的人还没找到什么有效的办法可以把这些关系与形式上属于组织成员的那些人加以真正的区分。因此从根本上看，组织的外围不是固定的，而是变动的和灵活的。组织是根据形势趋向而移动的：组织一会儿延伸，以超越习惯的方式，把一部分环境紧密地纳入它的运行中；一会儿又向反面收缩，有选择地使一部分环境彻底留在它的外围。②总而言之，组织无法与它的环境相分离，一旦组织决定与它的环境相分离，这就意味着它会犯某种错误，因为这种分离往往是它把现实过于简单化的结果，或是对现实分析失真的结果。在组织的现实生活中，一个人对另一个人的影响或被另一个人影响的现象总是继续存在。对此，克罗齐耶研究小组的J. 沃尔姆斯（J.-P. Worms）所做的关于法国某省政府与其环境的关系特征的研究分析能够为人们提供一个很好的解释。

2. 相关的案例：省政府与其环境的关系特征

沃尔姆斯的这个案例研究主要涉及的单位是法国的某省政府。③

---

① 这里的“弹性”和“灵活性”概念最初是在帕热斯关于一所巴黎私立学校的领导危机进行的一种历时性研究中提出来的。可参阅R. Pages, “L'élasticité d'une organisation en crise de direction” (The elasticity of an organization undergoing a management crisis), *Sociologie du travail*, 1965, N° 4: pp.364–382。

② 关于这方面的更深入分析，人们可以参阅P. Grémion,“Introduction à une étude du système politico-administratif local”。

③ J.-P. Worms, “Le Préfet et ses notables”. 这里有关此案例研究的归纳主要参考了E. Friedberg, *L'Analyse sociologique des organisations*, pp.58–66。

这个机构是一个在许多方面都具有科层制特征的组织，它如同一个封闭起来的单位，其优势几乎只能这样归纳：无个性的规章制度，拘泥于细枝末节和例行公事。然而，这级组织在法国行政体系里占有重要位置，因此它与环境的关系对它来说也具有特别的重要性。实际上，在这个组织里，没有一个部门或办公室能够在完全不利用与环境关系的情况下就完成任务，因为该组织内的大部分人员日常接触的或使用的文献和规章都直接涉及组织外部的个体或群体的行为，甚至可以说，组织内的规章制度的“威力”似乎就是针对环境而言的。

这类案例的研究之所以值得人们注意，是因为对它的认识有助于人们理解组织在实现其社会职能的过程中与环境建立的关系，以及这种关系是如何对组织结构和运行产生影响的。[①]

（1）组织的描述

该省政府机构的人员按照职业构成从下到上可分为不同的等级层次：助理，办公室代理，办事人员，行政秘书，专员和主要专员。为了对省政府总体配备干部，指挥层预计了两种职务：部门主任和办公室主任。最后，全体人员中每个人都有了头衔。就省政府指挥“主体”的成员而言，他们的头衔有：省长，省长对外关系总负责的“办公室主任”，直接负责省政府各部门正常运行的“总秘书”。

这个机构职员的“范围”与领导这些人员的指挥主体之间有一道几乎不可逾越的鸿沟。这两组人员属于两个不同的社会领域，他们的职业形式是不可比较的。因此，政府内的一般职员要“进入”指挥主体的办公室几乎是不可能的事。总之，同在一个机构内的两个组群之间极少有面对面的交往。

省政府内有一系列精确而详细的办事条例的文本，由于这个文

① 若读者想获得这方面的更多信息，还可以参阅P. Grémion, *Le Pouvoir périphérique*, pp.154–347。

本的存在，使该机构的职员“工作”具有十分刻板和墨守成规的特征。这为那些互相之间本来在工作中交往就很少的职员额外地增加了一种强制性规范，并使他们在执行各自任务的过程中形成了一种拘泥于仪式的态度。因此，部门里的人文气氛总是平淡、乏味，甚至沉闷，而且部门里的事务处理很容易受到这种气氛自身的经常变化的影响。办公室里的人际关系也很容易受到各种嫉妒，以及人为麻烦的约束，还经常由于这种约束而变得恶化。

（2）与环境关系的特征

属于省政府的公职人员办理的公共事务很多，而且非常不同，从事辅助性工作的其他职员（或称小职员）人数是根据公共事务的类型和接触的频繁性而变动的。人们在认识这两种职员工作的同时，可以对公共事务进行分类——从干预省政府运作最多的人到干预省政府运作最少的人，以先后次序排列为：① 其他行政机构的官员；② 市长及其秘书；③“一般公众”（即在具体办事的窗口出现的公众）；④ 总顾问；⑤ 政治界或职业性要人，比如社会名流。

如同与省政府打过交道的人们能够料想的那样，与外界接触的程序并不是按照省政府的人事等级制，即从高级别到低级别来安排的。人们总以为在省机构的日常活动中，下级与外界的接触要多于上级与外界的接触，而事实上，上级与外界的接触要比下级与外界的接触更频繁、更复杂，而且，他们优先接触的对象差不多都是一些有影响的大人物。

职员们对与环境的接触普遍持一种带有矛盾的情绪态度。一方面，他们很重视与环境的接触，因为他们看到环境中存在一种使指挥主体变得通情达理和使行政机构的作用更具有效率的可能性；但另一方面，他们好像又把与环境的接触看成是令人不安的因素，甚至看成是对省政府组织内平衡因素的潜在扰乱。因此，他们中出现了一种带有普遍性的倾向，即怀疑或不信任、拘泥于细枝末节或刻板执行规章条例的倾向。他们倾向于照章办事的理由是：法律面前应该是人人平等的。

这些职员在所有场合都明确地否认省长有“政治”职能的存在，并对省长的社会协商与社会仲裁这方面的职能表现出完全的不理解。而实际上，他们心里清楚地知道，省长的这种职能及其包含的“政治”作用对省长完成其使命来说是不可缺少的。这些现象说明，在职员的平均主义规范（即法律面前人人平等）和表现为指挥主体职能要求的文化规范（即通情达理、人道主义、注意个别情况、愿意使规章条例的执行变得灵活等）之间存在着的矛盾是比较全面的。

（3）与环境的关系引起的变化

当研究者把两种人（第一种是与环境很有关系的人，第二种是与环境没有或有很少关系的人）对相关问题所做的回答进行比较时，便可以发现他们的回答有显著的不同。

首先，人们越接触环境，就越要求接触环境。其次，与外界有经常联系的人，其行为好像较少是“官僚主义”的，不仅这样，他们还把更加开放和更加灵活的行为引入到各个领域。尤其是进行市政监督工作的人本身很少有吹毛求疵的行为，对程度较轻的违章行为更倾向于宽容。人们很少以反对的方式来表达对省长的社会协商职能的意见，而实际上，省长的这个职能在一般情况下是不被很多人所认可的，也就是说，在很大程度上是受到以不明言的方式否认的。不过，引人注意的是，有这种灵活性或曰很少僵化的态度，在那些接触诸如其他行政机构的职员、市长及其秘书和“一般公众”的职员那里更为明显，而在那些接触诸如总顾问、政治界或职业性要人的职员那里就不那么明显。由此而论，公众对政府机构的职员工作是具有一定影响的。

然而，与组织外部有联系的职员在介绍他们的工作时，对反映他们工作态度方面的结论好像很少发表反驳的意见。实际上，与工作独立性较强（即与外界很少有接触）的另一些人相比，这些职员更强调指出的是一些规定他们在工作中应该做什么的精确而详细的文本，而且还特别强调指出了一些明确规定该文本的执行不能简单化的条例。而当他们发表的意见有利于职员间的合作和有利于更多的职能时，他们就大量谈论在工作中有较大独立性的其他人，却不说与别人的合作事宜。

总之，职员们与外部的联系越多，越是对他们远离指挥主体感到满意，因而越是不埋怨他们与其最高领导之间联系的缺乏，而与外界联系很少的职员却强烈地感到缺乏与高层领导的联系所带来的一种不方便。

（4）与环境关系的组织效果

上述有点反常的现象，由于它们能够打乱某些既定的计划和安排，因而会使人张皇失措。实际上，这些结果仅仅表达了职员与环境的关系是对组织内部权力结构的深刻反应，因为职员与环境的关系带来的主要后果使职员与指挥主体隔离的鸿沟似乎加宽了，而且也深化了。只要我们把一个一般雇员放在应放的位置上，人们也许就能够比较容易地理解这个现象了。对于这个一般职员来说，他的工作是把一套在全国范围内有效却十分复杂的规章条例的文本运用到他所碰到的具体情况和具体问题的处理中。但是，由于这些文本的制定和编写是为了考虑一切可能发生的问题，因而它们必然是针对非个别的、宽泛的、抽象的和无个性的问题，而指挥层总是要求人们在对它们进行解释时，要将它们与具体情况相适应。

一个与环境有联系的并总是为做好自己的本职工作而担心的省政府的小职员，不仅要实施规章，事实上还要（有时还要特别）解释规章，而且要用转弯抹角的方法对付规章条例在实施过程中出现的问题，以使规章条例能够适用于具体的情况。公众对小职员的这种做法是很了解的，所以经常用强调的口气提出特别的情况，以对执行规章条例的小职员形成压力。人们可以设想，在如此条件下，在社会声望与权力常常超越自己的那些公众面前，要与环境建立联系这件事对于省政府的小职员来说，从中积累的经验可能会是一种使他们受到创伤的经验。不过，研究者发现，这种经验的积累是不能长久地持续下去的。如果情况不是这样，即如果职员对这种现状没有提出问题，那么说明他们默认或接受了这个现状，以某种方式说，他们的这种默认或接受正证明他们懂得了如何保护自己，也会运用一些使他们能够面对不同公众的手段（或曰某些“王牌”）来解决问题。

因此，应该重视对于使省政府的职员与省长隔离的鸿沟进行的深入分析，因为这种鸿沟构成了职员的保护物，或者说，这种鸿沟为职员解决某些问题提供了必需的手段。研究者发现，一般公众接触到的那些职员，在一些公众面前经常流露出对上级的不满，他们的意见和老百姓的意见非常合拍，他们把不满的矛头直接指向省政府的指挥层。其实，他们之所以这样做，是想把例外事件的处理或通融安排的这种权力留给省机构金字塔的顶端，以减少他们在工作中的麻烦。实际上，人们多少都知道这样的运行逻辑：省政府的指挥层对于省政府的一般职员来说是难以接近的；一般公众必须通过这些职员的有效工作，才能获得一些满意的效果；而一般公众要想通过这些职员去越级找省长或省政府的指挥层帮忙，这是一件很不容易做到的事情。

可以说，省政府的职员能够向公众表现他们行使权力的范围。但从战略上看，他们向公众表现其权力范围的目的在于使他们与局长之间的那道鸿沟更加明显，从而使公众更清楚地看到他们对自己的决定是要承担责任的。然而，他们只有在公众完全认为他们履行的这个责任是至高无上的情况下，才能证实他们对规章的解释是灵活的和被公众理解的。当这些职员向公众表示其权力范围时，他们手边必然会放着规章条例的文本，而这些规章条例是他们必须使其面对的公众尊重并接受的。在他们看来，这些规章条例比他们自己擅自做出的决定和他们能够动用的权力还要重要，至少它们可以被用来作为他们方便工作的托辞或借口。这种现象如同吉登斯指出的那样：日常接触在时空上的常规性或例行性正体现出社会系统的制度化特征。例行常规以传统、习俗或习惯为基础，但我们绝不能就此假定这些现象属于不言自明的东西，以为它们只不过是些“不假思索”地重复进行的行为方式。相反，正如戈夫曼使我们认识到的，绝大多数社会活动的例行化特征，都需要由那些在自己的日常行为中维持这些特征的人持续不断地“施加作用”。[①]这一分析或许使人们可以更好地理解：与环境的关系所引起的变化为什么在一些职员（即与其他行政机构的职员、市长和市长秘书、一般广大公众接触的职员）那里，要比在另一些职员（即与总顾问和政治界或职业性要人接触的职员）那里更显著。

同样，省长也可以在规章条例的实施中寻觅到他的利益，比如他可以找到一种能增加其权力的，并能使其社会仲裁的职能合法化的办法。而这种办法的获得将取决于他对规则的解释和使规章适合特殊情况的能力，也就是说，关键在于他能够接受或拒绝对一个案卷处理所做的某些改变，在于他能够以这种调节方式使自己更快地越过来自行政体系的障碍。其实，高层领导有权灵活地执行规章条例，这对于高层领导来说是很需要的，但要使这种权力具有实际意义的前提是其他的职员能够不折不扣地照章办事。人们现在也许可以进一步发现，这种社会仲裁的职能变得越重要，个体或群体的行为被试图纳入其中的那个范围（即属于规章制度的、平均主义的和不公开其名的范围）就会变得越精确和严密，再则，组织对这种社会仲裁职能的实行还会起加强的作用。

以另一种方式说，相对于省政府这部无个性的和缺乏应变的“机器”而言，省长可以同意的那些“例外”和“破格的优先”往往更具有合法性，而且这部“机器”在省长与不同公众之间还会构成一种有效的过滤器和一种生效的“堤坝”。因此，如果分析是以内部组织体系为界限，那么，便可以重新思考省政府组织的许多特征，并且还可以在其中再找到一种特征，即能够以完美的方式显示

① 安东尼·吉登斯，《社会的构成》，第164—165页。

出来的属于反功能的特征。不过，这一特征的作用仅仅是对某个社会目的性而言的，既然如此，也仅仅是对承担社会监督、维持治安和稳定社会团体这些职能的省政府机构来说的。在人们把与环境的关系放进去考虑的情况下，这种特征便可以重新获得它的所有辩护和它的整个“功用性”。当人们从组织的结构及其行动体系的制约出发讨论这种特征时，它的“功用性”才能体现出来，因为组织是为了完成它的“社会职能”，才允许它的成员扮演社会期望他们扮演的角色的。

人们可以从这里引出两个附加的考虑，但这两种考虑是基于两个相关的发现之上的。第一个相关的发现是警察局的人员与环境关系的这种方式促使该机构组织里的大量行为成为刻板的事实。当警察局的部门提出了一个新职能（即部门预计的经济活动及其发展的职能），特别是当警察局认为有责任把这个新职能纳入它的职能时，关于这种刻板问题的证明就出来了。这个新职能的承担很快就碰到了抵触。其主要原因是，警察局的职员所掌握的资料是根据规章制度来分类划分的；每个职员是根据他必须遵守的那部分规章条例来对他的技能和权力加以说明的；允许他们以经济术语进行他们的改变，这对他们中的大部分人来说，将意味着会使他们可以进行的监督检查失去专业性，因而也意味着他们掌握的权力来源也失去了。组织要对付因此而产生的抵触，只能建立一些专门单位，而且，这些专门单位与科室其余部分是相对隔离的。然而，当它们开始运行时，过去的行为模式又重现出来。在这样的情况下，只有接受了新任务的，并拥有能使他们在省机关以外找到职业的手段（特别是相应的大学文凭）的这些职员是富有朝气的，他们的职业计划在组织内部没有受到全面的限制。这些富有朝气的职员之所以承认并接受了人们对其任务的新定义，是因为他们发现了在这个新定义里有增加他们在组织以外“变卖”技能的可能性，也正是因为这样，他们才敢于冒放弃旧行为模式对他们保护的风险，而对于不具备这种条件的其他人来说，这个风险很可能是太大了。

第二个相关的发现是警察局以关系方式建立的那个环境本身的事实。就建立这个环境的直接后果而言，它使警察局的权力有可能在“名流”的周围被制造，因为这些名流具有直接见到局长的能力。名流总是存在的，而且将继续存在。而警察局组织对这个权力的构造增加了重要成分，因而同时加强了名流的重要性和他们的权力。

我们在前面已经说过，由于例行公事的、吹毛求疵的和无个性的部门存在，使省长仲裁职能的重要性增加了，与此同时，能够在省长旁边斡旋，通过与省长维持的密切关系来获得省长帮忙的那些人的环境也存在了。正是围绕省长形成的组织使得省长的名流网络显现出来，这就是说，组织的环境中有一部分是由组织自己结构而成的。

这里的问题并不涉及某学派的假设。如果人们对法国省份选举省长进行过认真观察，便可能发现选举人在测定候选人时，经常是根据他们直接见省长的能力和得到省长影响的能力，就像以他们自己处理人际关系的社会技能为依据那样。省长在当地的社会生活中有很大的权力，尽管如此，省长还是很愿意同意并尽量满足他周围的社会名流提出的请求，因为这些名流对他来说同时也构成了一些中继者，通过这些中继者，他可以更好地控制一些来自环境的不确定因素。于是，一个稳定而平衡的关系体系逐渐在这些搭档之间被建立起来，这个关系体系的作用很容易倾向于保守。其实，省长与社会名流这两者都想从这个关系体系中得到权力和资源，没有一方真的想改变这个格局。名流们因此成了省政府机构本身最好的保护物。沃尔姆在其《省长及其社会名流》[①]一文中还进一步分析道：市长有赖于省长是因为只有省长才有权灵活地实行能够限制市长活动的规章制度。市长有必要听取和接受省长的意见是因为省长拥有全省最好的信息网络。而省长也有赖于他的社会名流，特别是市长这样的名流，因为省长知道，他若靠单枪匹马地工作将会一事无成。

---

① J. - P. Worms, “Le Préfet et ses Notables”.

省长为了使自己的决策计划得到贯彻，他就必须使他的社会名流乐意听他的安排，并使他们不对已经形成一致的看法制造麻烦。他们之间的这种联盟最后发展到双方合力对设在巴黎的当局施加压力。然而，这种联盟导致了保守性的封闭状态。

因此可以说，省政府这个实例能够阐明的机制具有更一般的意义。与环境关系的构造不能缺少对组织内部运行的深刻反应。这个构造对于在组织内部的某些个体或群体来说是一种权力来源，因为这种构造能使他们合适地扮演他们的角色和适时地完成他们的任务。从这个观点出发看，与环境的关系是一种不太容易变形的外加因素，总之，不管怎样，这些多重的复杂关系不会朝着单一的方向发展。组织通过这些多重关系不断加工环境，同时也不断被环境所加工，就如同对每个权力关系中的双方来说，作用是相互的。

3. 环境对组织的直接影响

社会理论家认为，社会环境可被看作由两部分构成。一部分是“自然形成的社会环境”，它随着简单社会关系发展扩大，自发形成为一种结构。另一部分是“人为建立的社会环境”，它由包含复杂社会关系的社会组织构成。人为建立的社会环境无法根据行动者的利益自然形成，这种环境中的每一种关系都是由处于这一关系之外的行动者建立的，每一种关系只有通过与同一组织中的其他关系发生联系时才能存在。这种结构是以复杂关系为基础的。[①]复杂关系也是组织环境的构成，因此，组织环境的边际很难被勾画出来，特别是它在变化中的形态。

在已经提供的分析中，人们可以看到组织在日常生活中与它经常联系的环境一起织造了一些具有一定结构的、相对稳定的关系体系，也可以隐隐约约地发现在这些关系体系之外还有一些相关的影响存在。每个影响都有其自身的重要性，并带有较大的扩散性。这

---

① 詹姆斯·S. 科尔曼，《社会理论的基础》（上册），第53页。

些影响会对组织产生什么样的作用？这正是我们接下来需要展开讨论的问题。[1]

随着一些案例分析的展开，人们也许逐渐理解了一个组织不是存在于抽象之中，它本身是一个既定社会的组成部分。这个既定的社会是在技术、经济和社会发展上达到了一定程度并以某种结构为特征的社会，而且它的社会规则对其成员具有特别的约束作用。然而，对于组织寓于其中的这个社会的这些情况，组织是不可能全部都考虑到的，更是不可能完全顾及的。实际上，组织从它的环境中吸纳了人，人作为组织的重要资源之一，对于组织目标的实现是极为关键的。可是，组织所招聘和雇佣的个体却从来不是中立的，他们进入组织之前在总体社会中已经获得了各种经验，或者说，他们各自先前都有过社会生活的经历，对社会生活已经形成了一定的想法和价值取向，而且多少知道或掌握一些应付社会生活中复杂问题的办法。因此，当这些个体作为组织成员开展工作和完成任务时，他们的行为方式不可避免地会受到一些影响，同时也会对组织的生活带来一些影响。一般的社会环境就是从这里被引入组织，这个引入不是单向的，而是多层面和多领域的。组织决策关注的重点是作为行动者的组织成员在构成社会关系时，以何种方式利用了各种结构性特征。

个体从来不会完全从属于一个组织。我们多次强调这一点，是想提醒读者不要忽视了这样的事实：个体在组织内的角色仅仅是他们在社会中扮演的众多角色中的一个，他们对这些不同角色是否重视或重视的程度大小，与他们个人的计划和期望有一定的关联。这些个体可以在组织内选择一个完全消极的角色，可以把他们在工作中的努力仅仅作为他们对其家庭的贡献，或者，他们优先投入资源

---

① 将要进行的讨论除了得到文中已经提及的相关研究的启发，还得到了这些研究的启发：J. Child, “organizational Structure, Environment and Performance: The Role of Stratehic Choice”, *Sociology*, 1972, Ⅵ: p.121; M. Akrich, M. Callon, B. Latour, “A qui tien le succès des innovations?”, *Géré et Comprendre*, 1987, 11: p.411, 1987, 12: pp.14–29。

的地方是他们所加入的业余爱好者剧团或其他社团等。简言之，他们在组织外部的社会角色，有可能是建立在对他们自己提供一些备用的解决办法这样的考虑之上的，也有可能出于能够使自己在组织内部活动时减少一些重要约束的考虑。在个体的这些考虑面前，组织往往是无能为力的。当然，为了限制这方面问题的出现，组织可以试图通过“促使”它的成员提高觉悟，更多地从他们那里获得对组织的“忠诚”，从而创建一种“本单位精神”。然而，组织成员在社会上有多种角色这个现实是能够形成一些使组织运行有重负之感的深刻制约的，而组织却往往难以反对或阻止。

西欧国家有不少调查研究的成果可以证实上述现象的存在。比如D. 凯尔戈阿（D. Kergoat）等研究者在1968年5月至6月，对法国一个工业企业的罢工过程所做的调查显示，对工人群体的罢工行为的贴切解释必须依赖于企业的外部资料。[①]根据研究者的观察，这次罢工事件与法国企业聘用的外籍劳动力有直接的关联。那时法国工会化的比率提高很快，差不多所有的工人都参加了两个工会。这些罢工的工人当时大致分成了两个小组。第一组工人积极参与了由该组发动并控制的罢工，第二组的工人十分消极，几乎是退缩的。没有任何的组织材料可以解释工人在行为上的这个不同。而当人们的思考超越了组织本身时，尤其是注意到工人个人的理性计算时，对他们在行为上的这个不同的理解才显得比较容易。参与这次罢工的工人基本上由外籍劳工组成，积极参与罢工的这组工人，人人都想在法国获得定居权和在法国长期生活的可能。而另一组则是一些刚来法国的劳工，他们只有一个赚钱的目的，他们还没有形成终身留在法国的想法，而且还预计要在或远或近的将来返回到他们的祖籍家乡，有的还说他们始终没有离开祖籍家乡的企图。

---

① D. Kergoat, Mari-Claire Bureau, *Crise de mai 1968 et Evolution des Pratiques revendicatives ouvrières* (une monographie d'usine), CSO, 1971; D. Kergoat, “Emergence et création d'un système d'action collective à travers une expérience d'autogestion en mai 1968”, *Sociologie du travail*, 1970, N° 3.

组织的成员在个人方面（如在人格、价值观、生活计划等方面）的确是如此的不同，那么他们在集体方面也是有区别的。以某种方式说，现代社会具有很大的偶然因素，其本身不是个体的简单相加，而是在社会阶级中以等级制方式结构而成的。这些阶级也可能被分散，被分化，甚至被改造，因而可能成为变幻不定的，它们的存在极大地限定了属于它们的那些人群的行为。首先，就权力而言，社会阶级较适应于一种渐变，这种渐变意味着不同阶级相互之间要保持一定的距离，因此，这种渐变在不同阶级彼此为追求各自的决策而需要掌握的手段（文化的、物质的等）方面引进了一种根本不平等的关系。其次，社会阶级构成了重大的相互关联的网络。这些网络不仅对于规范的存在至关重要，而且是价值观和规范的传递者，它们促成了其成员对现实识别的方式，也促成了其成员在总体社会及组织内部体验他们处境的方式。

因此，社会阶级使得一些亚文化产生了，这些亚文化有独特的语言，行为模式也与众不同。但它们的主要特点却是既不分享基本相同的文化，也不分享基本相同的态度。复杂社会的日常经验告诉我们，在这些亚文化之间很难进行交流，有时甚至不可能进行交流。组织中的每一个人际关系体系都会对此感到不安。其实，个体是根据他们对社会等级从属的不同，并以完全不同的方式来体验同样的冲突局势或同样的从属格局的，而所有组织生活的基本资料的构成正是基于这些情况之上的。个体或多或少地重视一些诸如安全、个人自治、平等这样的目标追求。因此，这些亚文化往往与主导文化是相冲突的，它们在组织内的关系和与它们在使用人际关系及交往关系时的规范和价值观是互相对立的。简言之，所有与这方面相关的资料是以人际关系体系为特征的。

根据组织决策分析的观点，亚文化之间的这些互相对立还不至于在组织内引起反响。这如同持这种观点的研究者特别强调的那样：他们所感兴趣和所希望解释的组织内的个体行为，是在这些粗略的和宽泛的限定词以外概括出来的。组织现象确实将许多迂回的办法带进了组织，而人们只有对组织内的社会体系的运行进行深刻分析，才可能较好地理解这些迂回的办法。一些致力于研究工业社会不同文化模式以及它们在组织中的重要性的学者同时还提醒人们注意：组织是与其自身的社会结构、权力结构一起寓于一个既定社会中的；组织自身的社会结构和权力结构这两者之间必定是互相影响的。[①]总之，在一个更加概括的层面上，组织不能离开技术、经济、社会和文化条件。换言之，组织是社会总背景中的一部分。

可见，组织决策分析涉及的是一个在技术和经济上达到较高发展阶段的社会。事实上，组织和企业在财富及福利贫乏的社会中的运行，与在财富及福利丰裕的社会中的运行是不相同的。人们可以这样去想象，西欧一些国家的边境逐步开放和它们之间日益强化的竞争压力为其企业带来了深刻的变化，而这些变化会给企业提出什么样的要求？企业又会向社会提出什么样的要求？当然，在关注科技发展的政治学家那里，环境的改变也许是首先与技术相关的重大课题。这种环境的变化的确也使各国政府突然发现自己受到了越来越大的压力，而且提出了要对“环境”加以保护的行动战略。每个国际组织也以某种方式直接参与。对于有些组织来说，这件事正在成为它们活动的主要部分。[②]然而，与此同时，关注企业组织的社会学家则发现，提高社会里的教育水平这一要求被广泛地提出了，而当有利于这一要求的相应措施出现时，引起了组织的重要反响，因为提高社会里的教育水平这个举措改变了指挥权的已知条件。事实是，受过较好学校训练的人越来越被重视，与过去相比，他们拥有更多的手段，有更多的机会和更长的时间参与企业的协调，这就意味着人们不能以过去的方式来指挥他们了。发达国家的组织在指挥

① R. Sainsaulieu, “Pouvoir et stratégie de groupes ouvriers dans l’atelier”, *Sociologie du travail*, 1965, N° 2; R. Sainsaulieu, D. Kergoat, “Milieu de travail et modèle d’action”, *Analyse et Prévision*, Futuribles, Tome IV, 1968, N° 6.

② 尤金·B. 斯科尔尼科夫，“未来技术的国际功能意义”，载于西里尔·E. 布莱克编，《比较现代化》，杨豫、陈祖洲译，上海译文出版社，1996年，第570—595页。

方面碰到的许多具体困难可以对此做出证明。《第5代管理》的作者C. 萨维奇（C. M. Savage）通过该书的序言告诉人们："自90年代以来，变化最大的是我们管理和领导企业的方式。计算机和联网的思维使许多过去深受欢迎的观念被废弃。"[①]

从根本上看，组织是根据它们所关联的民族文化体来呈现一些不同特征的，但无论它们具有何种民族文化的特征都会碰到一个同样的问题，即如何使一些个体或群体在有组织的整体内为达到某个目标而进行有效的合作，即使这些个体或群体所追求的决策是不一致的或是对立的。但是，每个民族都有它自身的历史，有它自身的传统，有属于它的基本信仰和道德标准，或者说，每个民族都创造和发明了一些使自己适应于这些已知条件的独特方式。[②]因此，组织是不间断地，而且以复杂的形式求助于它的环境的。它的环境所经历的变化也总是能够在组织那里引起反响，使其中已经形成的那些平衡发生问题。其实，经历过现代社会生活的人们多少会赞同这样的观点：在社会变迁的节奏不断加速的时代，环境对于组织来说便是一种持续的挑战。

四、组织的调节：具体行动体系

作为比其他形式更具有结构和更强调制度的社会形式，组织向研究者提供了关于集体行动者合作问题的经验性模式，而这种经验性模式的研究需要运用组织决策分析这样的推论方式。由于组织决

---

① 查尔斯·M. 萨维奇，《第5代管理》，谢强华等译，珠海出版社，1998年，第20页。

② 克罗齐耶通过对法国社会的研究，在法国式的组织方式和法国社会"文化特征"之间建立起一些衔接。法国式的组织方式：权力高度集中，这不仅与无个性的职权相关，而且与组织成员的群体被相等隔离的方式相联系。法国社会的"文化特征"：害怕面对面的关系；面对由于从属的处境和权力关系而引起的紧张，需要保护；需要无干扰的个人自治。从某种意义上说，法国式的组织方式是以对这些文化特征的要求进行反应的"潜在职能"来体现的。

策分析在推论方式上的严密性，不可避免地要求研究者去选择它所使用的一些关键性概念工具，就像我们前面已经介绍的决策、权力关系、不确定性领域、自由余地以及中继者这些概念。从我们的介绍中读者也许已经察觉到，决策是一个操作性的概念；权力不是一种属性，而是一种牵连交换和协商的不平衡关系，以及行动者为了在组织中谋得权力而利用的一种自由余地。我们的介绍还可能让读者看到了高度集权的组织以及人们在其中从事很多非正式职务的另一些组织。

实际上，组织决策分析不只是运用这些决策概念，它也借助于体系的概念。体系概念与决策概念有所不同，它较少启发人们去注意面对面的行动者的行动能力，而较多引导人们关注面对面的行动者所结构的游戏的特征。游戏是形成关系的复杂空间。决策概念适用于行动者的行为和他们在其中可以自由玩耍的游戏，而体系概念适用于分析行动者的行为和游戏的结果。组织决策分析非常注意使自己避免功能主义和控制论已经使用过的体系概念，这种重视使组织决策分析通过自己研究实践开创了一个关于体系的新概念：具体行动体系。[①]这个新概念的使用在于指出一种基于权力关系经验之上的具体现象。具体行动体系是指联结组织所有成员的关系总体，这些关系存在于正式组织及岗位职能的预期之外。也就是说，具体行动体系通过非正式规则运行。非正式规则对于企业组织运营十分必要，而且通常为众人所用。当有人想要在企业组织中进行改革，使原有运营方式发生变化时，他就会切实地感受到具体行动体系的存在。[②]

具体行动体系这个概念在组织决策分析中占有十分重要的位置，要讲明其中道理，还须从组织决策分析为它所研究的组织下的定义

---

① 本章节有关具体行动体系的介绍主要参考了M. Crozier, E. Friedberg, *L'Acteur et le Système*, p.239–259; P. Bernoux, *La Sociologie des organisations*, pp.142–156。

② Cf. P. Bernoux, *La Sociologie des organisations*, p.155.

说起。组织决策分析涉及的组织不等于结构形式化，也就是说，结构形式化不是组织这个领域里行为的具体结合的同义语，组织是一种社会构造或曰具有一定结构的人类整体，而构成这个整体的成员是行动者。这些行动者不是一般意义上的行动者，而是在他们构成的整体中发展各自决策的，并把这些决策放到受约于环境变化的规则性关系体中加以结构的行动者。因此，研究这种行动者须从他们制定其决策方案所基于的思想方式着手。组织的这种社会构造的调整不是自然而然的，是通过某些行动者参与的一种游戏来进行的。因此可以说，决策分析所研究的组织是一个自身处于连续变化中的整体：这个整体不断出产新的目标，更换或辞退老成员，并吸收新成员；它需要经常性的调整，但这些调整首先经过并不是形式组织的程序，而是一种关系，这种关系是在那些试图使处于变化中的整体不断再构造的行动者之间建立的。决策分析的组织并不像人体那样可以做出及时而灵活的反应，它从一开始就不具有"自然性的"协调机制，它只是一种人工的构造体。这个依赖于某种人文协调机制的构造体便是具体行动体系的创造者。

1. 体系制约的行动

组织决策分析中基本上包括两种推论方式：决策推论和体系推论。这两种推论方式互相之间既是补充的，又是矛盾的，但还是趋向一致的。

决策推论是以行动者为出发点来揭示体系，这是一个具有某种能力的体系，即独立通过它自己的制约来解释行动者的表面非理性的能力。体系推论是以体系本身为出发点，并与相关的行动者一起重新发现该体系的构造秩序，以及重新找到该体系的构造秩序中带有任意性的和非自然性的偶然因素。因此，在行动者分析和体系分析之间、决策推论与体系推论之间存在着一种微妙的平衡。概括而言，体系是由一些相对自由和自主的行动者创建的，促使它运行的也是这些行动者，确切地说，是通过这些行动者在其中进行协商、交换和采取决定的关系网络发生作用的。具体行动体系的概念为网络概念补充了这样一个事实：这类关系网络本身的运行所根据的模式是一种特别模式，它能使行动者按照人们日常习惯的关系方式来解决组织生活的具体问题。而这些习惯关系的建立、维持和发展是以行动者个体的利益和兴趣、环境的约束以及行动者提出的解决办法为依据的。

为了有助于对行动与体系这个主题的讨论，我们先通过一个便于认识的简单例子——从事机器小调试的熟练工人的例子[①]——作为引导。

根据工厂对职能的规定，车间里的机器小调试属于校准工的工作范围。一位熟练工人提出要去学做这项工作，他之所以愿意去从事机器小调试出自好几个理由的考虑：更好地了解他所操作的机器；使机器有益于自己的工作；承担一种真正的责任；受人尊重——因为不能进行机器调试的工人在小组里会受到藐视；能够在校准工缺席时摆脱困境；在难以预料的事发生时也能照常进行生产；使自己在别人眼里具有校准工和小组长的能力等。熟练工人的这些目标的罗列还可能延伸下去。但在研究者看来，这个列表本身对该熟练工人来说并没有多大的重要性，最重要的是以某种方式使这些目标成为对他所在工作小组及其校准工和小组长的某种权力来源。因此，他的行为是带有战略性决策的行为。

从同意让熟练工进行机器小调试的校准工这一方来看，他之所以给予同意也有很多理由：他对机器小调试并不感兴趣，也让别人来体验一下；多一点时间钻研一些复杂机器的较高难度的调试，以便使自己获得可以支配的时间，比如外出学习更先进机器的调试等等。至于小组长，作为熟练工和校准工在形式等级制里的上级，他对熟练工和校准工的这些行为采取宽容的态度也有一系列理由：使熟练工承担一些责任；不使校准工感到不满；如果熟练工能够处理

① M. Crozier, *Le Phénomène bureaucratique*, pp.105–134.

机器的小调试，校准工就能够致力于学习机器的大调试，这样生产就可以获得一个令人满意的运行等等。人们从将要进行的相关分析中可以发现，与校准工和小组长个人目标相一致的这些目标其实是一种解决问题的方式或途径，而这些问题是由于日常工作中突发事件而提出来的具体问题。

这三个在行为上从属于一种非形式协调机制的行动者构建了一个具体行动体系，这是一个使生产因为有了它才没有遇到过多的偶然事件并获得效益的体系。如果他们在解决生产实践问题中的配合仅仅是与他们彼此都有的互惠观念相适应的，那么处在这个发展阶段的他们只是处在了体系的范围，而不是处在行动者的领域。

克罗齐耶和费埃德伯格提醒人们注意，如果人们认为这种局面必须改变的话，那么将要对此进行的研究不应首先去追究“谁是过错方”这样的问题。人们可以假设机器部件的质量和产品的质量会由于机器没有调试好而受到损坏。人们还可以提出在这种情况下，车间主任（作为熟练工、校准工和小组长的等级制上级）应该怎样进行干预的问题。如果车间主任主张首先要通过批评其下属的行为来改变车间运行的情形，这有可能是错的。当然，车间主任这么做也许是不得已，但必须要在理解了体系存在的道理之后，再做处理。

其实，在车间的生产过程中总会有无法估计到的因素，而这个问题的处理在形式组织里往往没有明文的规定。因此，在生产过程中一旦出现了明文规定尚未涉及的事情，就会需要临时采取某种措施，而能够临时采取某种措施的，或者说，能够满足生产特殊要求的，往往是现场的行动者。但是，如果上级指责熟练工做了与他无关的事，指责校准工不做本职工作，并指责小组长视而不见，那么这个上级最终只能得到使个体泄气，从而使体系失去常态的结果。这种案例一般出现在那些强调个体要承担其责任的企业里。

决策分析认为，车间主任首先要进行一种决策分析，即要找到或估计到哪些人是能够临时采取某种措施的行动者，而且也要做一种体系分析，即这个具体行动体系是为了何种理由存在的。不过，克罗齐耶在此提出了一个问题：这位车间主任由于什么原因而这样糊涂（或曰装傻），要去得罪所有的人，以至于妨碍他领导的车间的正常运行？

人们对上述案例中车间主任的可能性行为提出的假设（即指责下属）表明具体行动体系的设想本身被不正当地接受了。在所调查的工厂里，大多数上级面对某个反功能的反应是追究谁是犯错的人员。当他们自信地认为犯错的人员已经找到时，便对这个人员采取责备的态度或者采取调换的措施，有时改变其在组织机构图中的位置。他们以为问题因此就得到了解决。然而，用这样的方法来解决问题，很少能使所谓犯错的人在组织行为上发生变化。这个犯错人员的行为变化可能是有必要的，但在促使这个变化之前，应该先了解他的这种犯错行为是属于何种行动逻辑和属于哪一种体系的。对于这些理由的持有者来说，具体行动体系的概念就显然是一个基本概念了。

决策分析认为，对具体行动体系这个概念要做出严格的界定，最好是把它放到有关体系的理论中来，因为人们在其中将可以看到一些重要的区别。

J. -L. 穆瓦涅（J. -L. le Moigne）的《组织的决定体系》一书对体系理论在关于组织一般分析中的运用做了较好的概述。[1]穆瓦涅视组织类似于机构秩序，而这个秩序同时又与集体行动在其中开展的领域相同。人们由此得到了这样的一种预感：相比于对团体、整体构成、成员之间关系的各自属性进行单独的分析来说，将他们视为同一也是有重要意义的。而当这种预感能够使人们排除那些只叙述事实或仅仅强调运行和约束的方法时，或者能够使人们减少对人事问题的兴趣而更加重视人员关系的方法时，便会得到进一步的发展和丰富。

在讨论体系理论时不涉及机构模式似乎不大可能，因为这是经

① J. -L. le Moigne, *Les Systemes de decision dans les organisations*, PUF, 1974, p.9.

典阐述中经常出现的步骤，即使人们在其中也略微引进了开放式的体系。[①]有学者认为，有机论者和功能主义者的想法是一种愿望，而这种愿望是现代社会学家经常在自卫时反对的那些愿望中的一种。其实，人们是想在这里补充一条，即也要与体系思想的愿望进行斗争。在一般情况下，每个机构在示意图里都有介绍。而体系的图像也是渗透于这个展现机构的示意图里的。

就体系而言，它的定义是以相互依赖这个概念为其出发点的，因而它也被归属于具有组织机构性质的。帕森斯在《走向一般行动理论》合编本中提出："系统这个词是在经验现象的复合体中存在相互依存的确定关系这一意义上使用的。系统概念的对立物是偶然变异性。"[②]根据L. 贝塔朗菲（L. von Bertalanffy）所做的界定：体系是由相互依赖的成员构成的整体，也就是说，成员之间的联系是通过一些有牵连的关系体现的，比如一个关系发生了变化，另一些关系也跟着变化，结果，使全部整体发生了变化。[③]贝塔朗菲的体系定义被视为是经典性的，它是以相互依存和全体性这两个概念为基础的，使体系概念近似于组织机构。组织机构与体系之间的区别存在于面对变化的人们彼此反应的合目的性里面。在组织机构的情况里，每个对变化的反应是为了使变化引起的平衡得以重建：有一个总是重新出现的理想状况。而在体系的情况里，变化的意义是不被人所知的，即使是被不明言追求的理想状况最终也是与平衡相关的。帕森斯的行动系统概念包括定位在一个情境中的一个或多个行动者，而这个情境包括自然因素以及符号、观念和信仰等文化系统。个体以特定的方式参照情境中的这些元素而行事，把它们当作目标实现

① Cf. D. Silverman, *La Théorie des organisations* (The Theory of Organization), Dunod, 1973.

② T. 帕森斯、E. 希尔斯、K. 内格尔等合编，《走向一般行动理论》，哈珀·托克图书公司，1962年，第5页。（转引自罗德里克·马丁，《权力社会学》，第15页。）

③ L. von Bertalanffy, *General System Theory: Foundations, Development, Applications*, Braziller, 1968.（转引自R. Boudon, F. Bourricaud, *Dictionnaire critique de la sociologie*, p.603。）

过程中的手段与条件，并且在此过程中与这些元素之间建立稳定关系。[1]在马尔科姆·沃特斯看来，行动者在适应情境时，并不是按照一种依具体情境而定的特定方式，而是根据有规可循的稳定的期待模式。这些期待模式逐渐为行动者相互之间所共享，因此，为了满足自身，也必须考虑期待其他个体会做出的反应。进而，这些期待中的一部分逐渐一般化、抽象化，成为符号和象征，从而促成了个体之间产生沟通与共享理解。总而论之，一个行动体系最低的条件是：行动者依循动机来适应情境；行动者之间存在一套稳定的相互期待；行动者之间正在发生的事具有一套共享的意义。[2]

具体行动体系的概念与体系概念既相结合又互相对立，它们之间差异的关键在于它们有不同的环境约束和不同的调节机制。如果人们能够以组织机构和体系的合目的性为出发点，在理论上对组织机构和体系加以区别的话，那么，作为谈论体系时习惯使用的模型会重新引起混乱。这些习惯使用的模型主要是生物的、自然的、机械的和数学的。

生物模型就是指人体模型，这个模型总是要尽可能地使身体维持在平衡和“健康”的状态。生物抗体的生产是通过有机体的分泌来保护某些器官，并使整体能够运行的方法。而人们知道，可以产出这些抗体的肯定不是受损坏的器官，而是其他器官。一个体系内的所有成分是相互依赖的，它们（甚至包括最虚弱的成分）为了恢复到一种健康状态而使用了它们的一切能力。在这种健康状态里，所有的器官要完成它们的工作，既是为了它们自己，也是为了整体。

自然模型经常是由历史学家和地理学家发现并提出的。比如拉杜里（E. Le Roy Ladurie）1966年出版的《朗格多克的农民》一书向

---

① T. Parsons, *The Social System*(2nd edn), Routledge, 1991.（转引自马尔科姆·沃特斯，《现代社会学理论》，第153页。）

② 马尔科姆·沃特斯，《现代社会学理论》，第153页。

人们提供了他了解到的一个处于平衡状态的体系，即存在于14世纪的法国朗格多克地区的这种模型的过程。那时，作为土地继承者的农民的儿子，他们的数量的提高导致了土地的分散，接着又引起了资源的贫乏，最后造成他们自己的人口减缩。人们是在一个自动调节的人类体系里，环境的约束在这里被视为稳定的，因此，体系也被看作是封闭的。

经典的机械模型往往被人们认为如同锅炉、散热装置和恒温器。在这个模型里，人们可以使锅炉起动供热，使散热装置的水温增加，使房间温度升高。这种温度的变化来自外部，对恒温器发生作用的起因也是来自外部的温度变化。在此，人们所面对着的是不同成分之间的一种严格的一致性，这些不同成分根据一种单独的维度（即温度的变化）来编排程序，而且能够完全独立地保持一定的状态。

至于数学模型，人们可以通过这种方式来介绍："观察一个从n个方程式到n个未知数的可解系统。如果人们变化系数中任何一个的值，那么，按照一般规则，所有的未知数的值都将受到影响。如果人们消去未知数中的一个，那么，系统将成为难解的。如果人们加上一个未知数，那么，系统会有无限多的解决办法。"在相互依存的深处有一个体系：一个分子的变化引起了所有分子的变化，以至于使体系无法运行。但是，关于所有分子的可能变化的、一些分子可能消失而另一些分子可能增加的，以及它们几乎无限量变化的这个假设，使数学模型与其他三个模型不相同了，即使它们在相互依存的深处还有相似的方面。①

概括地说，生物模型、自然模型和机械模型是以一种同态的调节模式持续存在的。这种模式里的平衡是通过机构本身、稳定的环境约束和使用者提前做好的规划来实现的。而且，其中的变化能够以自主的方式出现，或者通过对需求相适应的方式，或者通过对

---

① R. Boudon, F. Bourricaud, *Dictionnaire critique de la sociologie*, pp.602–605.

事先安排的规则相适应的方式出现。因此，这种同态的调节模式只能与组织的模式相符合。唯独数学模型，在它使相互依存深处的体系与某个重要的不确定性相结合时，能够帮助人们理解组织。然而，如果这个模型不能引起任何互动，那么它就不能提供这个帮助。

相互依存与互动这两个概念之间的不同是属于相同领域的。当两个行动者由于互补职能而受到约束或感到有约束时，他们之间才会有互动。[①]在总体背景里，这些行动者是相互依存的。但是，在互动的情况下，他们中的一个有可能对另一个的补充没有感觉，而在组织的背景下，他们必须有这种感觉。一个企业的商业部门和生产部门总是相互依赖的，如果发生了尖锐的冲突，它们可以减少它们之间的互动，甚至可以通过总部领导来终止它们的关系。不过，它们还处在相互依赖中，只是停止了往来关系。当它们彼此之间不再有什么期望要满足时，它们的互动也因此变空了。

行动者在其中不再有互动，而有相互依赖的这类案例正是决策分析所感兴趣的。决策分析与体系分析的不同就是相互依赖这个概念在互动的情况下被人不明言地使用，并且总是以达到某种互动的必要或需求的语言来论述时出现的不同。决策分析认为，行动者的相遇是不可避免的，他们相遇的告终也是由他们自己促成的，或者说，他们也会以调整这种相遇来结束他们的相遇。但决策分析并不认为行动者的这个调整会出现这样的结果：使行动者的相遇变空或使组织失去生命。对于这样的期限，决策分析指出，当企业由于施加在企业成员身上的那些制约太重而失去活力时，人们总是缺乏足够的意识，虽然这些期限令人难以忍受，但还是一些可以钻空子的已知条件。其实，这个强调是试图引起人们注意，企业成员并不那么懂得为钻这些已知条件的空子而组织起来，或者说，他们还不太善于通过组织这个途径来钻这些已知条件的空子。从决策分析的一

---

① G. C. Homans, *The Human Group*, Harcourt Brace, 1950.

些成果中可以看到，以市场为理由来呈报企业破产是一种欺骗手段，但这是一种不完全的欺骗手段。以市场为理由来呈报企业破产的真正理由是企业成员没有能力找到一种更有效的方法为企业的继续生存而组织起来，因此说，人们不应把过错归咎于市场，而应从企业成员的组织出发提出问题。

2. 行动者创建体系

一个组织如果真想达到“正常”运行，那么，它就可能是由那些使他们的关系既处于互动模式，又处于相互依赖模式，并使这些模式的参与者成为一些具有一定结构的行动者构成的。这个整体的成员为解决他们集体生活中的具体问题而构建的关系总体被称为具体行动体系，甚至可以称它为实际行动的亚体系。因此，这也涉及行动者为解决组织运行中提出的具体问题而构造他们关系体系的方法问题。行动者是根据他们的这些目标来组织他们的关系体系的，而他们的这些目标（作为结果）从来都是他们自己的目标与组织的目标之间的一种妥协。于是，具体行动体系与两种现实相关：关系的调节体系及其相互制约的联盟体系。即使这些现实被很好地区别开来了，它们还是能互为包含的。

具体行动体系有两个基本要素：关系的调节体系和行动者之间的联盟体系。就第一个要素，即关系的调节体系而言，当人们对它进行讨论时，就可能涉及那些由行动者为了解决组织的日常问题而相互认同的关系规则。

举例来说，当一部机器出了故障，人们可能会想到这样一些问题：生产工人会怎样反应或怎么处理呢？这个生产工人首先会将此事告诉谁？是最靠近的同事、机械修理工，还是小组长、车间主任或工厂的维修科？人们也许还会问，哪一个进程是属于官方的？这个生产工人实际上运用了哪个进程？机器维修工人面对这种情况又会做出怎样的反应？组织决策分析的研究发现，这里最关键的问题是：谁决定和控制修理期限和修理质量的权力，即谁能够优先掌握并使用由修理的期限和质量构成的赌注？在法国，工业企业的年度修理费通常是根据商业事务所的预算来决定的，在这样的企业里，当机器出现了故障，生产工人是以什么方式使从事机器修理的主要成员组织起来的？这些从事机器修理的主要成员又是以何种方式导致其余的成员做出反应的？即使商务事务所的领导们已经准备好在确定的日期、以确定的形式向财政领导出示某些单据，前者整个兴趣还是想知道后者所关注或认为是重要的东西，因为对于商务事务所的领导们来说，最要紧的是使他们将要出示的单据与财政领导认为是重要的东西相吻合。不过，这个重要的东西其实是由商务事务所的领导们根据他们自己的看法加以设想的。为了获得这个相吻合的结果，商务事务所的领导们有可能会在他们之间，也可能会与总部的某些干部一起建立一种关系体系。因为通过这种关系体系，他们对财政预算的介绍可能碰到的较难的和关键的问题做出预测，从而可以事先拿出解决问题的方案。这说明他们根据自己的经验已对此类问题形成了一种看法。因此，他们需要有一些关系，而且要以建立体系的方式来组织这些关系。

具体行动体系的第二个要素是行动者之间的联盟体系。通过前面的论述，人们已了解到行动者实际是经过一种关系体系组织了他们的相遇。然而，在行动者的联盟体系里，行动者彼此在看问题上的观点是有差异的，而这个差异往往会导致他们去与一些人对立或与另一些人联盟。人们不仅会与这样或那样的人相遇，而且还会与这样或那样的人进行联盟。这就是说，行动者为了某个行动，不必采用官方的合同就能够借助或依靠某个其他行动者的资源。这里不必涉及规定的契约，其实，是因为在一个与组织的运作领域一样多变、一样复杂的领域里，行动者是不可能用规定的契约的。但是，当这种类型的行动进行时，每个行动者都比较清楚他自己可以依赖的对象是谁。比如一个小组的成员受到了另一个竞争小组成员的威胁，他心里明白他可以去依赖他所在小组的一些成员的支持，他也会想到依靠这种联盟来抵制威胁，他甚至知道获得这种联盟应该具备什么条件和不应该越过什么界限。为了更好地认识行动者的联盟及其作用，可以借助伯纳克斯在他的《组织社会学》一书中详细介绍的两个例子。[①]

第一个例子是在一个大约有3000个雇佣劳动力的企业里发现的，涉及关系的调节体系。研究者在该企业进行调查时正好碰到企业推行信息化，主管信息科的负责人受企业聘用不到四年，他的主要任务是使工资的发放实现信息化。

启动这个信息化是企业管理现代化的需要。信息科虽小，但它是直接属于企业行政部门领导的。它的负责人对信息发展工作相当投入，并与企业的其他领导（如生产、商业、财政、研究和市场营销等部门的领导）保持着广泛的接触和联系，他很重视使这些领导知道怎么能够从信息使用中获得好处，还请他们随时来询问，并向他们提供及时的解释。他忙于回答这些询问，可是，他并不为信息使用者碰到难题的情况而操心。

从某种角度看，信息部门的这位负责人以半官方的方式建起了一个由他称之为“通信者”（correspondants）的人构成的网络，由于这些“通信者”中的每个人所在的工作位置对于其所在部门的领导来说都是很容易观察到的点，因此他们使其部门的领导得以了解到他们的每次行动。他们提供的信息以各方面领导所要求的可靠性和利益为依据，而且符合这些要求实现的可能性，同时也符合那些可能成为同盟者、敌对者或中立者的人和部门的情况。这位信息部门的负责人曾对调查者透露：“我的成功和信息运用的成功是取决于这种类型的决策。”案例的介绍者伯纳克斯分析道，这样提供的服务自然是得到了回报，至少这些服务没有使“通信者”在所有人前面掌握信息化。

第二个例子反映的是行动者之间的联盟体系。20世纪60年代初期的雷诺汽车公司要建造一个新工厂，对此，人们有两个构想，但

① P. Bernoux, *La Sociologie des organisations*, pp.151–152.

这两个构想是相冲突的：一个构想强调流水线生产，另一个构想注重模数生产。

自从泰罗的合理化开始以来，人们就相信在一个汽车工厂组织装配的最好办法是流水线。人们着手做了这件事，这就是第二个例子的来源。装配是在两条平行的流水线上完成的，每个流水线有500米长。车间里经常有30%的人缺勤，有时甚至达到50%，生产的品质日趋降低，以至于这个模式作为问题再次被提出来。其实，车间里出现了严重的社会冲突。与此同时，大众汽车公司在它的一个工厂里推广了一种模数的构造模式，因为它在技术组织上的创新性，也因为它在商业上的成功，这种模式已获了一种令人好奇的重要成果。

流水线或模数的实现引出了一种体系，这种体系与组织的概念，也与指挥、交往、期待和报酬等方面有些矛盾。那时，人们了解到主要领导层分为两个有差不多重要影响的组，每个组都试图为了自己的事业而要争取另一组的成员，因而许多联盟相继形成。关于模数选择的行动引起的争论一般都延续了较长的时间。面对这一现象，人们可以提出，如果是这个行动引起的争论，那么即使它后来发生了理想的变化，也不能说明是最终的解决办法。以瑞典的例子来说，关于模数选择行动的争论也碰到了许多困难，但最后人们对此做出的结论是：任何组织的选择都是偶然的，而且受到一系列因素的制约，这些因数是根据具体情况以不同方式相互作用的；同样，行动者也是有各种打算的，他们有各自的解决具体问题的方法，因而他们面前有许多难以预料的因素。

既然企业面临大量的不确定性，解决的办法总是不明显的，行动者在他们争论的主题上也呈现出相互对立的观点，所以人们有理由说，联盟体系的存在有它的必要性。联盟体系一般都是临时的或曰偶然的，它建立在那些出于个人原因的行动基础之上，从这个意义上说，联盟体系与关系调节体系不一样。相对而言，关系调节体系更为持久，因为由它构建的关系是一些稳定的和经常性的关系。

克罗齐耶和费埃德伯格对具体行动体系所下的定义，在更大程度上是以调节体系为基础的。其实，他们提出的具体行动体系可以被视为一种人类整体：这种人类整体具有一定的结构，它通过相对稳定的活动机制来协调它的参与者中的行动者，并以构成其他活动的调节机制来维持它自己的结构，即维持其活动的稳定性和这些活动之间的关系。[①]克罗齐耶和费埃德伯格同时也强调，像联盟这样的一些活动不是无根据的，它们的理由有时很简单：关系体系是构成权力关系必须要通过的关节点，这个关节点因此也是组织的约束，更进一层说，关系体系是具体行动体系及其亚体系必须要通过的关节点。

人们也许注意到了，为了阐明组织的实际运行，组织决策分析以特别的方式使用了权力、不确定性领域和具体行动体系这三个概念。其实，在组织决策分析看来，这三个概念可以帮助人们深刻了解组织运行的关键性概念，不过，人们在运用它们对组织现象进行分析时，不能将它们置于同一个层面。权力概念总是相对于组织背景下的行动者的行为而言的。每一个行动都可以用权力作为赌注来衡量，这种权力是行动者通过自己的行动创建的权力，或是在参与该行动的其他行动者那里能够调动的权力，而且它还可以与这些行动者的重要资源相比较。所涉及的权力赌注和重要资源对于这次行动来说，是行动者认为值得投入的价值，即使这个投入有可能是无所收获的或曰是有很大风险的。赌注和资源在此成了具体的尺度，这些具体尺度有助于人们研究权力的游戏。在这个基础上，研究者应该接着去揭示一些对于组织来说很难摆脱的不确定性，而这些不确定性存在于组织的所有领域。像企业这样的组织，它在日常生活中总会碰到许多的不确定性，它们往往与技术、商业、财政、人文等领域相联系，因此人们最终称这些有不同联系的不确定性为不确定性领域。我们前面介绍的有关案例分析已经表明，那些能够通过自己的技能和自己的交往关系网很好地控制一些对组织生存最有影

① M. Crozier, E. Friedberg, *L'Acteur et le Système*, p.246.

响的不确定性领域的人，不仅是能够对这些不确定性领域的变化进行预测的人，也是能够掌握重要的权力资源的人，而他此时的行为是难以预料的。

组织中的任何成员，如果他正在或已经借助于权力和不确定性领域的分析，而且处在构造具体行动体系及其亚体系的过程中，那么他就可能比较深刻地懂得了组织的实际运行，因此也就可以用比较有效的方式对组织的实际运行产生影响。至此，人们也许已清楚地认识到，组织决策分析所涉及的直接问题不是通过理论来论证的，而是在研究的实地被证实和被验证的。对于组织决策分析来说，最能找到切题的地方、最好的用武之地和最自如的地方是行动者能够玩耍权力游戏的地方，因此可以说，该分析所使用的那些概念工具是理解行动者行为的一种与众不同的方法，也是行动者目睹过的或是他们曾经接触过和使用过的手段。

相比较而言，具体行动体系这个概念更适合于用来对复杂组织问题进行预先测定。那些使关系具有一定结构的游戏是围绕某些领域建立起来的，而这些领域通常与一些诸如感情的、文化的群体组织有一定的联系。在组织决策分析的一套概念里，具体行动体系概念所处的位置十分特别，因为它属于一种具有一定结构的游戏，也就是说，属于一种相对持久性的关系。对这种规律的有效观察可以使人们发现游戏的规则及其变化，所以，游戏规则及其变化的揭示可以成为组织的特征及其运行的描述者优先考虑的步骤。行动者玩耍权力游戏是在调动和利用他们拥有的某些资源、某些不确定性领域和某些约束的同时进行的，其目的在于创立关系体系。不过，关系体系并不是完全随行动者的这些决策而产生的，因为构成权力游戏的已知条件不仅与行动者本身的个性、经历和技能的优势或约束相关，而且也与他所处的社会和群体方面的各种因素有复杂的联系，这就是说，行动者试图建立的关系体系与其他参与者的决策，或与有可能涉及的那些行动者的决策有直接或间接的联系。

第四章

组织分析的另一些思考

组织决策分析试图超越传统的二分法，即一方面是企业的技术经济体系，另一方面是企业的人际关系体系。这个超越从一开始就意味着组织决策分析要对这两个方面的传统组织分析进行直接质疑。试图超越传统二分法的组织决策分析取得的成果，简要地说，是人们通过研究组织的具体运行方式获得的一些发现：组织的传统思维方式的局限性；复杂组织（如企业、政府等机构）的一些领域里所具有的难以预料的不确定性来源，包括权力方面的；以一种非现成的动态秩序出现的组织现象；组织是一个基于权力关系之上的社会体系，而这些权力关系是围绕形式组织结构发展起来的，它们具有自身的逻辑。

回顾早期阶段的组织分析，它所涉及的组织仅仅是一些体现或追求现代技术经济的企业，组织只是被简单地看作是一些由机构部门、职业角色、内部规章制度等构造的组织形式结构。组织分析家当时认为，组织形式结构是可以用等级制结构的任务、指挥系统、交往渠道之类的术语进行表达的，并认为这样的组织形式结构就是企业理性的表现。此后，人们才逐步认识到，这种理性不是组织中唯一存在的理性。在组织形式结构的理性限定的范围内，行动者总有能够通过自己的途径找到可以由自己支配的一种空间，并在其中追求自身的利益和目标。因此，组织研究者开始意识到，在组织官方的总体目标和组织所有成员各自的目标之间建立一种紧密联系会造成错觉，因为事实上，它们两者是很难吻合的。

由于组织中同时并存着多种理性，组织成为一些有分歧的甚至是矛盾的利益之间经常抗衡的场所。组织分析家发现，在这个场所里的活动者因此必须了解和掌握一种现象：周围的工作情形是如何成为某些人迫使另一些人屈服于他们的手段的。必须把组织的已知条件（如交往渠道中的方位、等级制中的隶属、对付技术困难的技巧等）与环境的关系（如控制与主要顾客的关系、掌握市场上的紧缺资源、拥有国内或国外名牌学府的文凭等）一样看待，都作为一些不可忽视的因素进行分析。因为组织的已知条件可以授予组织内的某些人达到其目标的一种权力，而这些目标对组织整体的其他合作者来说是不利的，或者说，它们是以牺牲他人利益为代价的。组织整体的运行因此将与其成员达成的权力平衡相联系。

组织分析的不断发展最终使其思考的出发点集中到组织背景下行动者出场的逻辑以及这个逻辑的生成。从此，不同行动者之间的权力关系以及基于这些权力关系之上的社会体系的运行方式成为人们研究的主要领域。其结果使研究者获得了一种关于组织的特殊见解。可以说，这种特殊见解的任意性或随意性与以往的组织研究相比要少得多。其实，组织在其运行过程中提出的实际问题，其处理的有效性不是某一种解决办法就能够获得的。现实中的组织是各种各样的，但它们都是一些具有合法性的理性之间不断以复杂方式进行交易的结果。人们在组织生活中达到的最后平衡并不能代表最好的解决办法，但这对于所有被牵扯的对手来说，在当时的制约情境下，可能是一个最少不利的解决办法。从这个意义上说，组织是具有偶然性的。

随着人们对组织生活的领会能力的不断深入，组织分析开始进一步关注不同组织方式的发展，并维持其所必需的条件。这个研究的进程可以借助“法国式官僚作风”① 这个著名的案例分析来做引导，勾勒出人类为参与组织生活而做决定时碰到的问题，进而讨论

---

① E. Friedberg, *L'Analyse sociologique des organisations*, pp.72–85.

组织变迁的可能性。

一、组织方式的维持

组织人类活动的方法不会只有一种，而是有许多不同的可能。繁多的组织方式往往是混合并存的，而这种并存的秩序让人很难预料。在现实里，这种繁多性与不同组织所承担的社会职能的多样性是相符合的，也与不同组织在达到它们的目标时无法摆脱的许多制约是相符合的，不仅如此，组织在实践中还必须与这些制约的变化相适应。这一现象的认识可以通过对组织潜功能的分析来获得。

1.组织的潜功能

人们在分析工业企业的组织方式时往往会想到两点。首先，组织方式与生产技术的苛求有联系，更与生产技术所使用的工艺苛求有联系。例如，一个制造业企业的组织和一个工业研究所的组织不会以同样的方式来构成，也不会以同样的方式来运行。其次，组织方式的决定会考虑到组织必须在其中活动的经济和社会环境的一般状况。一个工业企业会根据它可能处在匮乏的经济状态或可能处于相对富裕的经济状态，来采纳不同的组织方式。就企业的一般职能（如生产、销售、财政、人事等职能）而言，其组织方式也会这样来决定。

一些经验研究者强调，组织方式在被选用时需要估计到涉及技术性和经济性的某些约束，甚至需要估计到社会方面的某些制约。其实，人们在此可以观察到一些与组织方式的发展和维持有着联系的因素在活动，而这个活动的理解，需要人们分析这些因素之间已经出现的相互依赖的现象。于是，对不同企业采纳的组织模式与适宜于这些企业使用的工艺和技术体系的要求之间存在的实际联系所进行的研究和预测，便成为一些经验研究者所重视的课题。还有一些经验研究者试图根据企业中已经建立的组织方式，试图阐明和预测经济与社会环境联系的一般现状，他们因而提出了一种假设：面对难以把握的环境所传递的要求和制约，企业（特别是濒于破产的企业）必须接受另一种对付环境的组织风格，这种组织风格是稳定的，而且容易被认识和掌握。[①]

有些学者认为，就总体而言，质疑这种假设所具有的合理性没有必要，因为根据这种假设进行的研究，可以深入了解某些因素在组织整体运行中的作用，还可以引出一些相关的思考。但是，他们同时还指出，这些研究深入了解的这些因素只是局部存在的，它们可解释的重要性很少，而且也缺乏稳定性。这里的意思是说，在企业技术体系的这一方与其构成的社会体系的另一方之间不存在长期不变的联系。其实，这类变化总是意味着企业内的有效手段会重新分配：老的技能会变得过时，能够更好地掌握新工艺的新技能今后会占据领先的位置；这类变化也总是会引起企业内权力结构的一些动荡。因此，要对企业中的技术革新或引进新技术带来的影响有一个较全面的认识，还需要对组织环境中的变化进行同步的观察。事实上，组织环境中的变化总是在或长或短的期限内使组织的社会体系感到不安，从而引起组织的社会体系进行自卫或抵抗。

总之，进行这方面的研究不能过分地陷入对某一种因素的追究，也就是说，不能把组织方式仅仅看作或是对技术制约的反应，或是对环境要求的反应，甚至也不能只认为是对这两者的反应。以某种方式说，过分地陷入对某一因素的追究是对现实存在的复杂性的极端简化和对组织特有的实际问题的一种回避。因此，研究者应该很好地认识这一点。

T. 伯恩斯（T. Burns）和G. 斯托克（G. M. Stalker）在他们合著的《革新的管理》[②]一书中告诉人们，由于获得了这些认识，他们从组织模式的两种理想类型中解脱出来，因而更加重视企业为了实现

① T. Burns, G. M. Stalker, *The Management of Innovation*, Tavistock, 1961.

② T. Burns, G. M. Stalker, *The Management of Innovation*.

其目标而必须要联系的那个经济和社会环境的状况。他们称这两种模式为“机械模式”和“有机模式”。组织的机械模式具有的特征为：无个性的规则严密地规定每个参与者在机构中的角色和职务；执行常规任务的代理人之间的交往十分薄弱；决定权高度集中在等级制的顶端，而这个顶端的所有决定不会在日常工作的程序中出现。因此，这种模式又可以称作“官僚主义模式”。有机模式以某种方式与机械模式的主要部分相抗衡，其实，形式机构使一些参与者留在不确定的处境中，而这恰恰是这些参与者所真正希望和要求的。《革新的管理》的作者指出，在这里出现了一些预料之外的情况，比如复杂但又很少被规定的那些任务的执行者之间的交往（纵向和横向的）大量地发展起来；不同级别的群体都在发展自己的决定权，甚至在组织各个领域中比较基层的范围，往往能够做出一些对组织整体运行来说是起重要影响的决定。

根据研究者的分析，机械模式首先存在于比较稳定的环境之中，因为技术工艺在这个环境中进行的革新力度比较微弱，或者说，这些革新的进展与事先熟悉的有规律的变化几乎没有差别。有机模式经常是在那些与复杂环境密切联系的企业里出现的，其特征主要表现为：革新的比率高，而且与技术工艺和生产相关的竞争市场相适应。现实中的组织一时接近机械模式，一时又接近有机模式。从某种观点看，这两种模式的不同在行动者那里具有意义。伯恩斯和斯托克指出，环境中发生的变化没有引起人们对组织结构和组织运行方式所期待的改变，反而加强了机械模式的作用。机械模式的这种变化动摇了它们的环境，却使机械模式自身的稳定性和规律性不如以前了。这一演变取决于组织对其环境自治的支配能力。环境的自治能力越弱，这一演变延续的可能性就越小。但是，不管出于什么原因，组织操纵这一演变的余地继续存在，至少组织方式能够有某种自治能力。因此，应对这种自治的来源和理由提出疑问。

首先，环境的大多数影响不是直接对组织施行的。这些影响只有通过在组织中从事不同职务的人才能在组织内被感觉到，因此，它们附属于作为组织基础的人文体系。这种人文体系服从于它自身的运行逻辑，也就是说，它的运行逻辑在组织的逻辑里是不可能消失的。但人文体系常被处于抗衡状态的权力关系体系所利用。这个权力关系体系由追求各种利益的参与者建构，建构的目的在于试图通过它来获得最大的效益。权力关系体系包括了组织模式，这就是说，组织模式是这个权力关系体系的组成部分，而且依赖于这个权力关系体系。构成这个权力关系体系的个体和群体都有一些企图：根据他们所担任的职务和他们所控制的权力来源使环境对组织的要求或期待得以可能；为了他们自己在组织内进行协商的位置而尽可能地减少那些可能出现的威胁；朝着对他们有利的方向，封闭或歪曲每个来自外部的具有重要性的相关信息或影响。然而，对于组织来说，只有当这些行为招致的反功能作用到了无法避免，而且也无法隐瞒时，它才有可能发生变化。这就构成了人们要对组织模式与其环境状况之间的裂缝进行修复的第一个理由。

更值得人们注意的是，如果企业的社会体系处在平衡状态，那么这就意味着所有的参与者在当时的形势下获得了一种最大限度的满意，而且在手段上找到了一种足以补偿损失的优势。同样，组织方式不仅可以被看作对环境制约的一种反应，也可以被看作由于它对环境制约的这种反应影响到了一些个体或群体（多少是意识到）的“需要”和“要求”而引起的一种反应。不同的结构不允许这些个体或群体进行相同活动，它们也不会同意他们仅仅满足于使自己成为传递者，或者仅仅有生产决策的愿望。

下面关于组织模式的分析将会使人们无法怀疑这样一个现实：一个明确而又精细的组织机构对于个体来说是一种限制。在这种组织机构里，个体要明显地超越由他们角色所规定的活动范围，主动使自己提高身价是不太可能的。组织机构明确划定了任务，并严格要求按常规执行这些被明确划定的任务，其结果是把个体“锁定”在一定活动范围。但对于个体来说，也可以把这些规定的任务分配和执行方式当作一种重要的保护，并可以借此获得很大的安全感，只要“很好地遵守规则”，做好人们期望他们做的事情就可以了。然而，每个职务周围实际上都存在着某些混乱和模糊的地方，而恰恰在这些混乱和模糊的地方，个体往往会有更多的主动和创新的自由，有时可以验证自己想做的事，有时可以进行冒险活动。但同时，参与或被牵扯进来的个体也会付出相当大的心理代价，因为这种处境使他在履行其角色职责时，往往只能找到很少的支持。在一般情况下，他能够想到要为自己的行动事先做出准确的估计是十分困难的，但很难想到他的行动也可能会反过来使他自己受到某种制裁，更意识不到他个人在这时要承担的责任会比机构确定的他的角色职责大得多，特别是他将碰到的挫折也会是更加难以忍受的。

个体或群体常常由于一些使他们感到不安的物质、社会、文化等方面的制约及其相关原因，很轻易地对机械模式提供的安全感产生兴趣。因此，具有机械模式特征的行动为这些个体或群体承担着某些潜在职能。组织方式使个体能够在他们自身的处境中找到某些优势，个体把这些优势看得比组织方式所具有的劣势更为重要，但这些优势仅仅是组织方式的一部分目标，它们也有可能成为官方的并被认可。作为参与者的个体与提供给他们这些优势的有组织行动有特别的联系，比如他们强烈地抵制每一个想改变或取消这种有组织行动的企图。如果这些具有组织特征的行动不减少它们的影响，反而还有所加强的话，那么相关者不仅要使自己适应其环境，而且还要应付一种持续的组织方式。

组织在形成一定结构和控制其环境时所使用的方法，总是会给组织成员的个体或群体带来重要期望、要求和价值标准，而这些方法正是在组织对此做出反应的过程中发展起来的。然而，当组织的环境稳定了，并可以自治时，作为“人为制约”的这些方法的压力却更加严重了。下面介绍的案例就反映了这个情况。在案例介绍之前先做一个提醒：不能因此认为所涉及的组织与其环境的联系是自然而然的。其实，组织的环境不会为了组织而无条件地使自己体现任何重要的不确定性来源，重要的不确定性来源在组织的市场上常常是垄断性的。

2. 相关的案例：法国式的官僚作风

将要介绍的案例涉及的是法国工业垄断集团，这个案例是克罗齐耶的博士论文中重点分析的一种组织方式，他称之为“法国式官僚主义模式”（以下简称“模式”）。在本书第三章关于权力关系的部分，我们已经提及此案例，但只是分析了该工业垄断集团的车间内部的权力结构，现在我们将用归纳的方式对集团整体体系做一个剖析。[①]在克罗齐耶看来，这个工业垄断集团整体体系集中反映了法国官僚主义模式的所有特征。克罗齐耶说明，他所描写的这个现象可能是被夸大的，甚至有些夸张，但他试图显示一些普遍的倾向，实际上，人们在大多数的法国企业（包括私营企业）里，都可以重新找到它们的足迹。

模式的特征

无个性规则的支配是这个模式的第一个特征。在前面介绍的工业垄断集团的车间里，人们可以看到形式组织以为车间里的一切都可以通过无个性的规则得到限定。无个性的规则限定各种职能，并规范它们的拥有者在最大可能的情况下的行为；无个性的规则也通过协作和资格条例的迂回办法支配这些职能承担者的选择。由此而论，无个性的规则既没有在承担者或曰代理者的职业中，也没有在他们职务的执行中给个人专横或创新留下任何的可能。同时，在无个性的规则具体规定的范围内，权力内容十分丰富，而人们之间的工作关系却被倒空了。

决定权的集中构成了这个模式的第二个特征，它是第一个特征的必然结果。事实上，对于人们要避免那些过分的人为压力或偏护

---

① 我们对此案例的归纳主要参考了E. Friedberg对M. Crozier: *Le Phénomène bureaucratique* 的概括。参阅E. Friedberg, *L'Analyse sociologique des organisations*, pp.78–85。

倾向的试图而言，要紧的是改变或重新规定（可能的话）这些压力的决定权，因为这个决定权负责对规则的解释。在工业垄断集团中，重要的规则是由设在巴黎的总部领导颁布的，而它们实际上是机构总体与工会经过长期的国家级协商的结果。车间里的规则解释也一样：车间主任和生产工人出现矛盾后，人们总是叫来那个被称为理论上的副厂长，他只需在第二时间出场。

个体在同质和隔离群体中被分成各种级别是这个模式的第三个特征，这是消除个体专横或创新行为的直接后果。生产工人、车间主任和机器保养维修工人这些组群之间的交往很少。每个组群与其他组群之间被一些几乎是不可逾越的障碍分开。在每个组群内部，每个成员感受到的压力是占绝对优势的因素，而且成为对个体在规则之外的行为进行调节的唯一因素。每个级别的个体在与其他群体的斗争中都企图尽可能完全地控制那个来自于自身的活力，并变成自己防卫手段的专长。因此，作为组织手段的东西对于承担既定职务的成员来说却是主要的目标。机器保养维修工人的行为就是很好的例子：在一些背景下，车间的重要问题不是机器出故障需要修理，而是机器保养维修工人是唯一有权修理机器的行为问题。[1]

由此引出了法国式官僚主义的第四个特征：平行权力是围绕一些无法消失的单独不确定性来源构建的。支配规则是一种企图最大限度地取消组织运行中不确定性的表现。但尽管这样，一些不确定性来源仍然存在。在所分析的工业垄断集团中，尽管无个性的规则制约到处存在，但这并不能制止机器出故障的问题。平行权力关系就是围绕机器出故障这个问题，与它们的从属或冲突同时发生的现象一起被重新构造的。这些冲突与那些以保留私下和非法交易为特

① 法国科研中心组织社会学所曾经做过一个关于国家设备与住房部改革的研究，这个研究通过深刻分析一些基于行政组织职能及其变化能力之上的分层作用，阐明了这个分层的逻辑结果正是由那些围绕掌握组织内部权力关系而对峙的行政团体（如桥路大学的工程师团体、国家土木工程的工程师团体等）构建的。Cf. Jean-Claude Thoenig, E. Friedberg, "La Création des directions départementales de l'equipement", *CSO-Copédith*, 1970.

征的权力相比要更加粗野、更加曲折。在工业垄断集团的案例中，摆脱此种特征的权力同样是不可能的。唯独这个不确定性来源能够对所有的人产生影响。在生产工人和机器保养维修工人之间存在的沉闷而又冲突的关系就是一个证明。

组织决策分析认为，这种组织体系的发展和维持所付出的重要代价中也包括了所有参与者自身，而这一现象只有当人们领会到该体系为这些参与者履行的某些潜在职能，并接受了它的自行维持机制（mécanismes d'auto entretien）时才有可能被理解。

模式产生的恶性循环

法国式官僚主义模式这样的组织方式，其本意实际上首先是使自行维持机制能够产生，而自行维持机制的加强与模式产生的一系列恶性循环又有直接关系。

第一种类型的恶性循环可以从无个性规则和集权这两个组织特征的研究中发现。在工业垄断集团那里，人们可以看到在完全同质群体中的级别之间由于这两个组织特征而被隔离的现象。这些级别彼此之间在形式上维持着合作关系，而实际上维持的是竞争关系，因此导致这些级别将他们的活力当成了专门手段（参见第三章中关于机器保养维修工人的行为）。由于无个性规则和集权这些组织特征的作用，组织成员之间缺乏正式交往，执行任务时难以找到支持，简言之，作为组织整体目标追求的反功能结果并没有使体系变得灵活。因为有可能使情况发生必要改变的人并不能为解决一些实际问题找到有效的方法。其实，他们不知道这些实际困难，因为他们掌握的唯一武器就是制定最详细的规则和加强中央集权。

第二种类型的恶性循环可以从作为模式特征的平行权力网开始进行的研究中发现。无个性规则的建立在于最大程度地限制使组织运行感到不安的不确定性来源，但这样做必定会使控制一个或多个不确定性来源的那些人的权力趋于加强，其理由是：这些不确定性来源无论如何都会继续存在；在这些不确定性来源周围建立起来的权力关系和从属关系受到的制约越大，所涉及的个体在彼此对抗的权力竞争领域里活动时就越难从这些关系中摆脱出来，也就是说，权力之争就会变得越强。因此，特别激烈的冲突便在这些具有专门特权的领域出现了，并将构成一些使人连续不满的中心。这些中心的存在将被证明是由于对从属关系害怕的缘故，而且这种害怕随时都可能加剧。对于中央集权和无个性规则而言，正常的后果是这些中心的存在导致一种压力的增加。

概括地说，法国式官僚主义模式的运行困难没有被克服，致使它的组织特征加强了，这是因为它没有根据它的实际失误来吸取教训。就最终结果而言，在这样一个体系里的全面变化只能在使总体组织变得衰弱的一种危机中发生，而且要从最高层领导开始。其实，这种模式的组织特征使组织对它的各类环境（比如技术、经济、社会等环境）变化的适应成为不可能，这是因为能够在组织特征出现的地方发现这些变化的人（或者说，执行层的人）无权引进必要的变化，而有权的人（或者说，最高层的领导人）却缺乏可靠的信息，这种缺乏或者是人们对他们隐瞒的结果，或者是因为他们不会吸收有效的信息又不懂使用有效信息的缘故。

组织的这种状态可能会带来的结果是组织将趋于对其环境变化的无知，而组织只有当其环境的变化成为其运行十分艰难的原因时，才会意识到对这个原因认识和了解的重要性。至于组织本身的变化，只有当它在组织的最高层首先发生时，组织的无个性规则才有可能被引向适应人的方向变化。决策分析还提醒人们注意，所有这些变化总是会导致一场深刻的危机，因而会带来权力关系加强的问题；组织会在一个较快较短的时期中，以其成员的任意介入和建立非常拘束的从属关系为代价，重新使自己正常运行起来。总之，组织还会借助其规章启动新一轮的例行公事阶段。

由此说来，危机是模式的组成部分。一方面，危机建立了它对其环境变化的适应方式；另一方面，危机使权威总有一些担心，使从属关系总能继续下去，并使无个性规则和集权的压力加强。简言之，危机通过其机制本身的灵活性和它的专横性格，对组织成员的精神构成了深刻的创伤。

模式的潜功能

具有法国式官僚作风的组织使其参与者付出了重要代价。即使对于一个陌生的观察者来说，它同样是不正常和非理性的。但尽管如此，这种组织依然是一个发展和维续的体系。对于这个能够长期持续的状态，人们可以提出一些疑问，但要针对这些疑问做出使人信服的回答，还必须对这种组织模式的自身理性和逻辑进行解剖，而且还要对这种组织模式以潜在方式所承担的那些使参与者感到满意并得到利益的职能有一个真正的认识。

组织成员由于他们的处境、文化表象等原因而形成一些附属于他们行为的基本价值观念和要求（比如对个人安全和自主的要求），因此，人们在对法国式的官僚主义模式进行分析时，就好像是对这些价值观念和要求做出的一种反应（比如对面对面关系害怕等现象的反应）。而此时，组织的特征以某种方式变成了这些价值观念和要求的组织媒介。

在那些事先规定个人组织生活所有方面的无个性规则的支配中，人们可以找到上述现象的主要说明。无个性规则笼罩下的体系会使个体受到非常严重的制约：在工业垄断集团里，成员既没有衡量他们个人实际成就的任何可能性，也没有让人实际了解他们功勋的任何可能性；他们几乎不可能对其他人采取行动。但是，这并不意味着体系所具有的优势被忽视了，体系使成员之间的从属关系广泛地消失就可以说明这一点。在无个性规则明确规定了所有问题如何解决的情况下，等级制里的上级失去了对其下属的任何权力，因为这个上级的角色在规则执行的严格控制中也受到限制。而作为回报，下属对其上级没有了可以施加的压力或失去了与其上级进行协商的任何权力，因为他们的行为被事先限定了范围或曰在预料之中。这就是说，此时的协商和交换网络的再结构只能是围绕规则进行的。

工业垄断集团的每个个体因此都成了防范于其他人的人，其结果是：处在关系中的人们，尤其是寓于等级制中的关系者无法支配他们感情的全部内容，就像我们前面提及的案例中车间主任与生产工人互相宽容那样。这样的体系所具有的一个潜功能就是，能使下属（也可能是领导）在组织情况对他们不利的情况下，对他们的努力和义务进行估算，并使之减低到最低程度。他们参与了他们所属组织的运行，但他们并不一定需要与他们参与的组织运行有真正的牵连。

同质群体的人员分级和级别之间的隔离也可以用同样的方式来进行分析。根据组织决策分析的经验研究发现，这样的体系必然会导致群体对个体施加极其强烈的压力，而个体几乎无法从无个性规则的范围内摆脱出来。由体系引起的这种压力成为在规则之外对个体行为进行的独立调节，并对所有涉及与群体利益规范有差距的行为进行无情的制裁。因此，这种体系能够使个体之间维持着平均主义的关系，并可以构建一个基于感情援助之上的环境，其结果是个体在设想如何自卫的同时，把注意力转向了感情上的安全。有关的调查资料显示，同一个群体的成员做出的某些反应经常与该群体的个体提出的问题十分相似。这是一种规范的表现，而不是风险的结果。比如当某些问题在群体中讨论时，总有少部分在场的人员当众放弃他们的对立态度。在这种情况下，个体所失去的是他在工作上的创新能力，而得到的弥补是他在感情上的保险。

从总体上看，该模式使个体能在互相从属和感情保险方面达到一种比较满意的组合，因此，这里的“市场”还是令人愉快的。也就是说，在规则限定的范围之外，个体能够测量出他们自己在自由情况下的付出。他们一方面可以限制自己可能冒的风险，另一方面又可以分担或不分担组织目标，而且还可以为企业中更具有人性的那部分保留他们的实力和感情。从某种角度看，规则被纳入了协商的过程，这种协商过程在总体层面上产生了一个额外的优势：执行者在数量上的力量能够以某种方式对他们手段的缺乏进行补偿，同时使力量关系朝着对他们有利的方向发展。

对法国式官僚主义模式的上述分析表明，人类活动的组织方法并非只有一种可能，而是有许多种不同的可能。在所分析的这个高度集权的工业企业里，不仅存在着严格规定个体和群体角色职位的组织，还存在着一些具有很多非正式职能的组织，而且这些不同的组织方式经常是混合并存的，不过，这种混合并存的秩序让人很难预料。因此，组织决策分析认为，面对一个持续的既定组织状态，不管它是否反常，是否理性，研究者都有必要去揭示并阐明它的隐蔽逻辑，与此同时，还应该对它所承担的潜功能提出质疑，这样才能对此背景下的一个可能的变化所必需的努力和会出现的重要撞击做出更深刻的理解和更有效的预测。

二、组织中的决定、参与和变化

为什么一个正式组织不可避免地以非正式方式运行？对于这一问题，每个经历过组织生活的人或许都可以根据自己的某些经验来做出一些相应的回答。组织分析首先发现，组织生活的基本行为是做出决定（décider），组织中的个体和群体，无论他或他们承担什么职能，都是解决其具体问题的决定者。因此，一个组织整体是如何成功地做出决定的，这便作为组织分析的一个重要的问题被提了出来。

1. 决定如同体系现象

上面刚刚提到的问题——为什么一个正式组织不可避免地以非正式方式运行？——在劳动科学组织的经典观点中几乎没有引起注意。其实，那时人们仅仅看到了组织中的决定是属于一些专家做的事，认为这些专家在对技术、经济等方面的制约进行理性分析之后能够找到可以解决问题的最好方案，而且有权使组织中具有明确角色规范的执行者运用这些方案。

如同指出个体和群体在其中追求各种决策的组织存在的问题那

样，组织分析严厉地抨击了强行规定所有参与者遵循的那种技术经济的单一理性，这一抨击的结果使决定变得相对化了。根据组织决策分析，组织的各个部分都拥有自己的决策，因此组织中不是只有一个解决问题的方案，但组织中存在着最令人满意的解决方案。[①]正因为这样，决定的过程对于以组织为基础的社会体系来说，也成为具有偶然性的了。这个社会体系的活动规则有可能使组织成员以某种方式做出某种性质的决定。相比之下，组织各个部分的“小”决定往往比涉及组织前途的“大”决定要更具有针对性，但所有这些决定，无论它们互相牵连的是组织的哪些方面，或是涉及它们自身的重要性问题，在组织内都是一些讨价还价的赌注。

组织成员一旦接受了某个新决定或曰某个解决问题的新方案，他们之间的原有平衡就会发生变化，他们各自追求自身目标的能力也会随之发生变化。这种情况将会导致所有受到决定影响的组织成员对决定产生兴趣，不仅如此，他们同时还会对决定施加压力。在此，人们可以通过所有被牵连的组织的部分和环节，发现决定的采取过程离不开一种协商，这种协商对于其参与者来说，是为了调动另一个或另一些人控制的资源，以使最终的决定尽可能地有利于他或他们（即参与者）自己追求的目标的实现。

进入协商的参与者试图从另一个或另一些人那里调动的是一些什么样的资源？这些资源在组织决策分析看来，首先是形式结构确定的特权。在形式结构里，一些决定是与一些职务相联系的，从事这些职务的个体因此在组织的其他成员为了获得某个符合自己期望的决定而必须要通过他们（即这些职务的承担者）时，有可能拥有一种重要权力。这就是说，这种重要权力的拥有不是仅靠形式权力就够的；“决定者”离他们的决定所适用的范围越远，该权力就会越大。所以，组织机构中的“决定者”若想支配这种重要权力，还应该熟知所在组织的具体运行方式，并谋取对做出决定所必需的信息。

---

① 赫伯特·西蒙，《现代决策理论的基石》，第56—57页。

组织的其他成员要从“决定者”那里夺回的这种重要权力，正是在这个行动领域里控制有用信息。人们由此可以说，最终的决定不是中立的。

其实，“决定者”以某种方式构成的原材料或“输入”的信息不是权力，相反，信息是在两个方面“迂回的”。一方面，信息是通过收集和传递它们的结构导致的制约而具有特性的。信息的倾向性是与经常使用这些信息的基本单位的需要相吻合的，它的延伸和发展甚至没有碰到自觉的阻止。一个生产车间的主任会在他的下属那里“感觉”到由于微小的指标而引起的一种紧张气氛，而且每天都与这种现实接触。但是，这些指标，对于不太了解它们实际作用的领导来说却没有任何意义。另一方面，负责收集和传递信息的个体或群体，他们的行为不是简单的传送带，如果他们追求某种权力的决策不是对被传送的信息内容加以歪曲或删除的话，那么就必然要对被传送的信息内容进行掩饰。

以组织为基础的社会体系所从属的活动规则，对于每次决定需要的那些协商和交易的进展来说形成了很强的制约。这些活动规则在对可观察到一些局部性决策和行为进行调节时，特别能够对这些局部之间建立起来的交往网络，以及对围绕相关的信息而展开的交易本身加以结构，进而使其中的某种性质的决定显现出来。

人们可以联系克罗齐耶分析的会计事务所的案例来认识上述现象。克罗齐耶通过这个案例的分析使人们看到，上级干部在做出决定时所掌握的信息是不全面的，有时甚至是错误的。当他很难掌握其他信息来源时，他只能按惯例采取决定，即根据下属提供的情况做出解决问题的决定。因此，研究者所看到的这些原因，对于这个上级来说却是最满意的解决问题的手段。他的行为本身可能不是理性的，但如果从他当时所处的实际情况出发考虑问题，那么就可以视其为理性的。会计事务所的社会体系的制约，就像这个上级被以某种方式关闭在一个可能存在的选择范围里那样，而这个范围是他的决定所不能逾越的。在工业垄断集团的案例中，克罗齐耶也使人们看到了同样的情况：拥有决定权的人不了解情况，而掌握信息的人没有决定权；活动规则能使这两个极端之间的直接协商成为可能，而这种协商是唯一能使另一种性质的决定成为可能的途径。

上述这种情况表明，如果人们在谈论“理性”的决定时不对这种理性的条件提出问题，那么就很难辨清决定所属的性质。决策分析认为决定的理性只是相对于该理性所涉及的情况，即相对于它所相关的那个组织的社会体系的状况而言。从这个意义上说，由技术、工艺和经济等方面的要求构成的环境，即作为组织的不确定性来源的这种制约，与建立在组织基础之上的社会体系的活动规则一样，只是许多制约中的一部分。关于引进电脑操作的私营企业的许多研究提供了进一步的证明：企业必须做出使技术、工艺和经济因素发挥重要作用的决定，但社会体系的制约在广泛的决定中和在服从竞争生活的工业企业中同样有重要的影响，就像引进电脑操作的企业几乎不能以纯技术或纯经济的理由来为自己的失误进行辩解那样。人们在分析决定过程的同时还发现，一个个体或多个个体所组成的群体的权力决策，以及他们通过对采取决定所必需的信息进行过滤的方式来操纵组织的能力，已对企业形成了一种决定性的影响。

2.“参与”如同解决问题的方法

在企业管理中感到困难越来越多，或者说，面对企业成员缺乏变化的企业家们更容易接受这样的观点：“参与”可以作为一种解决问题的方法。在20世纪60年代末期的法国，参与成了时髦的词，而且使人产生一种新的感觉，这种新的感觉与人们在所有的决定变得越来越复杂的当今社会中深刻认识到的一种需要相吻合。然而，在人们谈论的那些涉及既定组织内的，或者在组织与其环境之间的，或者在行政与其活动涉及的社会群体之间“协商”的事宜中，研究者发现参与这个概念是极为含糊的和不确定的，而且还发现这个概念的模糊不清正是谈论者所希望的。

因此，研究者这时需要做的第一件事是对人们谈论的参与事宜加以区分和确定，以避免一种误解。其实，人们在谈论参与时将没有涉及的情形和可能涉及的情形放在了相对立的位置，而组织分析指出，组织中的每个人，不管他真正意识到与否，他随时都会参与到他所属于的那个社会整体的生活。简单地说，组织成员总是参与了他们的组织生活，他们对此做出了自己的一份努力，同时他们以某种方式提醒组织注意到它的日常运行不能没有他们的合作。

在组织的现实生活中，个体的参与方式并非只有一种，而是有很多种，每种参与都可能与参与者自身目标的实现相联系，由此可以说参与是一种决策行为。个体根据他们的处境、他们拥有的手段和他们所受的制约来决定他们的参与方式，参与行为因此不是一种稳定的行为，而是临时的和变化的，是受个体目前利益所支配的。我们不能简单地认为参与是由问题促使的，而应该更加重视参与会以一切方式存在这一现实。通常，人们更多的是对参与方式提出疑问，而对参与方式在什么条件下出现，尤其对通过这些条件获得成功的行为提出的质疑就显得比较少。

组织决策的分析步骤使研究者可以区分出“强制性的”参与、“无意识的”参与以及通过与领导者或思想体系相一致而达到的“感情式的”参与，并且能够凸现出两种不同的参与方式：以同化方式达到的参与和批判性的参与。这后两种参与方式的识别可以通过它们的运作所根据的情况和它们可能引出的结果来进行。

在一些组织社会学家看来，通过认同方式来达到参与是一种在法国社会中经常用的模式，比如法国政府为了“活跃”它的环境而考虑要和它的行动相关的那些社会群体进行“共同协商”；许多企业家在要求他们的人员更多地关心企业时也考虑到了这个模式。人们不难想象，一个集体事业要继续下去的一个重要前提是建立不同参与者之间的协作，而这些不同的参与者必须有这样的共识：他们由此形成的共同利益要比他们各自的利益更为重要，为了这个共同利益的发展，他们必须停止那些使他们互相对立的冲突，或者说，必须使自己服从共同的目标。简言之，他们的参与应该使这个目标的最终实现成为可能。然而，在有组织的现实生活中，相关的个体或群体总是倾向于根据他们自身的目的，利用他们所支配的工具，因而个人利益之间存在的对立使他们对共同利益的认同变得不太可能，除非这个参与是“无利害关系的”，即确实不带来消极后果的。

一个关于在法国创建省级设备领导机构的调查结果很好地说明了参与这个一体化的看法。[①]省级设备领导机构的领导干部和桥路大学的工程师开始意识到他们将会在新的行动领域和城市整治中碰到重要困难，而且知道为了有效地克服这些重要困难，他们不能再把自己封闭在技术专家所寓于的象牙塔中。他们需要当地社会各方面力量特别是地方知名人士的支持，必须使这些力量与自己同心协力地工作。这对于他们来说，就是要创立一种新型的合作，因而要找到新的谈判对象。为了达到这个目的，他们几乎把所有的希望建立在他们多次表明赞成的参与之上。

但是，省级设备领导机构的这些领导干部和桥路大学的工程师在面对重要困难时的反应使人们看到，他们只是在十分确定的范围内才接受参与，他们愿意接受参与并不是为了促成一个实际的商议，而只是出于一种“教育学的”企图。他们认为应该以一切代价来避免不同观点之间形成真正对比，因为最终决定的选择可能会出自这个对比。在他们看来，这样就有可能使必要的认同不可避免地显露出来。实际上，让当地知名人士参与政府的行政工作，其目的在于将他们引进一种陌生领域，并使他们投入到加速学习的过程：使他们超越他们所代表的个别利益，即对理想化的一般利益的学习过程。因此，这个“教育学的”企图的实施首先要使地方的社会力量或曰参与者理解并接受这样的观点：行政以它所代表的一般利益的名义提出的解决方案是最好的，也是唯一可能的，而且这个一般利益必

---

① J. -C. Thoenig, E. Friedberg, “Politiques urbaines et stratégies corporatives”, *Sociologie du Travail*, 1969, N°4; J. -C. Thoenig, E. Friedberg, “La Création des directions départementales de L’equipement”, *CSO-Copédith*, 1970.

然优越于参与者的个人利益。促使这个学习过程的最终目的是什么？对于这个问题的解答，人们可以从有关桥路大学的大部分工程师的下面这个行为分析中找到一些主要线索：占总数78%的工程师反对地方社会团体拥有他们自己的技术部门。实际上，他们的这个反对在于限制相关技术鉴定的来源，因为相关技术鉴定的来源越多，引起对抗的风险就越大。他们清楚地知道，为了获得社会力量的实际参与，研究手段必须集中在政府部门及其直接管辖的组织机构中。

这种通过认同方式促使参与的模式会带来什么样的结果？有关经验研究告诉我们，这个模式只能使顺从和消极变得更严重。同意参与的这部分人是一些有利害关系的人，尽管他们没有形式上的实权，而且只是处在提供咨询意见的过程中，但是他们可以根据自己掌握的资源和王牌，采用“退出”参与的行为来达到对城市整治方案进行民主的合法的干预，试图使官方提出的参与要求短路。这就是说，他们总是在思考把他们的决策投资转移到能够更好地推进他们的目标实现的地方，总是在等待对他们最有利的时机。因此，这种参与方式的成果将是微不足道的：外部的社会力量很少给总体带来真正的贡献。其实，当人们与参与者谈起不同的“商议”经验时，几乎所有的人都对此感到失望。

20世纪60年代在法国地方社会进行的关于地区改革的一个调查结果使人们看到，一个群体是在什么时间接受进入一种参与的体验，又在什么时间更喜欢评价一种为了自卫而采取的退却和消极的态度。[①]从这里，研究者提出了一种批判性的参与。根据研究者的分析，地区改革的发动者希望有大量的“活力”参与到区域的企业中来，尤其是有关的国家级机构和一些工人工会干部的参与。其实，这个革新愿望是想引导区域性的社会经济活动，并使之超越那种基于省里一些个人的不同兴趣之上的传统活动。然而，研究者在对由

① P. Grémion, J.-P. Worms, “Les Institutions regionales et la societe locale”, *CSO-Copédith*, 1968.

此引起的反应进行的分析中发现，国家级机构和工人工会干部这两个群体的行为在不同地区有很大的不同。面对重新安置的地区机构的“活力”，有些显得非常退缩，而有些则显得非常投入。

根据研究者对这些多样化情形的解释：只要人们赞同一种参与，不管这种参与发生在什么地方，先前都属于某个已存在的权力结构，而且每个群体在接受去体验如此参与之前对其获胜的主要手段和运气所做的细心计算是以这个权力结构为背景的。因此，参与者对未来实践的估计不仅没有摆脱传统职业组织的根深蒂固的制度结构的影响，而且也没有能够充分考虑到新机构的规则对他们行为的制约。

工会的态度在这方面是特别有意思的。他们同意投入地区性活动或曰同意参与“玩游戏”，不是因为他们比地区中的其他人更为自信，也不是因为他们比服从一般利益的其他人有一种更为明确的看法，而是因为他们所处的环境和他们掌握的主要手段使他们在地区活动的体验中简单地发现了他们实现自身目的的可能性。因此，他们在能够把握自身体验的领域里做出一种创新的贡献，并在地区里为组织一种更丰富更具有活力的活动提供帮助。然而，他们这种为了太确定的目的而进行的投入是很局限的，其实他们的这种投入与其预期回报和收获相差甚远，不过，它使地区参与的内容增加了。从这个意义上说，工会的行为对于总体成果来说是积极的。

总之，个体或群体的上述参与行为是决策性的，而且是一种总是可以重新看到的行为。其实，参与行为在具有意义的情况下，总是会引起一些作为反应的行动，因为人们要求个体或群体进行的投入是充满风险的：参与者在自由方面可能要付出昂贵的代价，或者说，他们会陷于新环境的某些制约中而失去把握自主的可能。这是一种将自己双手捆住的危险，一旦投入了，再对已做出的决定提出改变是很困难的事。参与者如果在投入之前保留了一定的自由余地，那么他们自然就会接受冒这个风险。相反，他们如果感觉到要他们投入的这个决定早就确定了，并认为自己的利益与这个决定有密切联系的话，那么他们就会采取隐瞒其操纵自由余地的手法，而且为了能够更容易地批评或否定已经做出的决定，他们会听凭参与活动的安排。因此，他们最终会拒绝对“唯一最好的方案”的幻想。正是从此，被事先安排的参与制度和参与过程在具体的运行中可能发生变化。

对于事先安排参与制度和参与过程的人来说，如果他们能预计到这种情况会发生的话，那么就应该在做出决定之前深知每个可能参与的群体投入参与的真实兴趣，而且要深知这些兴趣所针对的领域，并能够以某种方法勾画出这些领域的轮廓。不仅要这样，而且在所涉及个体或群体有兴趣调动他们资源的领域内，对参与制度和参与程序的执行有明确的规则。用组织决策分析的语言说，就是规定好具体的赌注，即以某种方式对执行与否的后果做出相应的奖或罚，而这种奖或罚与参与活动本身不一定有直接的联系。

3. 变化如同一种学习

从组织分析的观点看，变化首先是一种行动体系的转变。人们在对每种组织方式具有偶然性这一结论进行论证的同时，不仅很好地指出了组织从来就不具备一些能够使其完美运行的最好结构，而且指出了今天是“好的”适应方式明天可能完全是“坏的”适应方式。因此，能够根据形势变化自己的才干是每个在组织中生活的人所必需的能力。不过，组织分析还特别强调了组织的稳定和维持这种稳定的可能性，并由此指出了组织变化的企图一旦实施就必然会碰到的一些困难。

组织的实践者一般都非常了解这一现实：要使组织更好地运行就必须为组织确定十分理性的机构，但这种机构往往只能解释组织正常运行的障碍。这一现实表明了人们在组成机构时，如果不考虑原有结构的同时变化，那么这个机构就可能会停留在不被重视的境地。其实，组织中的个体并不是可以无拘束地采取任何行为，一种变化的决策是无法简单地以组织机构为基础的。组织机构肯定是必要的，尤其是对于其成员来说，还可以增加解决问题的手段。但是，由于组织结构没有同时发生变化，个体不能在其中运用他所学到的新东西。因此，组织机构必须伴随一种结构性的变化，也就是说，它最终必须成为这种变化的一部分，才能受到组织成员的重视。

组织分析还指出，个体与组织变化相对立的这种反抗不可避免，而且具有合法性。人们很容易相信这种反抗不是执行人员盲目守旧的表现，并倾向于认为它属于这样的事实：由于个体所掌握的手段和他所追求的个人目标，也由于平衡的权力关系体系，现存的组织结构被省略了。改变组织结构就会打乱这种平衡状态，进而会使对手们重新安排或重新分配他们在互相协商中能够动用的敲诈技巧。如此的重新安排或重新分配对于这些对手来说会带来一些风险和威胁，他们因此试图最大限度地加以防备和自卫是正常的行为，也是合情合理的行为。组织分析认为，“反抗变化”要放在这个意义上来理解。由于组织分析引用了组织方式的“潜在功能”，问题就变得更加复杂了。如果个体或群体的基本要求和价值没有发生变化，那么他们就会很自然地要在新的结构里找到他们在过去结构里得到的满足，他们还会以这些满足的标准为依据来解决他们现在碰到的问题。由此引出的后果通常使组织变化所涉及的革新范围在内容上被倒空了。以某种方式说，传统的游戏在新的外表下事实上是被延续了。

上述这些发现必然会引起人们对通常使用的变化概念提出质疑。这些质疑使人们不可能确定理想的完美组织，人们只能认为：组织是与其外部和内部情况的既定状况相适应的；但组织环境的不断改造总是迫使组织发生变化，并在它们的运行中进行更改。由此可以说，组织的新结构难以实现，在根本上是一种圈套。所以，为了组织的变化能够继续和快速地进行，发动者必须首先从具体问题出发来考虑程序的安排以及实施这些安排所必要的条件。其次，要认识组织成员与组织变化相抵抗的合法性，随后再让他们参与到与他们向来联系的那些决定的制定过程。发动者还必须认识到参与者多少是知道他们的这个参与是要付出代价的，也就是说，必须看到参与者要对那些（保证他们个人目标和利益被考虑在内的）决定进行实际的影响，因为这是他们从中得到好处的途径，否则，他们是不会接受“下赌注”的。

变化因此必然会成为对决定、思想方式和对这些变化引起的结果不断进行某种协商的过程。从组织决策分析的观点看，总是拒绝这种协商是无法从根本上解决问题的，更好的方法是尽可能地使这种协商能够公开地进行，并使参与协商的行动者意识到相关的各种利益都是具有合法性的。与此同时，要促使那些不可避免的抵抗变得更具有理性并付出更少的代价。因为这样才可能使组织成员为了组织的继续运行而以充满活力的方式利用他们进行的那些不明言的协商。总之，应该防止让这些不可避免的处于僵局的冲突一下子出现。如果起始的部分处在一种游戏的情况里，即当一些人输了另一些人赢了的情况出现时，他们之间进行的这种协商就会终止，每一方将在其位置上停留较长的时间。在此情况下发生的变化，其目的首先是要开放游戏，并尽力向游戏提供新的因素，这样将使所有的对手可能获得一些东西，并改善他们先前所处的位置。

有个相关的调查提供了一个很简单的例子，[①]这个例子有可能使人们理解变化存在的重要性。法国一些国营大企业的基础单位里出现了各种变化，而对此进行控制的作用大大降低了，其实，这个控制从一开始就成为不满或反抗企业自愿变化的主要来源。不过，一些单位避免了这些不满和反抗，其理由很简单：这些单位的一些特定情况（比如工作上的负担过重等）为处于僵局的游戏带来了新的因素。起初，对于在时间压力下变得具有必要性的新职能，控制能够起到承担者的作用，同时还能够限定这些新职能的作用。但由于它们的这种指挥角色的位置让给了咨询角色，结果落到了次要位置。不过，这个次要位置是建立在特殊鉴定基础之上的，而在这些情况下，人们可以认为控制能更容易忍受其在传统等级制中的作用和权

---

① J. C. Willig, R. Sainsailieu, “Les Effets de l’experience de formation menee par le groupe local de Saint Symphorien à EdF-GdF”, Rapport d’enquête, *CSO-Copédith*, 1967.

力的损失。

总而言之，结构性的变化需要一种有组织的集体努力。在这种有组织的活动中，人与结构是互相依赖的，一方不能离开另一方而变化。这个必要性在技术变化的情况下更容易被接受，比如一部新机器需要新品质的称号，而新品质的称号必须通过一种相关的培训，即必须经历一些变化才能获得，但变化与培训这两者之间的边际并不明显。所有的技术变化总是会引起一些不同程度的组织变化，技术培训的必要性是通过技术变化来建立的。人们要设置更灵活更捉摸不定的结构，并创建更有意识的协商程序，其前提条件是使组织成员能够接受投入更开放的游戏。在这个意义上说，培训是一个能够为其参与者提供某种手段的机会，应该是属于变化总决策中的一部分。

第五章
步入“组织田野”的研究步骤

组织决策分析是一种基于经验性实证研究的推论逻辑，是组织社会学家深刻认识和理解人们工作于其中的各种组织的实际运行方式的重要工具，或者说，这是他们接近自己研究领域的重要方法。必须指出的是，组织决策分析作为一种手段不能够解决所有问题，因此，对组织决策分析在组织实际生活领域里所具有的可能性给予过高的估计是不可取的。但同时，我们应该说，组织决策分析通过其自身概念的运用，能够使人们发现一个既定组织的结构性特征带来的恶性循环以及社会体系会僵硬的原因，并能够在阐明主要权力关系的同时，使围绕这些主要权力关系建立起来的非正式结构的轮廓和组织变化的障碍凸现出来。

组织决策分析为研究者更好地接近日常的社会现实提供了一些重要的分析线索。通过这些线索，我们可以了解到我们属于其中的那些有组织体系的制约及其弱点，从而使我们比较清楚地意识到，自己组织的“游戏”和其他人组织的“游戏”之间存在的某些联系，或者说，使我们能够注意到行动者之间的互相从属。组织决策分析在使研究者认识和理解那些越来越扩增的行动效率的同时，使自己间接地成为一种变化工具，因为这种变化有可能使人们更精确地测量出一个已定的变化决策可能引起的反应。组织决策分析的推论通过理解权力游戏，使人们预测抵抗变化的行为，同时又使人们好像有可能对人进行操纵。于是，组织决策分析在为使用它的人提供预感其他人反应的工具的同时，也为自己提供了建立权力来源的工具。

不过，如果人们能够对全部与此有利害关系的人进行有效的调查，并将这些调查结果公开地展现出来，那么就有可能减少组织决策分析的不足。因此，这种调查可以成为组织决策分析获得更多效率的重要条件。但尽管如此，人们还应该相信，组织决策分析的工作效率的提高还必然会引起各种反对的行为。

在本书里，人们可以看到，组织决策分析首先关注的是人们在其工作的形式组织范围里碰到的具体困难，以及组织的共同目标与组织成员的各自目标的关系等问题。也就是说，组织决策分析的出发点，不是形式组织本身的角色行为，而是它的视野中的行动者的角色行为。因此，对于组织决策分析的研究者来说，理清楚这种行动者是为何出场和怎么出场的问题非常重要。根据组织决策分析的研究，任何一个组织体系都不能离开权力关系而自行构成，换言之，每个组织都是围绕权力关系而具有一定结构的，只有通过权力关系结构（包括网状式结构）的分析，才能更好地理解被结构的整体所采取的决定。由此而论，组织决策分析是一组关于行动者及其决策行为自由的约束和限制的提问，也是一种关于人类有组织的集体行动的困难和必要性的推论方式。我们介绍以下研究步骤的目的在于让人们了解组织社会学家对自己研究的现实进行深入认识和理解的过程。

一、研究者初始阶段的位置及其变换

组织社会学家在其推论中使用的主要概念不是先验性理论设计的结果。为了阐明实地调查中收集到的第一手资料并使它们具有严密的结构，组织社会学家需要建立一些推论或解释性的假设。有研究者认为，概念化是一个持续的过程，在研究设计之初就应予以特别重视，尤其是对于那些结构严谨的研究。概念化和操作化的关系甚为密切，前者是指对抽象的推敲和具体说明，而后者指的是详细的研究过程，并最终用经验性的观察结果来解释现实中的概念。[①]

当组织社会学家开始接触他的调查实地时，他就像一个为了了解印第安人部落的社会秩序的基础，来到印第安人部落研究该部落的习俗和习惯的人类学家那样。此时的这个组织社会学家是在他的研究领域之外，是一个生疏的观察者，一切对于他来说都是新鲜的。[②]可以说，他的观察几乎是在一种自然情境下进行的。观察者有可能扮演着不同的角色，对此，马歇尔（C. Marshall）和罗斯曼（G. Rossman）指出，研究者计划扮演的角色包含了不同的“参与程度”，参与者、观察者之间以及完全参与、不完全参与之间的参与程度是不同的。比如，完全参与者可能是研究情境下的真正参与者或可以假装是真正的参与者。在任何事件中，如果要扮演完全参与者的角色，那么研究者就可能被认为是参与者了。[③]

因此，组织社会学家在最初所观察到的每个情况，包括微不足道的或者看起来是无意义的资料，都可能向他提出一些需要他分析和理解的问题。处在观察者位置的研究者，他的一举一动或态度、表情都会引起被观察者群体的注意和议论，观察者可以视之为非真实的，但不应对它们进行批评，更不应对它们进行反驳。其实，研究者观察的目的并不是根据他的观点来评判他所见到的现象，而是以自己掌握的系统知识来理解他所要研究的人类机构采纳的运行方式，以便根据观察到的具体情况提出问题。为了能够做到这一点，组织社会学家必须尽可能地抛弃他自己先前的经验、他的已有价值和偏见以及他的社会身份，也就是说，他的主观性必须让步于他观察到的经验事实。研究者真的想为他所观察到的经验事实找到有效的证据，就必须承认像隐性理性这样的现实的存在，实际上，对于组织社会学家来说，他所有的了解性工作都要以这个存在为开始，

---

① 参阅艾尔·巴比，《社会研究方法》，第159、179页。

② E. Friedberg, *L'Analyse sociologique des organisations*, p.105.

③ 转引自艾尔·巴比，《社会研究方法》，第362页。

从而发现经常隐藏在表面理性背后的“意思”。

克罗齐耶做过一个很受关注的调查，这个调查是在一个公共机构进行的。当他发现那里办公室的一些小职员刻板地按常规办事的现象时，他问这些小职员对千篇一律的工作是否感兴趣。这些小职员的回答与这位组织社会学家所想象的相反：所有的回答者几乎都说，对工作感兴趣对于他们来说很重要。作为组织社会学的研究者，他的常识、他先前的经验和他自身的判断促使他思考这样的问题：这些小职员是否被他们的工作愚弄了？由于研究者将精力放在了寻找对这个问题的解释上，而忽略了小职员对他们工作感兴趣这一现象的真实意义。不过，这并不是研究者首先要做的事，研究者此时应该使自己置身于“游戏”之外，去认真思考这些小职员们为什么要这样回答他提出的问题。以这个思考为出发点的研究，可以揭示这些小职员在回答研究者最初提问时所处的组织情境，而且能够实际地找到这些小职员工作中的兴趣，而这些兴趣正是在这个组织情境里。其实，克罗齐耶发现了按常规办事对于受上级控制的执行者来说，具有一种作为捍卫自己独立决策的重要性。由此，克罗齐耶还发现了某些围绕规章制度建立起来的“游戏”。一个企图认识和理解组织实际运行的社会学家，由于他的“外在性”而会碰到各种制约，这能使他自然地把访问技术当作获得有关重要信息的特殊手段来使用。

上述描述表明，人们要想真正认识组织的实际运行方式，仅仅借助于形式组织的资料是远远不够的，至少要对影响组织的各种制约（比如技术、经济、文化和社会等方面的制约）进行深入的综合分析。总之，只要人们想理解组织在运行中碰到的深层次困难，人们就不能满足于知道正式机构里的任务划分或等级职权的分配，更不能满足于观察表面的组织运行方式。研究组织问题的社会学家能够把实地观察到的情况都作为思考的资料，但是，该社会学家应该意识到这些资料或许在很大程度上只是提供了一些关于事实表面的反映，它们很可能没有涉及一些机制，即对构成组织的群体内的复杂互动进行支配和调节的机制，而掌握这些机制对于理解作为组织基础的人类关系体自身的动力具有重要的意义。因此，为了掌握这些机制，社会学家应该使自己“走”得更远些，也就是说，他要使自己有效地运用组织决策分析的方法，必须能够了解到行动者所具有的关于他们对其组织生活各方面的认识、感情和态度。只有这样，调查初始的这个研究者才可能在离开外部观察者位置的同时，使自己站在行动者的立场上思考所研究的行动者问题，从而才能够试图从“内部”来理解像小职员这样的行动者在组织中和面对组织时的态度和行为。为了获得这个理解，研究者有必要去掌握直接询问相关行动者的方法和技能。当然，在达到这一步之前，研究者对其所研究的组织的形式结构以及这个组织的成员解决具体问题的途径已经有了比较充分的了解。

不可否认的是，以组织社会学的决策分析方法收集到的所有依据会不可避免地带有主观性（包括依据提供者和分析者的），甚至可以说，这些依据在大部分时间里可能是不体现“客观”实际的。其实，社会科学家将社会同时看作客观和主观的现实，用P. 伯格（P. Berger）和T. 卢克曼（T. Luckmann）的话说：“社会是人类的产物。社会是客观现实。人是一种社会产物。”[①]也有学者认为，由于研究者与生俱来的主观性，社会学研究永远不可能达到客观的境界。不同的科学家尽管有不同的观点，但通过运用被广泛接受的同类研究方法，还是可以取得趋近于客观性的研究结果。一般而言，研究者的研究过程中要抛开个人的观点和价值观，这样才能使研究结果在一定程度上获得共识。[②]不过，所涉及的行动者也会由于组织社会学决策分析的主观性，而感觉到或体会到这个“客观”实际的局限。组织社会学家不仅承认这个局限的存在，而且还研究这个局限。其实，

① P. Berger, T. Luckmann, *La Construction sociale de la réalité,* trad. fran, Méridiens Klincksieck, 1989, p.87.

② 艾尔·巴比，《社会研究方法》，第124—125页。

不同的行动者经历着自身的主观性，对于组织社会学家而言，是可能揭示和理解所有隐性机制和行动者在其中调节关系的那个范围的唯一途径，而这些隐性机制和范围正是构成组织生活自身的重要线索，它们在可说明的形式资料里是无法被见到的。更一般地说，社会组织除非被视作文化的一部分，否则实是无法了解的，因为文化包含着人类思想和活动的主观性和差异性，文化的概念包容并调节着一切社会科学。[①]巴比还提醒研究者，观察者的角色会影响到研究的结果。以完全参与者的角色为例，扮演参与者的角色时就要参与，而参与的过程就会影响到所研究的社会过程。例如，假设你们被问及这个群体下一步该怎么做，无论你们说什么，在某些方面你们都将影响这个过程。如果群体采纳你们的建议，这个接受的过程也可能是很明显的；如果群体决定不采纳你们的建议，这个接受过程也可能对于以后所发生的事产生重大影响；最后，如果你们表示不知道接下来该怎么办，你们就为这个群体带来了不确定性以及不果断的整体感受。[②]正如前面所述，完全参与者的角色是一种极端，人们经常使用的是参与观察。参与观察仍不能避免对研究群体的影响，这种影响在霍桑实验中表现得很明显，也被称为“霍桑效应”。

研究者的访问达到了这个结果可以认为是获得了比较充分的条件，即是说研究者可以着手分析组织了。之所以这样认为是出于两方面的理由。一方面，因为研究者有了这个结果便具有了超越其自身固有主观性的可能性。也就是说，研究者进入“内部”并开始处于任何一个行动者的位置之后，就应该以某种方式走出“内部”并重新获得他的“外在性”，目的在于重新结构和分析他所收集到的资料，使各种主观性达到最大程度的减少。这些重新结构和分析将使研究者为了理清主观性中存在的许多矛盾而花费很多时间和精力，但它们也会更好地帮助研究者获得对问题的深刻理解。另一方面，

① 马林诺夫斯基，《文化论》，费孝通等译，中国民间文艺出版社，1987年，第2页。
② 艾尔·巴比，《社会研究方法》，第363页。

研究者从此能够比较全面地掌握有关不同行动者（从等级制的领导层到执行层）固有的思想逻辑以及他们的经验知识，从而可以对组织的人类体系的总体加以重新结构。由此推论，组织整体在探索性调查研究的初期是不可能被发现的。

二、探索性调查研究的展开

当组织社会学家接触了他的研究实地并摸清了可以构成他所要研究的那个组织的基本要素（比如形式结构、传递信息的正规渠道、重要的“客观”制约等）之后，总是必须要投入很多时间与他发现的不同等级层面的行动者进行面对面的访谈，并通过这些访谈来获得他进一步分析所必需的资料。研究者在这一过程中实际上要经历两个阶段的调查，而每个阶段的调查都有其自身的逻辑和要达到的目标。

第一个阶段的调查研究是研究者试图在亲身观察和间接认识中掌握充分的信息，进而结构出他的研究实地、确定他的访谈路径、建立他能够超越形式资料的贴切而具有逻辑联系的提问（problématique）。

这阶段的工作其实是首次系统地访问一些人员，这些被访问者必须能够代表被研究单位的主要等级层面和主要领域。也就是说，研究者从被访问者那里得到的情况应该能够反映人们在组织生活中可能会碰到的一切情况。因此，被访问者的选择很重要，必须认真考虑，它直接关系到访谈获得的资料能否具有普遍性的解释意义。通过第一阶段的系统访谈获得的资料，研究者可以了解一种实地，即发现组织的不同参与者是怎样鉴于他们自己的处境、根据他们自己掌握的“王牌”以及他们自己对周围制约的影响力，来使他们各自扮演的角色发挥作用的。这种实地或曰过程在很大程度上还尚未被人们深刻地认识，而造成这方面困难的原因有很多。根据现象社会学家A. 许茨（A. Schütz）的观点，无论是行动者方面，或者是行动者参与其中的社会方面都没有同质现象。由于每个行动者的备用知识库都是不一样的，因而存在着与每个人“自身的特殊经历”有关的“知识社会分配问题”。再则，日常生活的社会是由“不同的现实层”，即“多种现实”构成的。[①]要从这样的思考来深刻认识组织背景下的行动者的具体活动，是组织社会学家必须具备的能力之一。因此，组织社会学家要实现这一目标就应使自己能够发现并当场验证自己的访谈中经常出现的一种非常开放的态度，即以相应的分析方法来识别这种非常开放的态度所包含着的复杂意义。研究者在做此验证的同时，还要注意下面两点：

（1）研究者避免使自己的验证行为影响到作为被访问者的对话者，不仅这样，还要以某种方式顺从对话者的思路，即让对话者保持“自然”而不处于防备状态。由于研究者提出的问题具有一定的针对性，而且比较开放，研究者应该留出足够的时间让对话者尽可能自如地和具体地畅谈他的工作、角色和目标等。简言之，要让对话者讲出所有构成他在组织中的特征和处境的情况。

（2）研究者不可以向对话者发表带有判断性的回答，但要使对话者相信自己所提供的证据不会被研究者以外的人知道。研究者必须接纳对话者提供的所有信息，包括对话者的肯定意见、解释和理由，也就是说，他必须看到这些信息对于对话者来说所具有的重要性。总之，他要从对话者的处境出发来考虑对话者提供这些信息的道理。

由此可见，研究者的上述访谈从属于两种条件：首先，他们要使自己面对的访问者看到他们是保持价值中立的，而且是独立于所涉及组织的权力结构之外的；研究者通过他们的这些努力可以明白其“外部观察者”身份的重要性。其次，研究者应该向被访问者保证，被访问者提供的所有证据都会得到绝对保密。

---

① A. Schütz, *Sur les réalités multiples (1re, éd. 1945), dans Le Chercheur et le quotidien*, trad. fran, Méridiens Klincksieck, 1987.

在初始阶段的调查研究中获得的信息量很大，它们远远超过被研究组织的形式资料，其实，它们与该组织的具体运行，即与该组织成员的日常性和“主观性”的具体经验是密切联系的。在这些信息的基础上，研究者可以整理出一些相关性较强的资料：（1）组织的不同参与者的任务和职能，以及他们完成其任务和履行其职能时碰到的主要困难；（2）这些不同参与者设想和体验其自身角色和他人角色的方法；（3）这些参与者互相之间的关系，包括明显的和暗含的关系、好的和不好的关系；（4）这些参与者之间最频繁发生的冲突以及他们通常使用的解决方法。[①]

接着，研究者对上述归纳的资料要做出综合而深入的分析，并通过这个分析凸显出一些对组织的具体运行产生重要影响的行动者（他们中有个体的，也有群体的）。然后，根据这些行动者影响力的程度做出排列，研究者进行具有针对性的访谈。这就是第二阶段的访谈。在这次访谈中，研究者很可能会发现大量使其感到吃惊的反常现象，因为它们与人们在调查开始时基于正式组织认识的推论所期待的那些结论是不相吻合的。第二阶段的访谈使研究者可以认识到，这些不相吻合正是组织的不同参与者的决策所围绕的范围，也是研究者可以对组织运行提出重要质疑和加以评论的范围。所以，掌握和区别这些领域的性质是组织社会学家着手结构其研究领域时所不可缺少的工作内容。

研究组织中成员所追求的决策和他们在组织的社会体系里所扮演的角色，使研究者可以间接地将这些成员在与其他人关系中所拥有的那个权力的成分，以及各种行动者的思想方式和他们使自己的关系行为理性化的方式测定出来。由此可见，组织决策分析通过使用直接或半直接的访谈资料进入一些建立于组织成员之间和他们实施的决策之间的游戏。这些游戏作为行动者解决其具体问题的一种手段，最终会使它们自己成为许多成员互相制约的权力关系结构化

① E. Friedberg, *L'Analyse sociologique des organisations*, p.107.

的体现，而研究者正是通过这些游戏来理解被研究的组织所构成的社会体系整体的协调的。

至此，研究者可以通过对已经深入分析后得出的资料进行再整理，列出一些在组织实际运行中发挥不可替代作用的行动者，即关键行动者，随后将这些关键行动者的决策或曰解决问题的方案，以及他们实施其决策方案时采用的手段和碰到的困难或曰引起的反应显现出来。

不过，获得这个结果并不是借助组织决策分析的研究者的最终目的。其实，这个结果对于研究者来说，是他们对自己认识到的所有游戏和决策所具有的相关性进行分析的出发点。更直接地说，从这个出发点开始的分析能够使研究者在所涉及的同一领域里引起一些不可忽视的变化，因为这个分析在揭示这些游戏和决策之间相关性的同时会进入一个认识的新过程，即对这些游戏和决策可能发生的深刻变化的认识新过程。法国有位组织社会学家在一个国家大银行进行的一次深入调查研究（更确切地说，是第一阶段调查的资料分析结果的一种反馈）曾使人们看到了这个过程。

社会学家在该银行与各工作组的所有上级干部召开了三次两个半小时的座谈会，以介绍他已做研究的分析结果。在这连续三次的座谈会中，访问者给出了他基于实地调查的一些思考和推论，因而使他看到了被访问者的一种心理变化的过程：第一次座谈会中，被访问者按照正式组织机构图中的等级程序，即根据正式组织规定的角色和身份对访问者的问题做出了反应；第二次座谈会中他们的反应开始涉及他们自己和他们的同僚；第三次座谈会中他们之间出现了一种比较自由的讨论，也就是说，讨论逐渐离开了表面上的实际情况，而进入了实质层面的现实情况。

这种心理上的演变在20个工作组的座谈会中也有发生。这些座谈会的参与者中不仅有组长（即下级干部），而且也有他们的下属。下属们一开始的评论就显得不利于他们的组长，这使有利害关系的人感到非常不安。研究者开始寻求对这种焦虑的解释。由于研究者寻求解释，诸如“下级干部没有选择”的另一些结论被提了出来。以某种方式说，“下级干部没有选择”只是他们组织的科层制特征。如果这种行为导致了不好的结果，那么他们可以说这不是他们的过错，因为他们的组织以非常限制的方式规定了他们的角色。社会学家的解释有可能起到了一个使人泄气的影响。然而，事实往往不是这样。在第三次座谈会上，有利害关系的人强调：尽管组织的结构和组织的社会体系对他们施加了制约的压力，但还是给他们留有了自由余地；只要有人确实愿意为他们提供机会，他们就会去利用行动的可能性。不过同时，他们以某种方式表示他们自己也是责任的承担者。

由此说来，对不同阶段的研究结果加以简单联系，能够使社会学家为了促使所研究的那个组织中的游戏发生一种变化而创建良好的条件。[①]社会学家在这个基础上也可以对不同行动者的态度进行概念化提炼，这个概念化提炼既触及不同行动者战略性行为的联系又涉及不同行动者结构变化的过程。可见，社会学家试图研究的是广泛意义上的有组织的行动，而不是组织。研究首先要达到的目标是领会和理解组织成员为了更好地实施其行动决策而寻求的合作方式。当社会学家获得了一系列可用作深入分析的资料，即了解了不同行动者，特别是关键行动者必须解决的具体问题以及这些具体问题的解决方案之后，他们才可能提出一组相关性较强的问题，这些问题是将要进行的问卷调查的基本内容。

三、问题的解释和假设检验

组织决策分析提出的解释性问题总是包含这样的问题：如何利用那些关于行动者在某些情况下或围绕某些问题提出的意见、评论、观点、表达的感情和态度的描述性资料。其实，这些描述性资料是

---

① E. Friedberg, *L'Analyse sociologique des organisations*, p.112.

否能够贴切地使用，对于重组行动者的权力结构和进一步认识协调行动者互动和限定行动者行为的游戏规则具有重要的影响。

因此，研究者需要对问卷调查收集到的有关不同行动者的决策（包括明显的和暗含的）加以理清，即对数量资料进行全面处理并对不同行动者行为的理性化做出解释，进而找出和解释这些决策之间的正负联系以及这些联系的内在逻辑，简言之，研究者要使不同行动者决策的资料成为可以进行相关分析和比较分析的资料。

如果研究者已经掌握了数量资料并确认了自己的研究领域，有个补充的技术可以使他对自己相信能够觉察到的那些决策的有效性进行测验。研究者将把其调查结果不加任何评论地告知所涉及的人（既被调查的人），但他对自己的这一行为可能引起的反应事先做了假设。人们在克罗齐耶有关工业垄断集团的案例分析中看到，当工人见到访谈结果时，机器维修工人的反应完全是从他们特有的决策情境中显露的。这个群体的成员所否认的东西实际上正是与他们自身的决策不一致的调查结果。[①]研究者一旦确定了行动者的决策，就要对它们进行解释。就像人们提出“这些决策是理性的”这个基本假设要通过其丰富的启发性来进行广泛的论证那样，一个看来是非理性决策的解释只能在对情境的更严密的分析中发现，而且人们只能以这些情境为出发点来定义这些理性：它们一方面是使自己接受的技术、法律、经济和社会的约束，另一方面是反映权力关系的“游戏规则”，这些权力关系是组织的行动体系得以结构的途径。人们首先在对产生于所有“客观”制约的决策进行对质的同时，发现这些“客观”制约只是部分地解释产生于这些“客观”制约的决策。其实，还存在着无法“以理性的方式”进行解释的决策行为的领域，就像人们还没有能够对权力结构和对隐蔽于组织中的人类体系的调节起保证作用的“游戏规则”的本性提出深刻的质疑一样。换句话说，为了解释不同行动者之间相对峙的决策，研究者要试图对实际

---

① M. Crozier, *Le Phénomène bureaucratique*.

存在的不明言的媒介或曰关系进行解释。

研究者将对不同决策在其内部以行动表现理性的那些游戏的特征、性质和规则提出一系列越来越概括的假设，并同时对这个不明言的媒介加以重新构建。研究者可以从暗含于两个群体之间的一种游戏的简单假设作为其分析的起点。然后，研究者首先要自问，该游戏的特征和规则是否会导致第三个群体决策的产生，与此同时，他可以验证第一个假设；如果第三个群体做出的反应与他的验证成对比的话，那么研究者便可以对第一个假设进行核查。研究者必须在此基础上对该假设重新构建，随后才能揭示研究领域中的权力构造并限定行动者行为的游戏。①

由此可见，组织决策分析方法不仅重视访谈资料的内在逻辑上的质量，而且重视访谈资料在数量上的可利用性。其实，研究者首先必须通过这些资料来把握互相关联的行动者各自追求的决策，更重要的是，他们要以此为出发点来重新分析与这些决策相应的和寓于其中的游戏。因为他们试图得到的解决方法将会求助于那个连接不同行动者的权力关系结构，正是这些权力关系结构和这些游戏，构成了组织社会学家需要认识和理解的主要对象。组织社会学家只有通过对这个结构构成和内在逻辑认知和理解，才可能发现他们所研究的行动体系整体的调节机制。

① M. Crozier, E. Friedberg, *L'Acteur et le Système*, pp.411–412.